KB274747

워싱턴 특파원 1200일의 기록

워싱턴 특파원 1200일의 기록

WASHINGTON
CORRESPONDENT
RECORD OF 1200DAY

윤경호 지음

매일경제신문사

이 책은 분석서가 아니다. 필자의 입장에서 글로벌 금융위기의 원인을 진단하거나 해법을 제시하지도 않는다.

단지 현장의 기록일 뿐이다. 필자가 워싱턴특파원으로 일했던 2006년 7월부터 2009년 7월까지 37개월간의 취재 기록이다. 정확하게 말하자면 이 기간 중에 매일경제신문에 게재됐던 필자의 기사를 모은 것이다.

워싱턴특파원으로 발령 받은 건 2006년 2월의 마지막 날이었다. 그해 7월 1일부터 일을 시작해야 하는 빠듯한 일정이었다.

2006년 6월 17일 홀로 도착한 워싱턴DC 덜레스 공항의 첫 인상은 좋았다. 설레는 가슴에 들뜬 기분이었고, 열심히 해보자는 각오에 의욕도 앞섰다. 하지만 혼자 꾸려야 하는 정착 준비는 결코 녹록치 않았다. 그해 여름 워싱턴DC의 무더위도 대단했다.

6월 29일자에 특파원으로서 처음 보낸 기사는 '135년 만의 폭우에 잠겨버린 미국 수도'라는 제목이었다. 이런 내용으로 채워졌다.

"……고속도로가 침수되고, 도시를 관통하는 간선도로는 진흙탕으로 덮여버렸다. 백악관 잔디밭에 서 있던 100년 묵은 느릅나무가 쓰러졌다. 미국 독립선언문을 보관하고 있는 국립문서보관소는 주변의 강물이 범람하는 바람에 문을 닫았다. 법무부, 상무부, 국세청 등 주요 연방 정부 청사들도 임시로 폐쇄됐다. 지하철역 곳곳의 침수로 통근 열차 운행이 지연되거나 중단됐다. 워싱턴으로 향하는 출근 차량은 도로에서 장사진을 이룬 채 마비돼 버렸다. 워싱턴DC 주변인 델라웨어주에는 이틀 동안 355㎜라는 놀라운 강우량을 보였다. 이 지역 기상 관측 이후 최대량이라고 한다. 135년 이래 최대의 폭우라는 기록이다……"

폭우와 홍수에서 벗어나 제대로 일을 시작하기 무섭게 그해 2006년 7월 4일 북한이 미사일을 쏴 올렸다. 미국의 독립기념일에 맞춘 의도된 도발이었다. 이어 10월 9일에는 핵실험까지 강행했다. 특파원 생활의 시작을 북한의 미사일과 핵실험이라는 사건으로 장식했다.

2007년 한해는 한미FTA(자유무역협정)를 둘러싼 양국 간 줄다리기를 전달하느라 다 보낸 듯하다. 그해 6월 30일 미국 의사당 부속건물인 캐논 빌딩에서 양국 통상장관은 서명식을 가졌다. 김현종 통상교섭본부장과 수전 슈워브 USTR 대표는 득의만면한 표정들이었다. 하지만 행정부 대표 간에 서명을 마친 뒤 3년을 보내고도 양국 의회에서의 비준은 아직 이뤄지지 못한 채 보류돼 있다.

2008년 상반기는 그해 하반기 한꺼번에 쏟아질 일을 앞둔 여유 쌓기 기간인 듯 비교적 평온했다. 반복된 북한과 미국 간의 핵협상을 위한 줄다리기는 일상적인 일처럼 익숙해졌다.

2008년 여름휴가를 얻어 나이아가라폭포 주변 캐나다에서 쉬던 필자는 일정을 취소한 채 급거 워싱턴DC로 돌아와야 했다.

미국 국무부 산하 지명위원회의 독도 영유권 표기가 변경되는 사태가 터졌다. 불과 보름여 전 미국 의회 도서관에서 독도 명칭을 바꾸려다 보류했던 상황 후의 일이어서 분위기는 일촉즉발이었다. 일본의 차분하고 집요한 막후 로비에서 비롯된 일로 짐작됐다.

한일 간의 영토 분쟁이 엉뚱하게 제3자인 미국으로 번져 불붙어가는 꼴이었고, 한일 문제를 놓고 미국에서 일하는 워싱턴특파원들이 바쁘게 움직이는 상황이 벌어졌던 것이다. 결국 방한을 앞두고 있던 조지 W. 부시 대통령이 결단을 내려 지명위원회의 시도를 원상복귀하면서 사태는 마무리됐다. 당시 워싱턴특파원들끼리는 '모든 일은 워싱턴에서 다뤄진다'며 자조적인 푸념을 내뱉기도 했다.

2008년 9월 13일 아침, 필자는 서울의 추석 연휴에 맞춰 워싱턴DC 근

교의 한 골프장에서 느긋한 시간을 보내고 있었다. 하지만 한통의 전화에 골프의 재미는 싸늘하게 식어버렸나. 낭시 월드뱅크에 파견돼 근무하던 한 경제관료의 화급한 전화였다. 유동성 부족으로 막판 벼랑에 몰린 리먼브러더스 상황과 와코비아, 워싱턴뮤추얼, AIG 등 다른 금융 회사들에 대한 진단 기사를 보았냐는 것이었다.

그 무렵 미국 대통령 선거 취재 때문에도 바빴다. 대선 취재는 임기 3년의 워싱턴특파원을 지내도 시기가 맞아떨어지지 않으면 경험하기 힘든 일이다. 8월 말 민주당 전당대회가 열렸던 콜로라도주 덴버를 거쳐 9월 초 공화당 전당대회장인 미네소타주 세인트폴로 이어지는 2주일의 출장도 다녀왔다. 양당은 각각 버락 오바마 상원의원과 존 매케인 상원의원을 후보로 확정하고 본격적인 본선 캠페인에 돌입한 상태였다. 역사상 최초의 흑인 당선자 출현 여부로 촉각을 곤두세웠던 미국 대통령 선거는 리먼브러더스 파산 후 빚어진 글로벌 금융위기로 뒷전에 밀려버렸다.

3년의 특파원 생활은 실로 금세 지나가 버렸다. 혼자 일하는 1인 지국의 특성상 대체 인력이 없으니 휴일은 일주일 중 금요일 하루였다. 서울과 맞추다보니 일요일자 신문 없는 날에만 일에서 자유로울 수 있었다.

특파원 생활에서 가장 큰 고통은 새벽 3시에나 끝나는 업무 체계다. 서울과의 시차 때문이다. 서울 기준으로 기사 마감 시간인 오후 5시에 맞추다 보면 혼자 작업실에 남아 새벽을 맞는다. 가끔씩 하얗게 먼동이 트는 새벽을 보며 잠자리에 들기도 했다. 새벽 4시 무렵 배달되는 워싱턴포스트 신문을 체크하며 하루 일과를 마무리한 적도 있다.

남편의 이런 올빼미형 생활에 아내도 적지 않은 고통을 겪었다. 느지막하게 잠자리에 들었으면서 아침 7시까지 등교해야 하는 고교생 아들을 깨우고 차로 데려다 주는 건 아내 일이었다. 음악 전공을 원하는 아들의 피아노 레슨과 여러 경연대회에 데리고 다니는 일은 아내 몫이었다. 일에 얽매여 있다는 이유로 필자는 그저 손 놓고 남의 일 보듯 하고 말았다.

피아니스트를 꿈꾸는 아들은 서울에서 음악에 전념하는 친구나 선후배들과 떨어져 새로운 환경에 적응해야 했다. 스포츠든 예체능이든 특정 분야를 공부한다고 특혜나 예외를 인정하지 않는 미국식 교육 체제에 아들은 이중으로 고생을 했다. 고교생으로서 예민했던 시절에 변변하게 여행 한 번 못가며 피아노에 몰두해 명문 줄리어드대학에 합격한 아들이 대견스럽다.

책을 펴내면서 감사의 글을 쓰는 건 참 오랜만이다. 그동안 동료들과 함께 글을 모아 몇 권의 책을 냈지만 공저였으니 이런 글을 쓸 일은 없었다. 24년 전 대학원에서 석사학위 논문을 완성해놓고 준비 과정에 도와줬던 분들께 마음에서 우러났던 몇 마디를 붙인 적이 있었다. 그리고는 사실상 처음이다.

이 책을 3년간 곁에서 함께 고생한 아내와 아들에게 바치고 싶다. 그들은 가족 구성원으로 함께 있는 것만으로 필자에게 기쁨과 사랑을 듬뿍

줬다. 3년간 떨어져 살면서 이런 저런 고생을 많이 했으련만 잘 견뎌주신 모친에게도 감사힌다. 모친의 여러 벙치레를 곁에서 도맡아 감내해준 하나밖에 없는 누님께도 고마움을 전한다.

워싱턴DC에서 일하도록 배려해준 장대환 매일경제신문·MBN회장과 장용성 주필께 감사드린다. 필자가 보낸 기사를 함께 만들었던 회사 동료들의 몫도 크다. 특파원 임기 전반부 편집국장이었던 김세형 논설실장과 후반부의 사령관인 조현재 편집국장은 엄한 시어머니들이었다. 국제부장이었던 조경엽 국장, 홍기영 부장의 조언도 중요했다. 같은 시절 다른 지역에서 특파원으로 일한 위정환(뉴욕), 김경도(로스앤젤레스), 최경선·장종회(베이징), 김대영·채수환(도쿄) 등의 도움도 컸다. 경제부 소속의 이진우, 김태근, 박만원, 한예경, 박용범, 김은정, 강계만, 안정훈 기자 등은 사안마다 필자와 공조해 기사를 완성했다. 국제부에서 일한 김민구, 이향휘, 조현정, 유주연, 윤원섭, 오재현, 박준형, 강다영 등은 궂은일을 서울에서 대신 해줬다.

미국발 금융위기를 취재하기 위한 본격적인 긴장은 지난 2008년 9월 13일자 워싱턴포스트의 1면 기사에서부터 시작됐다. 한국의 추석 연휴에 맞춰 여유를 부리던 필자는 무언가로부터 뒤통수를 크게 얻어맞는 기분이었다.

그로부터 3개월여 동안 이어진 후속 사태와 쏟아진 대책 발표에 단 하루도 제대로 쉬지 못했다. 특히 미국 금융 당국이 아시아와 유럽의 증권 시장 개장에 맞춰 대책을 내놓은 일요일 오후에 더 바빴다.

엄밀하게 따지자면 미국의 금융위기는 이때 시작된 게 아니었다. 위기의 씨앗은 이미 뿌려져 있었고 속으로 골병들어가고 있었다. 리먼브러더스라는 공룡의 몰락 전에는 빙산의 윗부분만 보였던 것이다.

미국에서는 이미 1년 반쯤 전부터 서브프라임 모기지라는 유령이 주택시장을 휘젓고 있었다.

서브프라임 모기지란 비우량주택담보대출을 의미한다. 신용이 낮은 고객들에게도 주택을 담보로 대출을 해주는 상품이다. 경기가 좋을 때는 집값이 올라 대출이 부실해질 가능성이 낮았지만 집값 거품이 무너지면서 부실이 표면화됐다. 담보가치 100%까지 대출해 준 상태에서 집값이 떨어지자 서브프라임 모기지는 휴지조각으로 전락했다. 2007년 4월에 미국 2위 모기지업체 뉴센추리파이낸셜이 파산을 신청했다. 이어 8월 10위권 업체인 아메리칸홈모기지가 뒤를 이었다. 위기의 전주곡이었다. 이후 1년 만에 리먼브러더스 파산이라는 파국을 맞았다.

워싱턴포스트의 1면 기사는 투자은행 업계 4위 리먼브러더스가 정부의 구제금융을 받지 않으면 파산으로 갈 수밖에 없는 지경까지 왔다는 것이었다. 기사는 리먼브러더스 외에도 최대 보험회사 AIG, 수신고 4위 상업은행 와코비아, 저축은행 업계 수위인 워싱턴뮤추얼도 줄줄이 유동성 부족에 허덕이고 있다고 덧붙였다. 하루 뒤인 일요일 오후, 미국 재무부와 중앙은행인 연방준비제도이사회(FRB)는 리먼브러더스를 파산시키기로 결정했다. 은행 간 자금 거래가 전면적으로 막혀 버린 사상 초유의 금융위기는 이후부터 본격화됐다.

워싱턴포스트가 거론한 4개 금융회사는 차례로 정리됐다. 와코비아와 워싱턴뮤추얼은 다른 회사에 인수됐다. AIG는 연방준비은행으로부터 자금을 지원받는 대신 주식을 넘기기로 하면서 사실상 국유화됐다. 위기는 갈수록 증폭됐다. 그에 맞춰 메가톤급 대책이 하루가 멀다 하고 이어졌다. 금융회사의 부실자산을 정부가 인수하겠다고 나서더니 결국 민간은행의 지분까지 매입하고 나섰다. 민간은행 간 거래에 대해 정부가 지급보증을 해주는 초시장적인 조치까지 나왔다. 영국 정부가 먼저 실행에 옮겼고 유로존 15개국이 뒤따랐다. 자본주의의 첨병이자 본체임을 자부하던 미국도 따라가지 않을 수 없었다.

은행의 자본 확충을 강제하고 심지어 정부가 지원까지 하면서 미국 금융 당국은 판단의 근거로 스트레스테스트라는 카드를 사용했다. 스트레스테스트란 금융회사가 얼마나 외부 충격에 견뎌내는지 진단하는 내성 테스트다. 경제성장률, 실업률, 환율, 금리 같은 변수를 최악의 상황까지 가정해 은행 수익성과 건전성을 진단하는 방법이다. 어디까지나 가정을 기초로 한 것이기 때문에 테스트 결과는 공개하지 않는다.

여하튼 이런 과정을 거쳐 정부가 은행을 국유화하고, 은행들의 거래를 정부가 보증해주면 더 이상 자본주의는 없는 셈이다. 일단 시장과 시스템을 살려 놓고 봐야 한다는 논리였지만 어디까지나 상황론이었다. 주요 언론과 학자들은 우려와 함께 가열찬 비판을 쏟아냈다. 세계화로 상징되는 '신자유주의의 한계', '레이거노믹스와 대처리즘의 종언'이라는 비판은 그래도 낫다. 한 걸음 더 나아가 자본주의의 종언을 외치는 학자도 있었다. 슈퍼파워 미국의 시대가 저물고 있다는 주상도 이어졌다. '금융 사회주의'라는 극단적인 표현까지 등장했다. 뉴욕타임스는 월가의 첨단 금융기법을 토대로 자본주의 시장 경제의 선봉에 섰던 미국이 지나친 탐욕 때문에 결국 몰락으로 몰고 갔다고 질타했다.

그러나 아직도 미국의 몰락이라고 단정하기는 어렵다. 중국이 세계 1위의 수출국으로 올라서고, 국내총생산(GDP) 규모로 세계 2위 일본을 따라잡기 직전까지 바짝 다가섰다 해도 부족하다. 미국과 중국을 양강 구도로 G2 시대의 도래를 얘기하는 이들도 있지만 공감을 얻지는 못하고 있다. 선진국이든 신흥국이든 미국을 대체할 만한 역량과 체제를 갖춘 국가는 아직 보이지 않는다. 세계 유일 기축통화인 달러화 가치는 역설적으로 미국이 어려움에 처할수록 더 높아지고 있다. 정작 월스트리트가 이번 위기의 진원이지만 세계의 자금은 여전히 달러만 찾아다닌다. 아무리 달러를 찍어내도 염려 없다. 미국 재무부에서 발행하는 채권은 최우선적인 투자 대상이다.

리먼브러더스 몰락 후 1년을 보내고 글로벌 금융위기는 어느 정도 가닥을 잡아가는 듯하다. 미국 정부로부터 자본금까지 지원 받은 은행들 중 상당수는 보란 듯이 얻어간 돈을 갚아버렸다.

오바마 대통령은 고액의 보너스를 챙겨가고 시장을 혼란에 빠뜨린 월가 은행들의 탐욕에 징벌을 가하려는 취지에서 은행세(Bank Levy)를 도

입하겠다고 나섰다. 오바마가 강한 의욕을 갖고 추진하고 있어 '오바마세'
라는 이름이 붙었다.

금융위기 직후인 2008년 4분기 마이너스 5.4%, 2009년 1분기 마이너
스 6.4%로 곤두박질 친 미국 경제는 2009년 2분기 마이너스 0.7%로 나
아지더니 3분기에는 2.2%의 플러스 성장으로 돌아섰다. 이어 4분기에는
5.6%라는 놀라운 수치를 보였고 2010년 1분기에는 3.2%를 기록하며 완
연한 회복세를 보여줬다.

리먼브러더스발 금융위기가 '자본주의의 종언'으로 귀결될 것 같지는
않다. 달러 주도 체제를 다소간 변화시키거나, 경제위기에서 시장을 대신
하는 정부 역할에 대한 새로운 대안을 모색하는 정도다.

금융위기에도 불구하고 자본주의는 여전히 건재할 것으로 보인다. 선
진국들의 모임인 G7이 자본주의 신 질서를 구축하기 위해 신흥국들을
포함한 G20를 내세운 뒤 정상회의까지 정례화한 것은 이런 노력의 연장
이다. 이번 위기가 미국의 몰락을 가져올지, 여전히 슈퍼 파워로서 위상
을 이어갈지 미지수다.

어느 주장이 더 타당한지, 설득력을 갖는지 비교할 생각도 없다. 다만
100년 만의 위기라고 호들갑을 떨어놓고 과연 어떻게 헤쳐 나갈지는 주
의 깊게 보려 한다. 십수년 전 외환위기로 국가나 개인이나 극심한 경제
적 어려움을 겪었던 우리의 경험 때문이다. 미국이 어떤 과정을 거쳐 얼
마나 빨리 위기를 벗어날지 똑똑히 지켜볼 것이다. 워싱턴특파원을 마치

고 들어와서 이제야 지나간 1,200일 동안 벌어졌던 그때의 기록을 한 권의 책으로 묶어 펴내는 깃도 그런 이유에서다(본문의 각 제목에 붙어 있는 날짜는 기사를 작성한 당시의 시점이다).

Part **4**

헬리콥터에서 뿌리는 달러

Part **5**

새로운 국제 질서 찾기

PART 1

서브프라임 모기지가

잉태한 불행

부끄러운 얘기지만 서브프라임 모기지가 미국 경제를 뭉개버린 엄청난 위력을 감안하면 처음에는 그 정체를 좀처럼 알아차리지 못했다. 미국 정부와 금융 당국이 온갖 대책을 내놓고 난 뒤에야 어느 정도인지를 조금씩 감지했다.

워싱턴특파원으로 일하기 위해 지난 2006년 6월 현지에 도착한 필자는 체류할 집을 구하는 데 꽤나 어려움을 겪었다. 그러면서 워싱턴DC 인근 한인 사회에 퍼져 있던 놀라운 얘기를 전해 들었다.

2005년 가을 워싱턴DC 주변 최고 주택 지역인 버지니아주 맥클린에서 새로 지어진 5층짜리 공동주택(우리의 아파트와 유사한 형태) 분양에 신청자들이 장사진을 이뤄 화제가 됐다는 것이었다. 신청자 셋 중 하나는 한국계나 중국계였다는 것도 더 놀라웠다. 손에 자기 돈을 별로 쥐고 있지 않아도 신청할 수 있었던 여건 때문이었다. 예치금(Down Payment)을 총 분양가의 10%도 요구하지 않고 웬만큼 신용도가 낮아도 이자 부담을 느끼지 않을 만큼 파격적인 금리 조건으로 돈을 빌려주는 금융 회사들의 부추김이 있었던 것이다. 첫 2~3년간에는 이자를 내지 않다가 해를 넘기면서 금리 구조가 바뀌어가기 시작하는 유혹도 있다.

서브프라임 모기지 대출의 실체가 바로 이거였다. 분양 받았다가 매매가가 오르면 바로 팔고 차익에 대해 세금만 내면 되는 미국의 부동산 거래 시스템에서 2채, 3채 투자로 수익을 올리는 이들을 보고 뒤늦게 달려든 꼴이었다.

하지만 2006년 여름 부동산 가격은 정점을 찍은 뒤 더 이상 오르지 않았다. 다세대 공동주택의 가격은 오히려 떨어졌다. 실수요자가 아니면서 투기 목적으로 달려든 사람들은 눈덩이처럼 커지는 이자 부담을 견디기 어려웠다. 서브프라임 모기지의 유령은 2006년 하반기부터 사람들을 얽어매기 시작해 2007년 본격적으로 꽁꽁 묶어버렸다.

서브프라임 모기지 문제에 대해 미국은 의회와 정부 가리지 않고 앞장서 대책을 내놓았다.

연방준비제도이사회(FRB)는 2007년 9월 금리 인하의 물꼬를 트기 시작한 뒤 필요하다고 판단하면 과감하게 추가 인하 조치를 단행했다. 2007년 12월에는 당시 조지 W. 부시 대통령이 직접 나와 주택시장 침체를 막을 종합 대책이라며 서브프라임 모기지 대책을 발표할 정도였다. 서브프라임 모기지 금리를 향후 5년 동결하는 초시장적 처방이었다. 금리 조정으로 당장 이자 부담이 커져야 할 200만여 명에게 혜택을 줬다.

하지만 이 같은 파격적 조치에도 불구하고 서브프라임 모기지 여파는 잦아들지 않았다. 미국 경제의 추락을 우려한 전 세계 금융시장에서는 달러화 가치에 대해 신뢰를 보내지 않기 시작했다. 달러 약세는 유가 급등으로 이어졌다. 미국발 서브프라임 모기지 위기에 달러 약세와 국제 유가 급등이라는 파노라마식의 위기 요인은 세계 금융시장에 암운을 드리운 전조이자 본질이었다.

위기의 씨앗
서브프라임 모기지

미국 의회와 정부
'서브프라임' 공동대처(2007. 8. 22)

2007년 8월 21일 오전 민주당 소속 크리스토퍼 도드 상원 은행위원회 위원장은 벤 버냉키 연방준비제도이사회(FRB) 의장과 헨리 폴슨 재무장관을 자신의 방으로 불렀다. 의회의 소관 상임위원장, 중앙은행 의장 그리고 경제정책 수장 등 3자 간의 긴급 회동이다. 서브프라임 모기지발 금융시장 동요에 대해 미국 의회와 정치권이 본격적인 개입에 나섰다는 의미다.

도드 위원장은 회동 후 "최근 금융시장 상황과 FRB 대응에 대해 논의했다"고 밝혔다. 그는 회동에 앞서 "금융시장이 조기에 안정될 수 있도록 정책 당국이 지속적으로 노력해야 한다"며 "그렇지만 극적인 대책이 필요한 것은 아니다"고 선을 그었다.

도드 위원장은 서브프라임 모기지발 신용 위기 수습책으로 정부 산하 모기지 보증기관인 패니매와 프레디맥에 대한 모기지 매입 한도 제한을 풀어야 한다고 주장해 왔다. 뉴욕주 출신 찰스 슈머 상원의원은 아예 두 기관의 매입 한도를 현재보다 5~10% 더 늘려주는 내용을 담은 법안 제출을 준비 중이었다.

하원 금융서비스위원회의 바니 프랭크 위원장도 의회의 휴회가 끝나고 다시 문을 여는 2007년 9월 5일 즉시 청문회를 열겠다고 밝혔다. 프랭크 위원장은 모기지시장의 신용 위기 사태를 논의하고 소비자에게 어떤 영향을 미쳤는지 점검하겠다고 설명했다.

로이터통신은 '상·하원 의원들이 최근 금융시장 동요를 수습하는 과정에서 정책 결정자들과 주요 시장 참가자들 역할에 대해 비판적인 시각을 갖고 들여다보기 시작했다'고 전했다.

상원 은행위원회 공화당 측 간사인 리처드 셸비 상원의원은 "신용평가 기관들이 모기지업체에 부여한 근거 없는 높은 등급이 현재의 위기를 가져온 측면이 있는 만큼 책임 소재를 따져야 한다"고 주장했다. 벤 버냉키 연방준비제도이사회(FRB) 의장은 3자 회동 후 금융 불안 해소를 위해 가능한 모든 수단을 동원하겠다는 뜻을 밝혔다.

조지 W. 부시 대통령도 캐나다의 휴양지 몬테벨로에서 이날 열린 북미 3개국 정상회담 후 가진 기자회견에서 "미국 금융시장의 유동성은 충분하다"고 강조했다. 그는 미국 금융시장 불안에 대한 질문을 받고 기다렸다는 듯이 "근본적인 문제는 위험을 재평가하는 과정에서 유동성이 충분한가인데 이에 대한 답은 '예스'다"고 강조했다.

헨리 폴슨 재무장관 역시 "세계 경제는 튼튼하며 투자자들이 위험을 재평가하고 나면 금융시장의 유동성도 정상 수준으로 돌아올 것"이라고 밝혔다.

FRB는 2007년 8월 9일 이후 금융시스템에 모두 1,000억 달러 이상의 유동성을 공급했다. 시장에서 최대 관심은 버냉키 의장의 '가능한 모든 수단 동원'이라는 표현의 진의 파악이었다. 도드 위원장은 "FRB가 재할인율을 인하했지만 시장이 그 효과를 느끼기에는 시간이 걸릴 것"이라며 "오늘 회동에서 버냉키 의장에게 특별히 연방기금 금리를 낮추라고 요청하지 않았고, 버냉키 의장도 (인하를) 약속하지 않았다"고 확대 해석의 여지를 줄였다.

그러나 버냉키의 이런 의사 표시는 이날 금융시장에 FRB가 조만간 금리 인하에 나설 수 있다는 신호를 보낸 것으로 받아들여졌다. 연방기금 금리 목표치는 5.25%에 묶여 있었다.

직접적인 이해관계가 걸려 있는 투자은행들은 인하폭을 구체적으로 내놓았을 정도다.

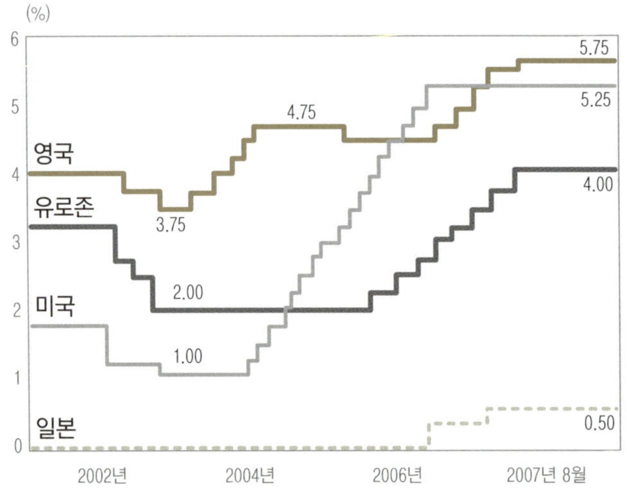

출처: 각국 중앙은행

 FRB는 여전히 현재 금융시장의 핵심 문제를 금리 수준이 아니라 유동성 부족이라고 주장했다. 2007년 7월 중 생산자물가지수(PPI)가 0.6%로 예상보다 높게 나온 점이나 소비자물가지수(CPI)가 0.1% 상승한 점은 FRB에 인플레 우려도 감안하지 않을 수 없게 만들고 있다. 금리 인하 카드를 선뜻 꺼내기 힘들게 하는 요인이다.

 부시 대통령과 폴슨 재무장관이 동시에 "시장 내 유동성이 충분하다"는 언급을 한 것은 FRB의 정책을 지지한다는 뜻이었다.

라토 IMF 총재
"서브프라임 세계 경제 영향 미미"(2007. 8. 24)

로드리고 라토 국제통화기금
(IMF) 총재는 8월 22일(현지시
간) "미국발 서브프라임 모기지
위기에도 불구하고 금융시장의
신용 위기가 세계 경제의 펀더
멘털에 미칠 영향은 미미할 것
으로 본다"고 말했다.

그는 또 "신용위기는 수습
돼 궁극적으로 금융시장 여건
이 정상으로 돌아올 것"이라며

로드리고 라토 국제통화기금(IMF) 총재

"미국 경제는 이번 사태와 상관없이 올해 무난한 성장을 유지할 것"이라
고 진단했다. 라토 총재는 이날 브라질에서 열린 '파생상품 및 금융시장
국제회의' 기조연설을 통해 서브프라임 모기지발 신용 위기에 대해 이같
이 정리했다.

라토 총재는 "세계 경제의 펀더멘털은 여전히 강하다"며 "IMF는 최근
경제 전망에서 올해(2007년)와 2008년 세계 경제가 각각 5%씩 성장할 것
으로 내다봤다"고 다시 강조했다. 라토 총재는 미국발 서브프라임 모기

지 부실로 인한 신용 위기에 대해 "IMF는 이미 오래 전부터 엔캐리 트레이드, 무분별한 기업 인수, 신용 위기 불감증에서 생길 수 있는 위험을 경고해 왔다"고 주장했다. 그러나 유동성 문제나 각종 자산담보부채권 등 신종 복합 증권의 가격 변동 문제를 과소평가했다는 것이다.

그린스펀
"서브프라임 심각성 알지 못했다"(2007. 9. 15)

앨런 그린스펀 전 연방준비제도이사회(FRB) 의장도 "서브프라임 모기지 문제의 심각성을 일찍 알아차리지 못했다"고 인정했다.

모기지시장의 동요가 신용도 낮은 대출자들에게 직접적인 영향을 주고 결국 거시경제 전반의 위험으로 연결되고 있음을 미리 인식하지 못했으며 이 정도로 사태가 전개될지 몰랐다는 점을 털어놓은 것이다.

그린스펀 전 의장은 9월 13일 CBS 방송의 일요 시사프로그램인 〈60분〉과 가진 인터뷰를 통해 이같이 밝혔다. 그는 "서브프라임 모기지 같은 대출 관행이 많이 퍼져 있다는 것은 알고 있었지만 얼마나 중요한 문제가 될 것인지에 대해서는 늦게까지 깨닫지 못했다"고 말했다. 그린스펀 전 의장은 "2005년이나 2006년에도 심각성을 알지 못했다"고 털어놓았다.

흥미를 끄는 대목은 향후 금리 인하 조치 여부에 대한 언급과 자신의

앨런 그린스펀 전 연방준비제도이사회(FRB) 의장

후임인 벤 버냉키 현 FRB 의장에 대한 평가다. 그린스펀은 "(현재 의장으로 재직하고 있다면) 극적이고 빠른 행동에 나서지 않았겠느냐"는 질문에 대해 "확실하지 않다"고 말했다.

그린스펀 전 의장은 그러면서 "버냉키 의장이 잘 대처하고 있다"고 후임자에 대해 우호적인 평가를 내렸다. 그는 "내가 버냉키 의장과 다른 조치를 취했을 것이라고 자신할 수 없다"고 버냉키를 옹호했다.

한편 그는 자신의 공격적인 금리 인하 조치, 닷컴 버블 붕괴 이후 다시 민첩하게 금리를 올리지 못한 것이 서브프라임 위기를 조장한 배경 중 하나였다는 지적에 대해서는 '인정할 수 없다'고 분명히 밝혔다.

서브프라임 모기지(Sub Prime Mortgage)

비우량 등급 주택담보 대출을 뜻한다. 일정 수준 이하의 신용 낮은 고객들에게도 주택을 담보로 대출을 해주는 상품이다. 대출 대상 가운데 우량등급은 프라임, 그 아래는 알트A, 최하위 등급이 서브프라임이다. 금융회사들은 낮은 신용등급 고객에게 대출해줘도 경기가 좋을 때는 집값이 올라 대출이 부실해질 가능성이 낮았지만 집값 거품이 무너지면서 부실이 표면화됐다. 담보가치 100%까지 대출해준 상태에서 집값이 떨어지자 서브프라임 모기지는 휴지조각으로 전락한다. 2007년 4월 미국 2위 모기지업체 뉴센추리파이낸셜에 이어 8월에는 10위권 업체인 아메리칸홈모기지가 파산신청을 했다. 위기의 전주곡이었다. 이후 1년 만에 리먼브러더스 파산이라는 파국을 맞았다. 모기지업체들을 파산에 이르게 하고 세계 경제에 '100년 만의 위기'를 몰고 온 원흉은 서브프라임 모기지였다. 경기 호황에 취해 서브프라임 모기지를 기초로 발행된 파생금융상품을 사들였던 투자은행들도 모기지업체와 운명을 함께했던 것이다.

서브프라임모기지
사태 후폭풍 어느 정도

모기지 업계

4만 명 일자리 잃어(2007. 8. 25)

월가 보너스 25% 줄고 KKR은 12억 달러 기업공개 보류

서브프라임 모기지 위기는 미국과 세계의 금융산업에 짙은 먹구름을 드리우고 있다.

AP통신은 올 들어 미국 모기지 업계에서 일자리를 잃은 사람이 4만 명을 넘어섰다고 보도했다. 절반은 서브프라임 사태가 절정에 달했던 지난 2007년 8월 17일 이후 해고 통지를 받았다.

같은 기간 건설업종 감원 인력(2만 명)의 두 배에 달한다. 8월 22일 하루

에만 리먼브러더스, 퍼스트내셔널뱅크홀딩스, 어크레디티드홈렌더스 등
이 감원 계획을 발표했다. 컨트리와이드파이낸셜, 캐피털원, 퍼스트매그
너스파이낸셜 등 큰 모기지업체도 잇따라 구조조정에 들어갔다.

유럽 최대 은행인 HSBC도 주요 모기지 사업부 영업을 중지하고 600명
을 감원하기로 했다. 특히 2분기 모기지 대출 연체 건수가 17년 만에 최
대 폭으로 늘어나 미 주택경기 침체의 골이 예상보다 훨씬 깊은 것으로
나타났다. 영국 런던의 금융 중심지역인 '더시티'에서도 서브프라임 여파
로 올 2007년 연말까지 5,000명이 일자리를 잃고 보너스도 15%가량 삭
감될 것이라고 영국 BBC가 23일 보도했다.

월가 보너스 5년 만에 감소세

파이낸셜타임스(FT)와 AP통신은 고급인력 임금 분석업체 '옵션스그룹'
의 최신 자료를 인용해 올해 월가 연봉이 지난해에 비해 평균 5% 감소할
것이라고 23일 보도했다.

대형 증권회사는 지난해 전년 대비 약 20% 증가한 평균 22만 650달러
의 보너스를 지급했지만 올해는 보너스 지급이 크게 위축되는 분위기다.
특히 모기지 분야의 충격이 극심해 이 분야에 종사하는 3명 중 1명이
실직 위기에 몰릴 것으로 보여 연봉 하락 폭도 최고 40%에 육박할 전망
이다. 월가 보너스가 감소세로 돌아선 것은 월가의 주 수익원인 차입인

서브프라임발 금융권 구조조정

기업	내용
컨트리와이드 파이낸셜	모기지 사업부 청산, 관련인력 감축
캐피털원	그린포인트모기지폐쇄, 1,900명 감원
리먼브러더스	BNC모기지 폐쇄, 1,200명 감원
퍼스트내셔널뱅크	모기지 부문 541명 해고
어크레디티드홈렌더스	1,600명 감원
HSBC	미국모기지 사업 중단, 600명 감원

수(LBO), 기업 인수·합병(M&A), 퀀트펀드와 헤지펀드 운용이 이번 신용 위기로 큰 타격을 입은 게 주요인이다.

이에 따라 월가 투자은행 임원들은 보너스 등 연봉 삭감과 함께 감원의 위협마저 느끼는 처지로 전락했다. 헤지펀드 매니저의 경우 지난해 연봉이 15%가량 올랐으나 올해는 5~10% 감소하고, 작년 평균 10% 가량 올랐던 채권 매니저 연봉도 올해는 최고 10% 줄어들 것으로 점쳐진다.

KKR는 IPO 연기

신용위기 경색으로 사모펀드 콜버그 크라비스 로버츠(KKR)가 결국 IPO(기업공개)를 연기했다고 영국 일간 더타임스가 23일 보도했다.

KKR는 당초 9월 뉴욕증권거래소(NYSE)에서 12억 500만 달러 규모의 IPO를 실시할 계획이었다. 이를 위해 주간사로 모건스탠리와 씨티그룹을 선정하고 지난 7월 IPO 서류를 제출했으나 서브프라임 모기지발 충격이 확산되면서 상장 계획을 보류한 것으로 알려졌다. 더타임스는 그러나 KKR가 IPO를 포기한 것은 아니며 추후 상장을 고려하고 있다고 설명했다.

BOA, 컨트리와이드에 투자

씨티뱅크, JP모건체이스, BOA(뱅크오브아메리카), 와코비아 등 대형 은행 4곳은 미 연방준비제도이사회(FRB) 재할인 창구를 통해 각각 5억 달러씩 20억 달러를 대출받아 추가로 유동성을 확보했다.

파산 우려까지 제기되던 미국 최대 모기지업체 컨트리와이드는 22일 BOA로부터 20억 달러의 투자를 유치해 숨통이 트였다. AP통신 등에 따르면 BOA는 컨트리와이드의 의결권 없는 전환우선주를 매입하는 방식으로 20억 달러를 투자했다. 이 주식은 주당 18달러에 보통주로 전환할 수 있다.

컨트리와이드는 지난주 무디스, 스탠더드앤드푸어스, 피치 등 세계 3대 신용평가사로부터 신용등급을 강등 당했고 지난 16일에는 신용시장에서 자금 조달을 하지 못해 40개 은행으로부터 115억 달러의 신용을 제공받았다.

부동산 침체로
소비 위축(2007. 11. 1)

소비자신뢰지수 2년 만에 최저

미국 소비자들의 심리를 보여주는 소비자신뢰지수가 2005년 10월 이후 2년 만에 최저 수준으로 곤두박질쳤다. 서브프라임 모기지 부실 사태 여파로 소비 위축이 가시화하는 것 아니냐는 관측이다.

미국의 민간 경제분석기관인 콘퍼런스보드가 10월 30일(현지시간) 발표한 10월 소비자신뢰지수는 95.6으로 나타났다. 2005년 10월은 허리케인 카트리나 참사 직후로 소비심리가 바짝 얼어붙었던 시점이다.

이번 소비자신뢰지수는 마켓워치 예상치 98.0보다 더 큰 폭으로 낮았다. 지난 9월만 해도 지수는 99.5였으며 지난해 평균 지수는 105.9였다. 향후 6개월 뒤 체감경기를 의미하는 기대지수도 전월 85.0에서 80.1로 떨어졌다. 현재 체감경기를 반영하는 동행지수는 121.2에서 118.8로 하락했다.

부동산 가격 하락과 유가 인상 행진 등 경제를 둘러싼 변수들이 악화되면서 소비자들 심리가 크게 위축되고 있음을 보여준다.

소비는 미국 경제 중 3분의 2를 차지할 만큼 중심 요인이다. 서브프라임 모기지 부실로 인한 신용 경색 사태 이후 경제 정책 당국은 소비 위축 가능성에 대해 가장 걱정했다.

이번 소비자신뢰지수는 소비 심리 불안을 보여주는 것이라는 점에서 향후 자동차 판매, 내구재 소비 등에서 둔화가 얼마나 가시화될 것이냐에 촉각을 곤두세워야 할 판이다. 집값 하락 추세는 계속 이어지고 있다. 얼어붙은 주택시장에 회복 기미는 전혀 나타나지 않고 있다.

스탠더드앤푸어스(S&P)가 20대 주요 도시를 대상으로 산출하는 케이스-실러 전국주택가격지수에 따르면 지난 8월 전국주택지수는 작년 동기 대비 4.4% 급락했다. 이 같은 월별 하락폭은 이 지수를 발표해온 7년 중 가장 큰 수준이다. 당초 8월 전국주택가격지수 예상치는 4.2%였지만 실제 결과는 이보다 더 컸다. 시장에서 주택 가격 하락세는 훨씬 심각할 수 있다는 것이다. 10대 주요 도시를 대상으로 한 8월 전국주택가격지수는 5.0% 떨어졌다.

모기지 관련 대출이 보다 까다로워지고 모기지 상환 비용 부담이 높아져 주택 매입 수요가 줄어들고 있는 점이 주택시장 침체를 가중시킨다는 진단이다.

이 여파로 3분기 현재 팔리지 않고 빈 채로 남아 있는 주택이 207만 채에 달하는 것으로 집계됐다. 이는 전 분기에 비해 2% 늘어난 것이며 전년 동기와 비교해서는 7% 증가한 것이다.

글로벌 금리 고공행진

리보금리 6% 훌쩍(2007. 12. 5)

신흥국 외화채권 가산금리 껑충

영국 런던에서 우량은행 간 단기자금을 거래할 때 적용하는 리보(LI-BOR)금리가 급등하고 있다.

신흥국 외화채권 가산금리(EMBI+, Emerging Market Bond Index+)도 지난달 말 2.77%포인트까지 치솟았다. 2년 만에 최고 수준이다.

글로벌 금융시장에서 자금조달 금리가 가파른 상승세를 보이고 있는 것이다. 블룸버그뉴스는 3일(현지시간) 한 달짜리 파운드화 기준 리보금리가 이날 하루 새 0.63%포인트 올라 6.72%까지 상승했다고 보도했다.

영국은행협회에 따르면 이 같은 리보금리 수준은 미국의 롱텀캐피털매니지먼트(LTCM) 부도 사태로 국제금융시장이 큰 혼란을 겪었던 1998년 12월 이래 가장 높은 것이다.

은행들 간에 가장 많이 거래되는 3개월짜리 리보금리는 6.62%까지 올랐다. 리보금리 급등은 우선 미국발 서브프라임 모기지 사태와 연관된 거대 금융기관들의 수십억 달러에 이르는 대손상각이 반영된 결과라는 분석이다.

미국과 유럽 금융시장의 신용경색을 풀기 위해 유럽중앙은행, 영란은

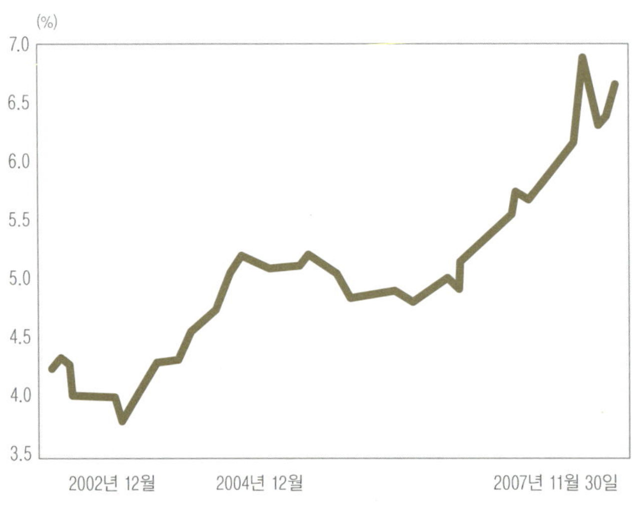

출처: 블룸버그

행, 미국 연방준비제도이사회(FRB) 등은 무제한에 가까운 유동성을 공급했을 정도였다.

뉴욕멜런코프은행의 수석전략가인 사이먼 데릭은 "금융시장의 신용경색이 아직 진행되고 있는 상황에서 연말에 대비한 금융기관들의 자금 수요 증가가 리보금리 급등을 촉발시켰다"고 진단했다.

머빈 킹 영란은행(중앙은행) 총재는 신용시장의 흐름을 원활하게 풀어주기 위해 100억 파운드의 유동성을 추가로 공급하겠다는 의사를 최근에도 밝힌 바 있다.

신흥국 외화채권 가산금리도 2년래 최고치를 기록했다. 금융권에 따르면 작년 말 1.69%포인트까지 내려갔던 신흥국시장 외화채권 가산금리는 지난 11월 26일 2년래 고점인 2.77%포인트를 기록했다.

신흥국 외화채권 가산금리란 신흥국가가 발행하는 투기등급 이하 채권의 가산금리에 대한 평균치를 말한다. 쉽게 말해 신흥개발국이 국제금융시장에서 자금을 조달할 때 지불하는 비용을 의미한다.

가산금리가 올랐다는 것은 그만큼 신흥개발국의 자금조달 여건이 악화됐음을 의미한다. 이 수치는 2000년 이후 7년 평균치 5%포인트 수준을 유지하다 지난 1~2년 새 크게 떨어진 이후 최근 글로벌 금융시장의 자금경색으로 급격히 오르는 추세를 보이고 있다.

미국 경제 '저성장 – 고물가' 조짐(2007. 12. 17)

11월 소비자물가 2년 만에 최고

경기 침체가 본격화될 것으로 우려되는 미국 경제에 인플레이션까지 겹치는 것 아니냐는 걱정이 나오고 있다.

'저성장-고물가(스태그플레이션)'라는 후진국형 경제 구조가 미국에서도 현실화될지 모른다는 지적이다.

인플레이션이 일시적 현상에 그치지 않고 가속화된다면 경기 침체에 선제적으로 대처하기 위해 지난 9월 이후 지속적인 금리 인하 조치를 취하고 있는 통화 당국이 추가적인 인하 결정을 내리기가 쉽지 않은 상황이다.

소비자물가지수 급등

미국 노동부가 발표한 11월 소비자물가지수(CPI)는 전달에 비해 0.8% 올라 2005년 9월 이후 2년 여 만에 최고치를 기록했다. 작년 같은 달과 비교하면 4.3%나 올랐다.

11월 생산자물가지수(PPI)도 3.2% 상승률을 보이면서 34년 만에 최고 오름세를 기록했다. 월별 지수지만 소비자물가지수와 생산자물가지수가 이처럼 기록적인 상승세를 보이자 인플레이션 우려를 하지 않을 수 없게 됐다.

소비자물가지수든 생산자물가지수든 급등의 가장 큰 배경은 유가 오름세였다. 국제 유가는 배럴당 90달러를 넘어서 100달러를 향해 가다가 주춤거리며 좀처럼 꺾이지 않고 있다. 국내 소비에너지의 75%를 수입에 의존하고 있는 미국 경제 구조에서 가파른 유가 상승은 수입 물가 급등으로 직결되고 있다. 물가지수에 반영되는 휘발유의 시중 판매가격은 지난 11월 기준 34.8% 급등했다.

조심스러워진 금리 추가 인하

월스트리트저널(WSJ)은 소비자물가지수가 예상 외로 크게 오름에 따라 연방준비제도이사회(FRB)의 금리 인하 여지가 시장 기대보다 줄어든 것으로 보인다고 지적했다.

뉴욕타임스(NYT)도 "물가 상승 압력이 소비자나 생산자 수준에서 모두 커짐에 따라 고전하는 경제를 살리기 위해 노력하는 FRB의 정책 선택을 더욱 복잡하게 만들고 있다"면서 인플레이션 압력이 미국 경제의 많은 걱정거리를 더 늘렸다고 전했다.

지난 11일 열렸던 FRB의 금리 결정 기구인 연방공개시장위원회(FOMC)는 회의 후 성명서에서 향후 방향과 관련해 두 가지 시사점을 던졌다.

먼저 경제 성장 둔화세에 대해 주목하고 있다는 점을 강조했다. "금리 인하가 앞으로 경제의 완만한 성장세를 유지하는 데 도움이 될 것"이라

2007년 美 월별 물가지수 추이

(단위: 전월 대비 %)

시기	생산자물가지수	소비자물가지수
1월	−0.6	0.2
3월	1.0	0.3
5월	0.7	0.7
7월	0.7	0.1
9월	1.1	0.3
11월	3.2	0.8

출처: 미국 노동부

고 설명했다.

반면 지난 10월 성명에서 명기했던 '인플레이션과 경제 성장 위험이 대체로 균형을 이루고 있다'는 표현을 삭제했다. 12월 성명에서는 인플레이션과 관련해 다분히 원칙적인 입장만 견지했다.

앨런 그린스펀 전 FRB 의장은 월스트리트저널과 인터뷰에서 "지금의 통화 정책 환경이 어떤 때보다도 훨씬 어렵다"고 지적했다. 인플레이션 압력이 커져 추가로 금리를 낮추기가 만만치 않은 지경에 도달했다는 의미다.

그린스펀
"美 스태그플레이션 초기 징후 있다"(2007. 12. 18)

앨런 그린스펀 전 미국 연방준비제도이사회(FRB) 의장은 12월 16일 "미국 경제가 스태그플레이션을 경고하는 사인을 보여주기 시작하고 있다"며 "스태그플레이션이 시작된 것은 아니라 해도 초기 징후는 분명히 있다"고 지적했다.

스태그플레이션이란 성장률은 둔화되고, 실업률은 오르며 동시에 물가 상승이 함께 나타나는 현상이다. 그린스펀 전 의장은 이날 ABC의 시사대담 프로그램 〈디스 위크〉에 출연해 "미국 경제가 확연한 둔화 국면

으로 한 걸음씩 다가가고 있는 것으로
진단된다"며 이같이 우려했다.

그는 "냉전시대 이후 미국 경제는 지
정학적 요인 때문에 저인플레이션 시
대를 구가했지만 이제 그런 시대가 종
료를 고하고 있다"고 주장했다. 그는 "
미국의 생산성 증대가 확실하게 둔화
되고 있는 점이나 중국에서 들어오는
수입품목의 가격 상승이 바로 '저인플

앨런 그린스펀
전 미국 연방준비제도이사회(FRB) 의장

레이션' 시대 종료의 대표적인 증거"라고 말했다.

그린스펀은 "FRB는 미국 경제에 나타나고 있는 이런 부정적 징후를
정확하게 감지할 능력이 있으며 그에 맞춰 적절한 조치를 취해야 한다"
고 강조했다. 그는 "지난 20년간 저인플레이션은 미국 경제 성장을 이끌
어낸 최대 추동력이었다"며 "따라서 인플레이션은 반드시 억제돼야 한
다"고 주장했다.

그린스펀은 "FRB는 궁극적으로 그런 일을 설계하고 담당해야 하는 주
인공으로 위상을 부여받았다"며 "단기적인 대책만이 아니라 중장기 차원
에서 인플레이션을 막을 수 있는 조치가 필요하다"고 조언했다.

그린스펀은 대출자에 대한 5년간의 금리동결 등 최근 부시 행정부가
내놓은 서브프라임 모기지 부실 대책에 대해 "제대로 작동할 것인지는

모르겠다"며 "여하튼 시장 구조를 흔들지는 않으면서 서브프라임 모기지 대출자들에게 재정적인 도움은 될 것"이라고 다소 냉소적인 평가를 했다.

IMF, 2008년 미국 경제 성장률 전망치 1.5%로 낮춰(2008. 1. 30)

세계 경제 성장률은 4.4%에서 4.1%로 하향

국제통화기금(IMF)이 미국과 유럽연합(EU) 등 선진 경제권의 성장 전망치를 하향 조정했다. 세계 경제 성장률 전망치도 낮춰 잡았다.

미국발 서브프라임 모기지(비우량 주택담보대출) 사태가 국제금융시장의 소용돌이를 갈수록 확산시키면서 세계 경제의 침체 가능성이 커진 데 따른 조치다.

IMF는 1월 29일 오전(현지시간) 발표한 〈세계 경제 전망 평가 보고서〉를 통해 2008년 미국과 EU의 성장 전망치를 각각 1.5%와 1.6%로 하향 조정했다. 지난해 10월 발표된 전망치(미국 1.9%, EU 2.1%)와 비교하면 각각 0.4%포인트, 0.5%포인트씩 낮아진 수준이다. 세계 경제 성장률 전망치도 4.1%로 낮췄다. 역시 지난해 10월의 4.4%에서 이번에는 0.3%포인트 하향 조정했다.

IMF가 세계 경제의 침체 가능성을 본격적으로 경고하고 나선 것으로 받아들여진다. 특히 미국 경제의 올 4분기 성장률 전망치를 0.8%로 내다봐 지난해 4분기의 성장률 잠정치 2.6%에 비교할 경우 사실상의 침체(Recession) 국면 진입으로 진단했다는 점이 주목을 끈다.

다만 전체 성장률 하향 조정 폭이 염려했던 수준에는 미치지 않았다는 점에서 급격한 경기 침체에 대해서는 신중한 견해를 보였다는 평가다. 미국 정부의 경기 부양 노력과 30일 열리는 연준 공개시장위원회(FOMC)의 금리 인하 결정 가능성까지 염두에 뒀다는 분석이다.

중국, 인도 등 신흥시장은 2008년에도 고도성장을 지속할 것으로 전망됐다. 중국의 올해 성장률 전망치는 지난해 10월 내놓았던 수치와 같은 10.0%를 그대로 유지했다.

유가 폭등까지 가세

유가 86달러 돌파
사상최고치 행진(2007. 10. 17)

국제 유가가 배럴당 86달러를 돌파하며 사상 최고치로 치솟아 글로벌 경제에 큰 충격파를 던져 주고 있다. 중동발 악재와 겨울철 난방유 수요가 급증하는 등 악재가 맞물리면 세 자릿수 유가 시대가 개막될 가능성을 배제할 수 없는 상황이다. 하지만 현재 원유수급 구조와 경제여건상으로는 추가적인 유가 상승을 점치기는 힘들다는 관측도 나온다.

터키 사태 해결이 관건

터키·쿠르드 분쟁은 유가 최고치 경신의 직접적인 원인으로 작용했다. 터키의 이라크 내 쿠르드족 공격에 대한 의회 표결이 17일 예정돼 있어 긴장감이 고조되는 형국이다.

이번 사태가 이라크의 석유 생산에 타격을 미치면 전 세계 석유 공급에 쇼크를 촉발시킬 수 있기 때문이다. 미국과 터키 간 외교 마찰도 갈수록 거세지고 있다. 터키 정부는 15일 쿠르드 반군 소탕을 위해 이라크 북부에 병력을 파견하도록 해달라는 동의안을 의회에 제출했다.

터키 정부 대변인인 세밀 시섹 부총리는 "터키 정부는 군사적 행동에 의존하지 않게 되기를 희망한다"고 밝혀 미국 측을 압박했다. 터키 정부는 지난 11일 이미 이라크 국경 인근 쿠르드족 반군 은거지에 대한 부분

주요 산유국 원유생산량과 매장량

(단위: 배럴)

국가	하루 원유생산량(비중)	공식 매장량(비중)
사우디아라비아	1,085만(13.1%)	2,643억(22%)
러시아	976만(12.3%)	795억(6.6%)
이란	434만(5.4%)	1,375억(11.4%)
멕시코	368만(4.7%)	129억(1.1%)
베네수엘라	282만(3.7%)	800억(6.6%)
노르웨이	277만(3.3%)	398억(3.3%)
이라크	199만(2.5%)	1,150억(9.5%)

출처: BP

공습을 감행했다.

미국 행정부는 "우리 모두는 이라크의 안정에 관심을 가지고 있다"면서 "터키 정부가 미국, 이라크와 논의를 계속하고 지역 안정을 해칠 수 있는 행동을 자제할 것을 촉구한다"고 밝혔다.

부시 대통령은 민주당 주도로 하원에서 이뤄지고 있는 아르메니아 대량학살 인정 결의안이 미국과 터키 관계를 악화시킬 것이라는 점을 내세워 본회의에서의 통과가 바람직하지 않다는 의견을 표명했다. 그렇지만 의회와 추가적인 절충을 하지는 않겠다는 입장이다.

하원의 결의안은 제1차 세계대전 당시인 1915~1917년 아나톨리아 반도 동부 지역에서 오스만제국에 의해 아르메니아인 150만여 명이 살해됐다는 주장을 인정하는 내용이다. 그러나 터키는 오스만제국 붕괴 과정에서 발생한 소요에 아르메니아인과 터키인 등이 동시에 숨졌으며 사망자도 부풀려졌다고 반박하고 있다.

겨울철 한파 등 날씨 변수

겨울철 한파 역시 유가의 최대 변수로 부상하고 있다. 골드만삭스는 최근 겨울철 한파의 정도에 따라 연말 유가가 결정될 것이라는 전망을 내놨다. 미국 북동부 지역에 한파가 몰아닥치면 유가가 연말 93달러를 기록할 것인 반면 예년 날씨를 보이면 77달러까지 급락할 것 이라고 전망했다.

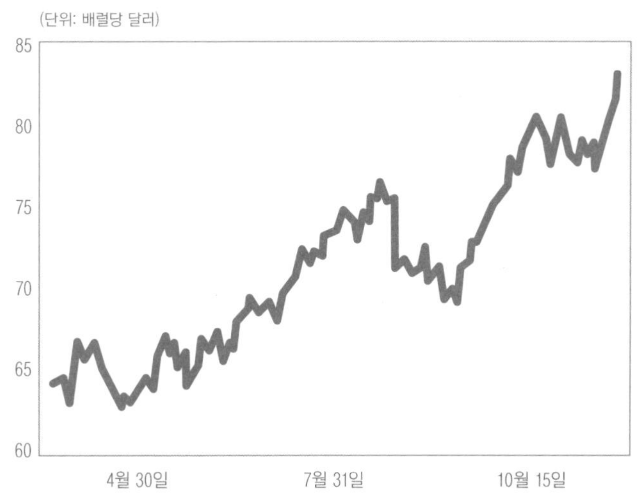

기술적으로 유가 향방은 다음 저항선인 87~87.5달러를 돌파하느냐 여부에 달렸다고 CBS마켓워치는 보도했다. 87.5달러 저항선이 깨지면 오일쇼크가 현실화할 가능성도 적지 않다.

유가 100달러는 1980년 2차 오일쇼크 당시 가격을 오늘날 물가에 반영한 가격대다. 당시 명목 가격은 37달러였다. 그러나 전문가들은 유가가 90달러를 돌파하면 석유수출국기구(OPEC)의 추가 증산과 미국의 전략 비축유 방출 카드가 나올 수 있다며 섣부른 전망을 자제하는 모습이다.

달러의 약세로 충격 덜해

유가가 크게 상승했지만 고유가를 염려하는 목소리는 예전 같지 않다. 환율 효과 때문이다. 달러 약세로 인해 미국을 제외한 대부분 국가는 유가 인상을 크게 체감하지 못하고 있다고 블룸버그뉴스는 전했다.

로버트 이벨 미국 전략국제문제연구소(CSIS) 에너지 프로그램 회장은 "미국을 제외한 다른 나라에서 유가 상승에 대해 크게 불만을 터트리는 소리를 듣지 못했다"며 "원유 값은 달러 기준으로 크게 올랐지만 유로나 다른 통화에 대해서는 그렇지 않다"고 말했다.

달러 기준 유가 상승률은 올 들어 41%로 유로와 영국 파운드 기준 상승률인 31%와 35%를 크게 웃돈다. 일본 엔화 기준 유가 상승률은 연초 대비 39%를 기록했다. 달러 약세는 원유 판매 대금을 달러로 받는 산유국 경제에 큰 영향을 미친다. 이에 따라 산유국의 고유가 정책을 정당화하는 명분이 되고 있다.

유가 100달러

눈앞(2007. 10. 18)

미국 백악관 "고유가 매우 염려스럽다"

유가 100달러 시대가 현실로 다가오면서 미국을 비롯한 에너지 소비국들이 바짝 긴장하고 있다.

특히 최대 원유 소비국인 미국은 고유가 사태에 민감한 반응을 나타내고 있다. 달러 가치 하락으로 유가 충격이 덜한 다른 원유 수입국과 달리 가격 상승 부담을 고스란히 받을 수밖에 없기 때문이다.

데이너 페리노 백악관 대변인은 지난 16일 "유가 움직임을 주시하고 있다"며 "매우 걱정스럽다"고 말했다. 그는 "고유가는 에너지 비용으로 더 많은 돈을 지출해야 하는 저소득 가정에 타격이 될 것"이라고 경고했다.

실제 가격 구조상 원유값 상승은 휘발유 가격 인상으로 전가되고 겨울

출처: 파이낸셜타임스

철 난방비 부담으로 이어질 수밖에 없다. 기름값 상승으로 가처분 소득이 줄어 미국 가계의 소비도 위축시킬 수 있다는 염려가 제기되고 있다.

이와 맞물려 부동산 경기 침체로 소비 심리가 얼어붙고 있는 것도 세계 경제에 부담을 주고 있다.

파이낸셜타임스는 17일 "유가가 급등했지만 위기감은 찾아볼 수 없다"는 제목의 사설에서 "달러 약세와 서브프라임 모기지 위기 등 악재가 쌓인 미국 경제가 특히 고유가에 취약하다"고 지적했다. 신문은 이어 "현재 유가 88달러는 2차 오일쇼크 당시 명목 가격을 현재 물가로 환산한 높은 가격대"라고 설명했다.

아시안월스트리트저널(AWSJ)은 17일 "유가가 90달러에 육박하면서 아시아 각국의 비축유 축적 계획에 비상이 걸렸다"며 "정치적으로 민감한 국가 연료 보조금 제도가 유지될 수 있을지도 관건"이라고 보도했다.

최근 미얀마 민주시위 사태를 촉발시킨 촉매제가 정부의 유류세 인상이라는 점에서 고유가와 아시아 정치 불안정의 상관관계가 높다는 지적이다.

중국은 지난해부터, 인도는 올해부터 비축유를 축적하겠다는 장기적인 계획을 세운 바 있다. 그러나 유가가 세 자릿수로 치닫게 됨에 따라 원유 매입 재정 부담이 크게 늘게 됐다.

AWSJ는 기존에 비축유를 확대하려던 일본과 한국의 계획도 제동이 걸릴 수 있다고 전망했다. 중동지역 정정 불안과 산유국의 자원 민족주의는 에너지 개발 전략에 변화를 일으키고 있다.

일본 기업은 정치적으로 안정된 미국 멕시코만으로 원유도입선 변경을 시도하고 있다. 일본 최대 정유사인 니폰오일과 종합상사인 미쓰비시는 지난 3월 미국 텍사스주의 아나다코 석유에 12억 달러를 투자했다. 또 다른 일본 기업 마루베니도 지난해 13억 달러를 이 지역 심해유전 개발에 투자했다.

일본 기업들의 활발한 유전투자는 중국 등 개발도상국과의 자원확보 경쟁에서 우위를 점하려는 일본 정부의 구상과도 밀접한 관련이 있다. 일본 정부는 2030년까지 전체 원유 수입의 40%를 일본 기업이 소유한 유전에서 조달하겠다는 계획을 지난해 밝힌 바 있다. 현재 일본은 자국기업 소유 유전에서 전체 원유 수입량의 15% 정도를 들여오고 있다.

산유국 입장은 느긋하다. 압둘라 알 바드리 석유수출국기구(OPEC) 사무총장은 16일 성명에서 "OPEC는 현 수준의 유가를 선호하지 않는다"고 밝혔지만 "원유 공급은 원활하게 진행되고 있다"고 덧붙였다. 추가 증산을 통해 가격 안정화를 시도하지는 않겠다는 의지다.

OPEC는 지난달 합의한 대로 다음달 1일부터 하루 50만 배럴 증산에 돌입한다. OPEC는 또 "펀더멘털이 현재 높은 수준의 유가를 떠받치고 있는 것은 아니다"라며 선물시장을 교란시키고 있는 투기세력을 고유가 사태 주범으로 지목했다.

국부펀드
경계령

미국 - 중국,
국부펀드 싸고 충돌(2007. 10. 22)

미국은 G7 회담서 규제 필요성 강조…중국은 국부펀드국 별도 모임 제안

미국 워싱턴DC에서 금융시장 주도권을 둘러싸고 '전쟁'이 벌어졌다.

기득권을 쥐고 있는 G7(선진 7개국)과 이에 맞서는 아시아·중동 국가들 간의 한판이었다.

10월 22일 개막하는 국제통화기금(IMF)·월드 뱅크(세계은행) 연례 총회에 앞서 각국 경제정책 수장들과 금융기관 수뇌들은 힘겨루기와 손잡기라는 두 카드를 놓고 각자 위치를 저울질해야 했다.

전세계 '톱10' 국부펀드(SWF)

(단위: 억 달러)

순위	펀드(국적)	자산규모
1	아부다비투자청(아랍에미리트)	8,750
2	싱가포르투자청	3,300
3	사우디아라비아 국부펀드	3,000
4	노르웨이 국부펀드	3,000
5	국가외환투자공사(중국)	3.000
6	테마섹홀딩스(싱가포르)	1,000
7	쿠웨이트투자청	700
8	미래펀드(호주)	400
9	영구기금공사(미국)	350
10	안정화펀드(러시아)	320

출처: 톰슨파이낸셜·모건스탠리

미국을 비롯한 선진 7개국은 국제 금융시장에서 핵으로 떠오르고 있는 국부펀드(Sovereign Wealth Fund)에 대한 통제를 시도했다. 헨리 폴슨 미국 재무장관은 19일 저녁 국부펀드를 운용 중인 8개국 재무장관들을 초청했다. 이날 초대를 받은 국부펀드 운용국은 한국, 중국, 러시아, 싱가포르, 쿠웨이트, 사우디아라비아, 아랍에미리트연합(UAE), 노르웨이 등 8개국이다.

그러나 첫 만남부터 삐걱거렸다. 중국은 재무부 장관격인 재정부 부장이 나타나지 않았다. 대신 차관격인 리용(李勇) 재정부 부부장이 모습을 드러냈다. 그만큼 불만을 강력히 표시한 셈이다.

회의에서 미국은 갈수록 규모가 커지는 국부펀드 운용 투명성과 안정성이 마련되지 않으면 세계 금융시장의 교란 요인이 될 수 있다는 점을 강조하며 관련 대책 마련을 강조했다.

독일과 프랑스는 국가안보 등을 이유로 보호주의를 자극할 우려가 있다는 것을 지적하면서 공동의 규제 가이드라인을 만들고 싶어 했다.

G7의 의도는 큰 진전을 보지 못했다. 일부 국부펀드 운용국가들의 반발이 만만치 않았기 때문이다. 이날 회의에 참석한 권오규 부총리 겸 재정경제부 장관은 "국부펀드에만 차별적으로 국가안보를 적용하는 것은 문제"라고 지적하면서 "투자대상국이 우려하는 국가안보 등 이슈는 헤지펀드나 사모투자펀드(PEF), 연기금 등에도 공통적으로 적용되어야 하는 기준임을 강조했다"고 전했다.

산유국 중심 자원부국들은 오히려 국부펀드가 국제통화기구(IMF)의 권고에 의해 조성됐다는 점을 거론했다. 투자국들은 국부펀드 투자가 전적으로 상업적 판단에 따라 이뤄지고 있고 새로운 유동성을 제공하고 장기적 투자자 역할을 한다는 긍정적인 점도 강조했다.

국부펀드 운용국들끼리 별도 모임을 만들기 위한 분위기도 조성됐다. G7의 규제 조성 움직임에 대해 대응하기 위해서다. 권 부총리는 "국부펀드의 자금 원천은 다르지만 운영방식은 비슷해 투자국끼리 공동 보조를 맞춰갈 가능성이 크다"고 전했다. 중국은 아예 이달 29일 국부펀드 운용국 관계자들 간의 별도 모임을 제안했다는 전언이다.

같은 날 미국을 방문 중이던 우샤오링 중국 인민은행 부총재는 민간 싱크탱크인 국제경제연구소(IIE)가 주최한 세미나에서 중국의 이 같은 입장을 강력하게 개진했다.

이에 앞서 같은 날 별도로 열린 G7 재무장관·중앙은행 총재 회의에서는 중국에 대한 환율 정책 압박이 주된 의제였다. G7 재무장관과 중앙은행 총재들은 중국의 위안화가 실제 가치보다 낮게 평가돼 무역균형을 위협하고 있다며 중국 위안화의 평가절상이 필요하다고 한 목소리를 냈다.

폴슨 美 재무장관
"국부펀드 투자 강령 필요"(2007. 10. 22)

IMF도 국부펀드 옥죄기 나서…운용 투명성 제고 목적

국제통화기금(IMF) 총재 정책자문기구인 국제통화금융위원회(IMFC)는 지난 10월 20일 열린 회의에서 국부펀드(SWF) 투자자와 투자 대상국 관련 이슈를 분석하기 위한 IMF의 작업을 환영한다는 의견을 내놓았다.

전날 열린 G7(선진 7개국) 재무장관 회의에 8개 국부펀드 운용국 재무장관과 운용책임자를 불러 양측이 공식적인 논의를 한 데 대한 지지 표시로 볼 수 있다.

헨리 폴슨 미국 재무장관

IMFC는 IMF 주요 정책에 대해 의견을 제시하는 총재 자문기구다. 금융시장의 핵으로 떠오른 국부펀드에 대한 G7 국가의 염려와 관심을 이들도 같은 관점에서 봤던 것이다.

지난 19일 G7과 8개 국부펀드 운용국 간 회동은 양측 관심사를 공론 무대로 끌어내는 기회였다는 점에서 의미가 컸다. 미국을 필두로 한 G7 국가는 규제 장치 마련을 주장했다. 중국 등 일부 국부펀드 운용국은 강하게 반발했다. 중국은 아예 국부펀드 운용국만 만나는 모임을 제안했다.

헨리 폴슨 미국 재무장관은 국부펀드 행동 지침을 만들어야 한다는 의견을 제시했다. 무분별한 투자 행태를 방지하기 위해서라는 논리였다.

폴슨 장관은 "국부펀드 투자가 신용시장에 미칠 엄청난 잠재적 영향력을 생각하면 투자 강령이 필요하다"고 말했다고 로이터 통신은 전했다. 그는 "국부펀드는 투명한 투자 원칙으로 운영돼야 투자국은 물론 투자 받은 나라의 국익을 가장 잘 실현할 수 있다"고 강조했다. 폴슨 장관은 이 같은 국부펀드 운용과 투자 강령을 만드는 작업을 IMF에서 맡아야 한다는 논리를 개진했다는 전언이다. 그는 "행동지침을 만들면 국부펀드들이 건전한 투자 결정을 하는 데 도움이 되고 잠재적 시스템 리스크도 완화할 수 있다"며 "비판적인 이들에게 국부펀드가 건설적이고 국제 금융 무대에서 책임 있는 구성원임을 보여줄 수 있는 계기가 될 것"이라고 설명했다.

장 클로드 트리셰 유럽중앙은행(ECB) 총재도 지난 9월 말 한 국제회의에서 국부펀드 투명성이 떨어지면 세계 경제에 악영향을 미칠 것이라며 비슷한 염려를 제기한 바 있다.

세계 금융시장에
국부펀드 경계령(2007. 10. 30)

규모 3조 달러 2015년엔 12조 달러

중국·중동 펀드 M&A 큰손 부상

세계 외환보유액 1위인 중국이 지난 9월 말 2,000억 달러의 중국국가투자공사(CIC)를 출범시켰다. 산유국인 리비아도 이달 18일 400억 달러 리비아투자공사(LIA)로 국부펀드 사업에 가세했다. 급기야 기존 선진국 가운데 세계 외환보유액 2위인 일본도 국부펀드 운용 대열 참여를 검토하기 시작했다.

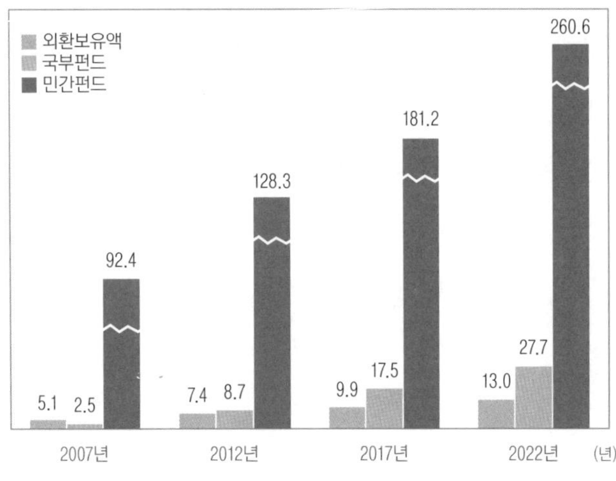

출처: 모건스탠리

국부펀드 경계령

올해 들어 중국과 중동 국가의 국부펀드나 국영 기업이 미국과 유럽 기업에 대한 직접 투자나 인수·합병(M&A)에 나서면서 해당국 정부를 긴장시켰다. 국부펀드 경계령이 내려진 직접적인 원인이다.

미국에서는 중국이 블랙스톤그룹에 30억 달러를 투자한 것이 논란을 빚었다. 의회에서 직접 나서 제동을 걸었지만 받아들여지지 않았다. 아부다비 펀드는 사모펀드인 칼라일 지분 7.5%를 매입했다. 칼라일이나 블랙스톤은 위성기술 업체나 방산업체를 계열사로 거느리고 있어 미국의 안보를 위협하는 일이라는 지적이 빗발쳤다.

올 7월에는 중국개발은행과 싱가포르 테마섹이 바클레이스의 지분 투자에 나섰는가 하면 카타르 국영 투자펀드인 '델타 커머셜 프라퍼티'는 영국 세인스버리 인수를 추진했다. 아랍에미리트(UAE) 국영기업인 DAE는 뉴질랜드 오클랜드공항(AIA) 인수에 합의했다. 카타르투자청(QIA)은 영국 증권거래소(LSE) 지분 20%, 북유럽 증권거래소(OMX) 지분 9.98%를 인수했다. 모두 올해 여름 이후 일어난 일이다.

국부 펀드는 수익성을 최우선 기준으로 운용한다. 외환보유액처럼 국채 등 안전 자산을 대상으로 보수적인 운용을 하는 것과 대비된다. 그러다 보니 공격적인 투자도 서슴지 않는다.

중국이나 한국처럼 외환보유액 가운데 일부를 떼 내 국부펀드로 전환하는 사례도 늘고 있다. 이 과정에서 보유 중인 미국 국채나 달러 자산을 줄이는 포트폴리오 재구성이 수반된다. 이는 가뜩이나 약세로 치닫고 있는 달러화 가치를 더 떨어뜨리는 요인이 된다.

국부펀드 '군기 잡기'

지난 19일 워싱턴DC 미국 재무부 청사에서는 세계 금융시장 주도권을 둘러싼 치열한 힘겨루기가 펼쳐졌다. 기득권을 쥔 G7(선진 7개국)과 국부펀드를 운용하고 있는 8개국 간 한판이었지만 사실상 헨리 폴슨 미국 재무장관이 주도했다. 미국은 국부펀드 운용의 투명성 제고를 요구하며

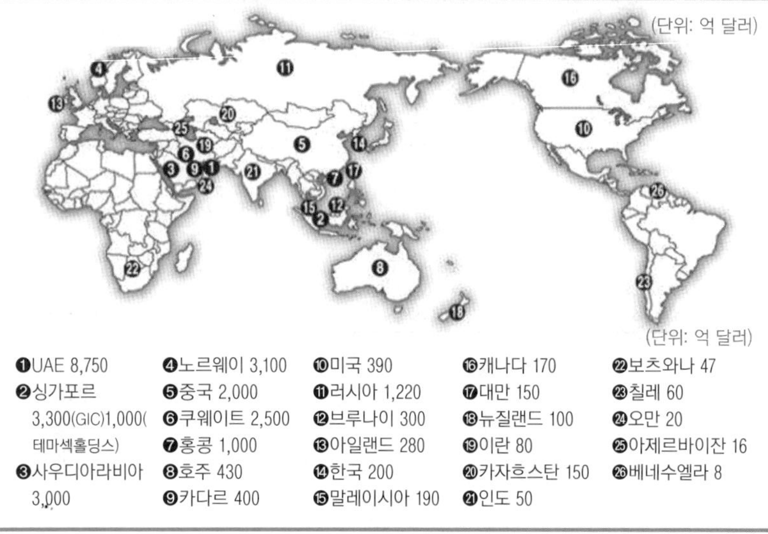

*2007년 현재 추정치 기준
출처: 모건스탠리리서치, 국제금융센터, IMF

규제 장치를 강구해야 한다고 촉구했다.

사실 세계 최대 국부펀드인 UAE 아부다비투자공사(ADIA)는 설립 이후 30여 년 동안 운용 내용을 단 한 번도 밝히지 않고 있다. 규모도 외부 추산에 의존할 정도다. 이렇다 보니 국부펀드에 대해 걱정하는 시각이 나올 만하다.

미국은 국제통화기금과 세계은행이 나서서 국부펀드 운용에 관한 국제적 규범을 제정해줄 것을 제안했다. 미국뿐 아니라 독일과 프랑스도 이미 외국인투자위원회 같은 기구를 통해 해외 국부펀드의 자국 기업 투자에 대한 감시 장치를 마련하고 있다.

중국 등 아시아 국가와 오일머니로 무장한 중동 국가들의 국경을 넘나드는 투자를 제한하지 못하면 자국 기간산업이 국부펀드라는 '금융무기'의 공격을 받을 수도 있다는 위기감이 이들 국가를 긴장시키고 있는 것이다. 국부펀드 규제를 둘러싼 논의가 결국 국가 간 무역에서와 같은 제재를 만들어낼 것이라는 전망도 나온다.

리처드 포르테스 런던경영대학원 교수는 "국부펀드는 그 규모로 인해 다른 국가 민간 기업들에 정치적 영향력을 주는 전례 없는 기회를 갖게 될 수 있다"고 전망했다.

케네스 로고프 하버드대 교수는 "금융시장과 관련된 무역거래가 늘어날 것"이라고 예상했다. 선진국의 이 같은 움직임에 대해 국부펀드 운용국들은 어디까지나 상업적 판단에 따라 투자하고 있는 만큼 선진국의 보호주의적 분위기로 강요하는 규제는 불필요하다며 반발하고 있다.

중국은 G7 재무장관 만찬 즈음해 국부펀드 운용국끼리 별도 회동을 제안하는 등 앞장서서 G7 견제에 맞서고 있다.

각국 정부 차원에서 잉여 자금을 재원으로 조성해 외환보유액과는 별도로 운용하는 투자 기구다. 30여 개에 달하는 운용국은 크게 두 가지로 나뉜다. 먼저 원유 등 1차 상품 판매를 재원으로 하는 상품펀드다. 중동 산유국이나 러시아, 노르웨이가 대표적이다. 이들이 세계 국부펀드 중 71%를 차지한다. 다음은 외환보유액이나 채권 발행 등으로 조성되는 비상품펀드다. 싱가포르, 한국, 중국에서 조성한 펀드들이다. 나머지 29%가 이들 몫이다.

모건스탠리와 국제통화기금(IMF)에 따르면 현재 국부펀드는 총 2조 5,000억~2조 9,000억 달러에 달한다. 전 세계 외환보유액 5조 달러 중 50~60%에 해당하는 규모다. 세계 국채 발행 잔액 중 12%, 파생상품시장 중 30%에 달하는 돈이다. 모건스탠리는 2015년 최대 12조 달러까지, 2022년에는 28조 달러까지 규모가 커질 것이라고 전망하고 있다. 상품 펀드 비중 덕분에 현재 중동 국가들이 51%를 차지하고 있다. 그러나 2015년에는 비산유 신흥국 비중이 절반까지 증가할 것으로 예상된다.

싱가포르투자청(GIC)과 테마섹의 성공은 국부펀드 조성에 기폭제가 됐다. 1974년 설립된 싱가포르 테마섹은 투자수익률이 현재까지 연 18%에 달한다. 지난해에는 연 24%라는 놀라운 성과를 달성했다.

막 오른
금리 인하

미국 금리
0.25%포인트 인하(2007. 11. 2)

성장둔화 조짐에 선제적 조치

미국 연방준비제도이사회(FRB)가 10월 31일 열린 공개시장위원회(FOMC)에서 연방기금 목표 금리를 0.25%포인트 낮추기로 결정했다. 9월에 이은 두 번째 연속적인 금리 인하는 주택경기 부진과 신용시장 경색으로 미국 경제 전체가 침체로까지 연결되는 것을 막기 위한 선제적 조치다.

FOMC가 금리 인하 결정과 함께 내놓은 발표문에는 FRB의 현 경제에

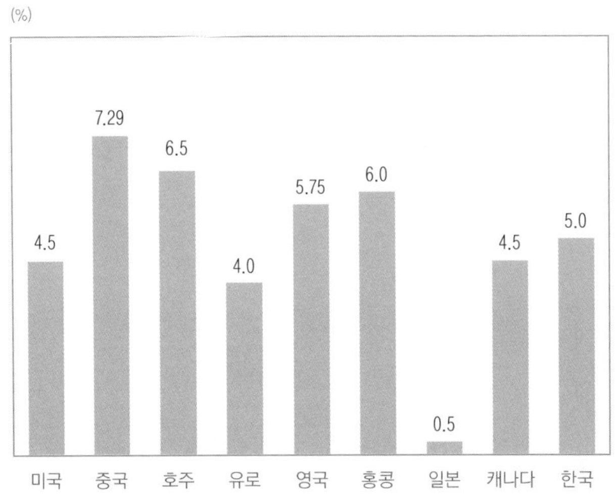

*11월 1일 현재, 중국은 인민은행 대출금리.
출처: 블룸버그

대한 상황 진단이 복합적으로 담겨 있다. FRB는 무엇보다 주택경기 부진이 계속돼 경제 자체 성장속도가 둔화될 수 있다는 점을 가장 걱정했다. 서브프라임 모기지발 신용경색 여진도 아직 남아 있음을 감안했다.

FRB는 발표문에서 "올해 3분기 경제성장이 견조했고 금융시장 불안도 어느 정도 완화됐지만 경제 확장세가 주택부문 조정 심화로 가까운 장래에 약해질 가능성이 있다"고 지적했다.

이어 "지난 9월에 이은 두 차례 금리 인하가 경제 전반에 미치는 금융시장 혼란 등 부정적 영향을 사전에 방지하고 향후 완만한 성장세가 유지되도록 하는 데 도움이 될 것"이라고 진단했다.

FRB가 이처럼 두 번이나 금리를 낮췄다고 인플레이션 염려를 완전히 떨쳐버린 것은 아니다. 발표문에서는 "근원인플레이션은 올해 들어 완만하게 개선됐으나 최근 에너지와 원자재 가격 상승이 새로운 인플레이션 압력으로 작용할 수 있어 인플레이션 위험이 잔존하고 있는 것으로 판단한다"며 "앞으로 전개 상황을 예의 주시할 것"이라고 분명히 못 박았다.

FRB는 이번 조치가 현 국면에서 시장에 적절한 조치라는 점을 강조했다. 금리 인하 조치가 인플레이션과 경제 성장률 하락 위험이 균형을 이루도록 해줄 것이라는 논리를 발표문에서 부각시켰기 때문이다.

美경제 4大 악재로
고민에 빠진 버냉키 의장(2007. 11. 9)

주택시장 침체·신용경색·고유가·약달러로 성장둔화·인플레 우려

"급등하는 유가가 인플레이션 압력을 고조시키고 있는 가운데 미국 경제가 확연한 성장 둔화 조짐을 보일 수 있다."

벤 버냉키 미국 연방준비제도이사회(FRB) 의장은 현 미국 경제 상황을 이같이 진단했다. 하지만 그는 "1970년대 스태그플레이션(저성장 속 고물

가) 악몽이 미국 경제에 재현될 것으로 보지는 않는다"며 "내년 중반에는 경제가 다시 반등할 것"이라고 예상했다.

버냉키 의장은 11월 8일(현지시간) 열린 상·하원 합동 경제관련 위원회 증언에서 미국 경제가 안고 있는 문제점으로 '예상보다 심각한' 주택시장 침체를 꼽았다. 또 서브프라임 모기지 부실로 촉발된 신용 경색도 지적했다. 이와 함께 급등하고 있는 유가와 속락하고 있는 달러가치가 인플레이션을 유발할 심각한 위협 요인이라는 점을 강조했다.

버냉키는 지난 9월과 10월 말 두 번에 걸친 금리 인하 조치에 대해 "이 같은 여러 변수의 상황 전개를 고려해 단행한 것"이라고 표현했다. 이제 두 차례 금리 인하 이후 미국 경제를 둘러싼 위기 요인들은 대충 균형을 잡아가고 있다고 자신했다.

둔화될 조짐을 보이는 경제 성장과 고조될 가능성이 있는 인플레이션 간 균형이다.

버냉키 의장은 "나와 FRB 동료들은(3분기 3.9% 성장률에 비해) 4분기에 경제 성장이 확연하게 둔화될 것으로 염려하고 있다"고 구체적으로 말했다. 고유가, 신용 경색, 주택시장 침체 가속 등이 결국 소비 지출을 위축시키는 사태로 이어질 수 있다는 점을 가장 염려했다.

버냉키 의장은 "FRB는 앞으로 나올 경제 지표를 예의 주시하면서 물가 안정과 지속 가능한 경제성장을 이뤄내는 데 필요한 조치를 취할 것"이라고 말했다.

경제 전문가들은 이 같은 버냉키 의장 의견 표명이 다음 달 열릴 공개 시장위원회(FOMC)에서 추가 금리 인하 가능성을 한층 모호하게 만든 것으로 분석했다.

지난달 말 FRB가 연방기금금리를 0.25% 인하한 뒤 시장의 관심은 연내 추가 인하 가능성 여부였다. 신용 위기로 동요를 보인 금융시장이 안정을 찾아가는지 아직 자신하기 어려운 데다 주택시장 침체가 가속될 것이라는 염려가 팽배했기 때문이다.

하지만 달러가치 하락과 유가 급등이라는 변수가 버냉키 의장 판단에

출처: 블룸버그

새롭게 비중을 차지하기 시작한 것으로 관측된다.

두 차례 금리 인하 후 달러가치는 더 떨어져 주식이든 채권이든 달러 표시 자산에 대한 외국 투자자의 외면이 더 심해졌다. 중국을 위시한 상위 외환보유액 국가의 보유 자산 포트폴리오 재구성 시사 발언은 취약한 달러에 찬물을 더 끼얹는 촉진제로 작용하고 있다. 보유 중인 달러 자산을 팔고 유로화 등 다른 통화 자산으로 옮겨가겠다는 것은 그렇지 않아도 취약한 달러가치 평가에 직격탄이 되기 때문이다.

버냉키 의장은 이와 관련해 전날 외환시장에서 핫이슈로 떠올랐던 중국 외환보유액 운용 다변화 시사와 관련해 "특별히 염려하지 않고 있다"고 말했다. 그는 "중국이나 다른 나라 달러 보유 규모에 큰 변화가 있을 것으로 보지 않는다"며 "달러는 가장 유력한 지불 준비 자산이며 앞으로도 그 기능은 계속될 것"이라고 강조했다.

유가 급등도 버냉키 의장에게 새로운 고민거리로 떠올랐음을 알 수 있다. 배럴당 90달러를 훌쩍 넘어 이제 100달러를 목전에 두고 있는 상황이라 에너지 가격 상승으로 인한 물가 급등을 걱정해야 하기 때문이다. 그러나 이날 국제 원유시장에서는 버냉키 의장 발언이 유가 하락 요인으로 작용했다. 미국 경제 성장 둔화가 염려된다는 전망은 곧 원유 수요 감소를 야기할 수 있기 때문이라는 논리였다.

여하튼 "인플레이션과 경제 성장 둔화가 모두 염려된다"는 이날 버냉키 의장 발언은 추가 금리 인하에 거리를 둔 의미로 받아들여진다.

투자자문회사인 DMJ 수석분석가인 데이비드 존스는 "주식시장에서는 버냉키 의장에게 추가로 금리를 인하할 것이라는 말을 기대했지만 그는 정작 인플레이션 위험을 강조했다"며 "시장 기대와는 떨어져 있다"고 말했다.

버냉키 "신용경색 우려"
금리 추가 인하 시사(2007. 11. 30)

12월 11일 FOMC회의 주목…미국 경기 침체 심화 전망

벤 버냉키 연방준비제도이사회(FRB) 의장은 정책금리 추가 인하 필요성을 강력히 시사했다. 주택시장에서 시작된 미국 경기 침체가 올 4분기와 내년에 예상보다 훨씬 심각해질 수 있다는 염려가 커지고 있기 때문이다.

버냉키 의장은 10월 29일(현

벤 버냉키 연방준비제도이사회(FRB) 의장

지시간) 노스캐롤라이나주 샤롯데 상공회의소 연설에서 "신용경색 심화와 부동산 경기 하락, 유가 상승 등이 미국 소비자들에게 앞으로 수개월 내에 어려움을 가져다줄 가능성이 있다"고 말했다. 특히 그는 "금융 당국자들이 극도로 주의하고 유연해질 필요가 있다"고 강조했다.

이는 12월 11일 열릴 연방공개시장위원회(FOMC)의 금리정책 결정회의에서 기준 금리를 추가로 인하할 수 있음을 시사한 것으로 풀이된다.

전날 도널드 콘 FRB 부의장도 금융시장 동요가 지속된다면 개인과 가계에 추가적인 금융조건 악화 가능성을 증가시킬 수 있다고 염려하면서 정책결정자들의 기민한 대응이 필요하다고 주장한 바 있다.

버냉키 의장은 "9~10월 중 나아졌던 금융시장이 지난달 다시 일부 악화됨으로써 경제 전망에 중대한 영향을 받고 있다"고 지적했다. 그는 "FOMC는 정책 결정에 있어서 경제 전망은 물론이고 위험의 균형이 실제로 바뀌었는지를 판단해야 할 것"이라고 말했다. 금리 결정에서 금융시장 신용경색 해소 여부를 주시하고 있음을 내비친 표현이다.

그는 "가계 소득과 지출이 계속 증가할 것으로 기대하지만 휘발유값 상승, 집값 하락, 신용 경색, 주가 하락 등이 겹치면서 앞으로 몇 달 내에 소비자들에게 모종의 역풍을 일으킬 것으로 보인다"고 염려했다.

기업 자금흐름 급속히 위축

3분기 미국 국내총생산(GDP) 성장률 2차 확정치가 4.9%로 나왔지만 4

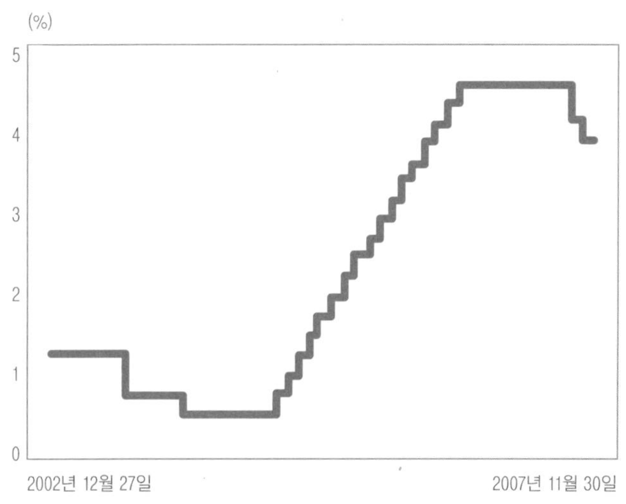

분기 이후 경기가 급랭하는 게 아니냐는 염려가 높다. 백악관 경제자문위원회는 내년 미국 성장률 전망치를 3.1%에서 2.7%로 하향 조정했다.

뉴욕타임스는 지난달 29일 기업에 대한 자금 유입이 급속히 줄면서 일자리 창출과 기업 확장을 제한해 경기 침체에 대한 염려를 심화시키고 있다고 지적했다. 신문은 기업어음(CP) 등 단기대출 규모가 지난 8월 3조 3,000억 달러에서 11월 들어 3조 달러로 줄었다고 전했다. 이 같은 감소세는 1973년 이래 가장 큰 규모다.

기업 대출 규모가 줄고 있는 것은 서브프라임 모기지 부실 사태와 주택경기 둔화로 신용시장이 경색되면서 금융기관들이 대출관리를 강화하고 있기 때문으로 분석된다.

뉴욕타임스는 그동안 기업 대출 감소가 경기 침체 이전에 나타난 사례가 세 차례였으며 경기 침체와 동시에 나타난 때도 여러 번 있었다면서 기업 대출 위축에 대한 FRB의 위기의식도 점차 커지고 있다고 전했다.

신규주택 가격 큰 폭 하락

10월 신규주택 판매가격이 37년 만에 최대 폭으로 떨어지는 등 미국 주택시장이 침체의 늪에서 헤어나지 못하고 있다. 미국 상무부가 29일 발표한 10월 신규주택 판매동향에 따르면 10월 신규주택 가격은 지난해 10월보다 13% 떨어진 21만 7,800달러에 머물렀다. 이는 1970년 9월 이래 최저 수준이다. 10월 신규주택 판매는 9월에 비해 1.7% 증가한 72만 8,000채로 집계됐다. 이에 따라 주택건설업자들은 주택 재고물량을 해소하기 위해 주택가격을 더 인하할 가능성이 있는 것으로 분석된다.

FRB 금리
0.25%포인트 추가 인하(2007. 12. 12)
내년 상반기까지 금리인하 이어질 듯

달러화 가치 추가하락 가능성은 낮아

미국 중앙은행인 연방준비제도이사회(FRB)가 12월 11일(현지시간) 연방 기금 금리를 현행보다 0.25%포인트 낮춰 4.25%로 조정했다. 또 중앙은행과 은행 간 대출 금리인 재할인율도 0.25%포인트 인하해 4.75%로 결정했다.

미국의 금리 인하는 여전히 '진행형'이다. 중앙은행과 시장 사이에서 인하폭과 시기에 대한 이견이 있을 뿐 내년 상반기까지 금리 인하가 이어질 것으로 관측된다.

월가는 시큰둥

FRB의 금리 결정 기구인 연방공개시장위원회(FOMC)의 이번 금리 인하는 지난 9월과 10월에 이은 세 번째 조치다.

이날 회의에서는 벤 버냉키 의장 등 9명의 위원이 0.25%포인트 인하 결정에 찬성하고 의원 1명은 0.50%포인트 인하가 필요하다는 의견을 제시했다. 미 중앙은행의 금리 인하는 월가에서 환영을 받지 못했다. 다우존스지수(294.26포인트 하락)와 나스닥(66.60포인트 하락)이 모두 급락세를 보였다. 시장은 이번 금리 인하가 "충분하지 못하다"는 의견이다. 금융시장의 불안을 해소할 만큼 크지 않다고 보는 것이다. 한 전문가는 "크리스마스 선물로는 미흡하다"고 말했다.

더 큰 문제는 중앙은행이 미국 경제가 고꾸라지고 있다고 고백했다는 것이다. FOMC는 성명서에서 "주택 부문의 조정이 심화되고 있고 기업 투자와 소비 지출까지 약세로 전환됨에 따라 경제 성장이 둔화되고 있다"면서 "금융시장의 불안 국면도 최근 몇 주간 증가하고 있다"고 금리 인하 결정의 배경을 밝혔다. 그만큼 경기예측과 신용시장 진단에 대한 부정적인 분석을 내놓은 것이다.

'추가 인하 필요' vs '시간 갖고 천천히' 공방

FOMC는 "금융시장 여건 악화를 포함한 최근 상황은 경제 성장과 인플레이션을 둘러싼 불확실성을 높이고 있다"며 "앞으로도 금융 및 다른 상황이 경제에 미치는 영향을 평가해 필요할 경우 물가 안정과 지속적 경제 성장을 위한 조치를 취할 방침"이라고 밝혔다.

추가 금리 인하 가능성을 조심스럽게 열어둔 것이다. 대신 지난 10월 성명서에서 분명히 명기됐던 "인플레이션과 경제 성장 위험이 대체로 균형을 이루고 있다"는 진단은 철회됐다. 그러나 시장의 기대감을 충족시키기 위해 금리 인하를 너무 서두를 경우 유가 상승과 곡물가격 폭등으로 인한 인플레이션 위협을 키울 수 있다는 염려다.

2008년 여름까지 모기지(주택담보대출)시장의 추가부실이 3,000억 달러 정도에 달한다고 보고, 이에 필요한 유동성 감소분에 대한 균형을 유지하겠다고 판단하고 있다. 그러나 경제전문가들과 금융기관들은 금융시장의 불안이 경제침체로 전이되는 것을 차단해야 한다고 지적한다.

이를 위해 내년 여름까지 금리 수준을 3.50%까지 낮춰야 한다는 의견이다. 금융시장에서는 내년 1월 말 열릴 다음 FOMC 회의에서도 금리 인하 행진을 이어갈 것이라고 관측한다.

FOMC 회의 직후 시카고상품거래소(CBOT) 연방펀드 금리선물시장에서는 다음 FOMC 회의에서 금리를 0.25%포인트 인하할 확률이 96%에 달한다고 전망했다.

모기지 위기 해결은 난망

주택시장 침체와 서브프라임 모기지 부실로 촉발된 신용 위기는 앞으로도 상당기간 지속될 가능성이 높다. 일부에서는 위기 해결에 몇 년이 더 소요될 것으로 전망하고 있다.

주택 가격이 추가로 떨어지면서 주택 관련 자산가치가 폭락하고, 더 많은 주택담보 대출자들을 주택 압류위기로 내몰리게 하면서 모기지 관련 증권의 손실 규모를 확대시킬 수밖에 없다는 것이다. 그동안 대출이 손쉽게 이뤄지면서 집값의 대부분을 대출로 충당한 경우가 많았던 게 문제다.

집값이 떨어지자 대출금을 갚지 못해 압류로 이어지는 사례가 속속 나타나고 있다. 워싱턴 뮤추얼의 주가 급락도 이러한 맥락이다. 부동산 대출을 중심으로 성장해 왔던 워싱턴 뮤추얼의 주가는 이날 12.4%나 하락했다. 전날 서브프라임 모기지 대출 사업 중단 의사를 밝힌 게 영향을 줬다. 모기지 위기가 미국 내 주력 은행까지 영향을 주고 있는 것이다.

달러화 추이는 변수 많아

최근에 글로벌 유동성 위기 확대로 인해 미 달러화는 다소 회복세로 돌아섰다. 시장은 금리 인하를 충분치 않은 수준으로 받아들이면서 기왕의 유동성 위기 국면이 여전히 상존하고 있는 것으로 보고 있다. 따라서 일시적으로 달러화가 반등세를 이어갈 것이라는 관측이 가능하다.

토론토 TD증권의 환율전략가인 숀 오스본은 "이미 금리 인하 요인은 현재의 미 달러가격 수준에 반영됐다"고 말했다. 그러나 궁극적으로 미 중앙은행의 유동성 조절을 위한 금리 인하 조치가 이어질 경우 달러화는 약세를 이어갈 가능성이 높다. 다만 달러화 약세가 크게 심화될 것으로 보기는 어렵다는 지적이다.

본격화된
서브프라임 모기지 해결 대책

모기지금리

5년 동결(2007. 12. 7)

금리조정 앞둔 200만 명 혜택…초(超)시장적 처방

미국 정부가 서브프라임 모기지(비우량 주택담보대출) 대책을 내놓았다.

조지 W. 부시 대통령은 12월 6일(현지시간) 신용시장 경색을 해소하고 주택시장 침체를 막을 종합대책을 직접 발표했다. 서브프라임 모기지 부실 여파가 침체 국면에 빠져든 미국의 주택시장에 더 큰 충격파를 주지 않도록 하고 주택 실수요자들의 생활공간을 지켜주자는 취지에서 마련된 대책이다.

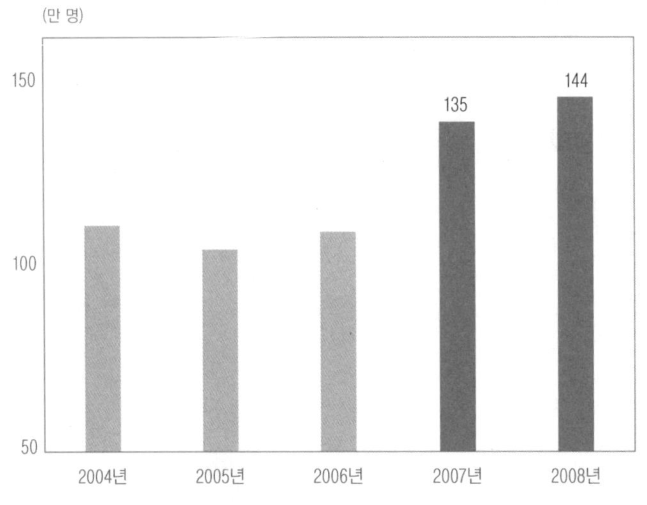

*2007년과 2008년은 무디스 이코노미 전망치

서브프라임 모기지 대책 주요 내용

1. 대출금리 한시적 동결

- 주책담보대출 금리를 현 수준에서 5년간 동결
- 대상: 2005년 1월 1일~2007년 7월 31일 이뤄진 대출
- 현재 소유주택에 실제로 거주하는 대출자에 한정

2. 비과세채권 발행

- 지방정부의 비과세채권발행 허용
- 서브프라임 대책을 위한 기금으로 사용

헨리 폴슨 재무장관의 표현대로 '20년래 최악의 주택시장 침체'라는 위기를 피하기 위한 절박한 상황에서 나온 해법이다. 하지만 월스트리트와 업계 일각에서는 시장경제 원칙을 뛰어넘는 특단의 대책이라며 문제를 제기하고 있다. 이번 대책은 근본 해결이 아니라 불씨를 덮어두는 미봉책이라는 비판도 한다. 나아가 과연 침체된 주택시장을 살릴 수 있을지 미지수라는 반응도 있다.

모기지 금리 동결

대출금 부담이 갑자기 커져 상환에 어려움을 겪게 되는 사람들에게 이자 부담을 현 수준에서 묶어주기로 했다.

최근 문제가 되고 있는 서브프라임 모기지 상품들은 특이한 이자 체계를 갖고 있다. 만기 30년 중에 첫 2~3년간은 낮은 금리를 적용하다가 나머지 기간은 급격히 올라가는 금리를 적용받는 구조다. 첫 2~3년간의 금리는 일종의 '미끼'로 볼 수 있다.

이번 대책은 당장 3~4년차에 접어들어 이자 상환액이 커지는 대출자들을 대상으로 앞으로 5년 정도 현 수준의 낮은 금리를 더 적용해주는 내용이다. 대상은 2005년 1월 1일부터 2007년 7월 31일까지 이뤄진 대출이다.

예를 들어 2005년 1월 1일에 이뤄진 서브프라임 모기지의 경우 2008년 1월 1일부터는 금리가 현재보다 3~5%포인트 정도 높아진다. 이번 대책이 시행되면 이를 피할 수 있다.

부시 행정부는 금리 동결의 도덕적 해이를 가려내기 위해 현재 소유 주택에 거주하고 있는 대출자들에게만 이 같은 혜택을 주기로 했다. 이 밖에 대출금을 갚을 능력이 있는 사람들에겐 대출 계약을 새롭게 맺는 방식으로 리파이낸싱을 해주도록 했다. 신용도와 대출규모, 담보가치 등을 고려해 결정된다. 미 재무부는 리파이낸싱 기금을 마련하기 위해 주 정부 등 지방정부들이 비과세채권을 발행할 수 있도록 법을 고쳐달라는 요청을 의회에 하기로 했다.

한계 상황 대출자에겐 숨통

단기적으로는 한계 상황에 빠질 수 있는 대출자들에게 숨통을 틔워주는 긍정적인 효과가 있다는 평가다.

금융권에 따르면 서브프라임 모기지 대출자 중에서 금리 조정을 앞두고 있는 대상자는 180만~200만 명에 달하는 것으로 추정된다. 이번 대책이 없었다면 이들 대부분은 상환금 부담이 현재보다 30%가량씩 늘어날 수밖에 없는 상황이었다. 이 가운데 50만여 명이 급증하는 상환금 부담에 못 이겨 집을 잃게 될 위험에 처할 것으로 우려돼 왔다. 이를 막아주는 것이니 당장 '앰플 주사' 구실은 하는 셈이다.

하지만 5년의 동결기간에 대출자들의 소득이 크게 늘거나, 이자율이

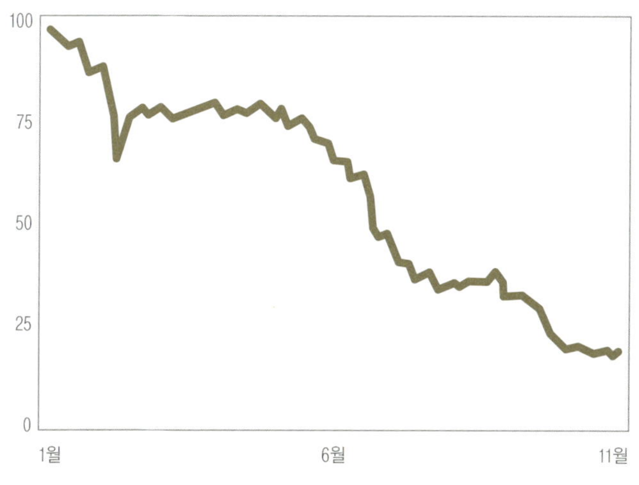

출처: WSJ

떨어지거나, 아니면 집값이 오르는 상황이 벌어지지 않는 이상 대출 부실 문제는 그대로 유지될 수밖에 없다. 이 때문에 이번 대책 협의 과정에서도 과연 언제까지 금리를 동결시킬지를 놓고 팽팽하게 주장이 갈렸다. 금융회사들은 2~3년으로 좁히기를 원했지만 재무부와 감독당국은 7년까지 늘려야 한다는 의견을 보였다는 전언이다.

근본적인 문제 해결엔 역부족

결국 근본적인 문제 해결과는 거리가 멀다는 것이 전문가들의 지적이다.

가장 큰 논란은 5년간이라는 한시적인 동결 조치로 문제 해결이 가능하냐는 점이다. 서브프라임 모기지 부실이라는 문제의 뇌관이 터지는 시간을 늦추는 결과만 가져오는 것 아니냐는 얘기다.

민주당이 장악하고 있는 미 의회의 적극적인 협조가 이뤄질 수 있는지도 관건이다. 영국의 파이낸셜타임스(FT)는 "이번 대책에는 의회의 입법화 과정이 사실상 필요없다"고 전했다. FT는 하지만 "대출자들에 대한 리파이낸싱을 확대하기 위해선 의회의 지원이 필요하다"고 지적했다. 현행법상으로 연방주택청이 제공할 수 있는 대출규모가 정해져 있기 때문에 법을 개정하지 않으면 서브프라임 대출자들에게 실질적인 혜택을 늘려줄 수 없다는 것이다. 새로운 자금을 확보하지 못하면 리파이낸싱의 대상과 범위는 좁혀질 수밖에 없기 때문이다.

서브프라임 대책은
폭발시점 잠시 늦춘 미봉책(2007. 12. 8)

조지 W. 부시 미국 대통령은 6일 서브프라임 모기지 대책을 직접 발표하면서 "완벽한 해결책이란 없다"고 먼저 못을 박았다.

대책 마련을 주도한 헨리 폴슨 재무장관도 기자회견에서 곤혹스러운 표정을 지으며 "이번 대책이 묘책(Silver Bullet)은 아니다"고 발을 뺐다.

부시 대통령은 백악관에서 진행된 대책 발표 현장에 폴슨 재무장관, 앨폰소 잭슨 주택부 장관, 실라 베어 연방예금보험공사(FDIC) 사장 등을 모두 도열시켰다. 이날 발표된 대책은 알려진 대로 서브프라임 모기지 금리를 향후 5년간 현 수준으로 동결하는 것이 핵심이다. 대출 금리 인상에 따른 주택대출금 상환부담 증가로 무더기 주택압류 사태가 일어나는 것을 방지하기 위해 마련한 조치다.

부시 대통령은 이번 조치로 대출자 120만여 명이 혜택을 받는다고 직접 밝혔다. 실제 금리 동결 대상은 이보다 훨씬 줄어든다. 자발적으로 신청하는 사람에게만 적용하기 때문이다. 또 신용 점수를 일정 수준 이상 유지하고 있지 않으면 혜택을 받지 못한다. 따라서 다른 지원책도 병행한다. 금리 동결 대상이 아닌 대출자들은 대출 구조를 개선해주거나 다른 금융기관의 모기지를 주선해주는 등 리파이낸싱을 해준다. 기존 모기지를 연방주택청(FHA)이 지원하는 대출로 변경하는 방식도 있다. 부시 대통령은 "주택시장 위기가 미국 경제를 침체로 몰고 가는 것을 막기 위해서"라고 이번 대책의 배경을 설명했다.

실제로 이날 모기지은행협회(MBA)가 발표한 주택시장 연체와 압류 비율은 심각한 수준이었다.

협회 집계에 따르면 주택압류 절차가 시작된 전국 모기지 대출은 3분기 말 현재 0.78%로 사상 최고치까지 올라갔다. 모기지 연체율도 3분기

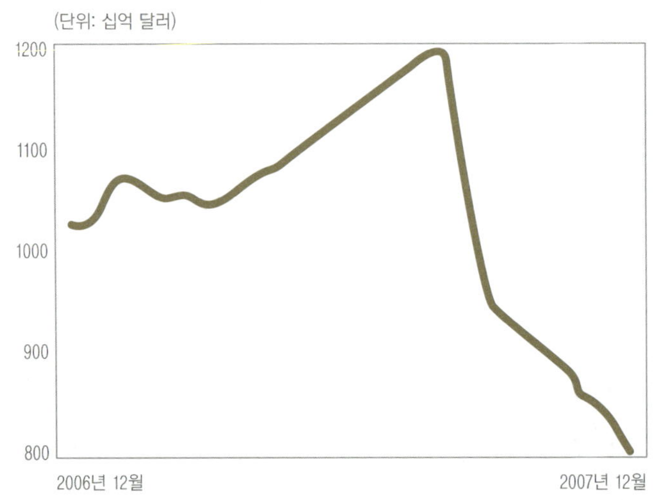

출처: FRB

말 현재 5.59%로 1986년 이후 20년래 최고치를 기록했다.

서브프라임 모기지 대출자 대상 통계는 훨씬 심각하다. 서브프라임 모기지 변동금리 대출자의 주택압류 비율은 3분기 4.72%였다. 연체율은 3분기 18.81%를 기록했다. 상황이 이 정도로 심각하지만 이번 대책이 시장 원칙을 뛰어넘는 인위적인 방안이라는 비판은 끊이지 않았다.

터져야 할 폭탄의 뇌관을 잠시 묶어 놓음으로써 폭발 시점을 뒤로 미루는 미봉책에 불과하다는 지적이다. 5년 후 침체 국면을 거친 주택시장이 반등한다면 상황이 달라질 수 있다. 자산 가치 상승은 모기지 대출자

의 가처분 자산과 소득을 높여 대출금 상환 부담을 줄여주는 선순환 고
리를 만들어낼 수 있기 때문이다.

미·유럽중앙은행
신용경색 해소 나서(2007. 12. 14)

FRB, 경매 방식 달러 공급…유럽중앙은행과 통화 스와프 체결

미국 중앙은행인 연방준비제도이사회(FRB)가 12일 국제 금융시장의
신용 경색을 해소하기 위해 총 640억 달러를 투입하기로 하는 등 국제
공조체제에 나선다.

이를 위해 미국 내 금융시장에는 유동성 부족에 직면한 은행들에 기
간을 정해 놓은 경매(TAF, Term Auction Facility) 형식으로 단기 자금을
공급한다. 국제 금융시장에는 유럽중앙은행(ECB), 영국중앙은행(BOE),
스위스중앙은행(SNB) 등 유럽의 4개 중앙은행과 통화 스와프를 통해 달
러를 제공하기로 했다.

전 세계 기축통화인 달러의 공급과 관리를 담당하는 중심으로서 FRB
가 세계의 중앙은행 역할을 자임하고 나선 것으로 풀이된다.

FRB의 이날 발표는 사전 시장에서 감지되지 못했다. 은밀하게 준비했
다가 전격적으로 공개한 것이다. 전날 FRB가 연방 기금금리와 재할인

율을 0.25%포인트씩 각각 인하했지만 실망감에 급락했던 뉴욕 증시는 이날 유동성 공급 대책 발표로 반등세로 돌아섰다. 하지만 이번 조치는 FRB가 서브프라임 모기지(비우량 주택담보대출) 부실로 촉발된 금융시장 동요가 연말로 다가오면서 확실하게 수습되지 않고 있다고 판단했음을 방증한다. 국제 금융시장에서 리보 등은 계속 상승세를 이어가면서 불안감이 상존하고 있다.

국제 공조 통한 달러 제공

미·유럽 간 공조체제에는 FRB와 유럽중앙은행, 영국중앙은행, 캐나다중앙은행, 스위스중앙은행 등이 참여한다. FRB는 상호 통화 스와프 라인을 통해 앞으로 6개월간 ECB에 최대 200억 달러, SNB에 40억 달러의 준비금을 공급하기로 했다. 미국발 서브프라임 모기지 부실의 불똥이 튀면서 자금 부족으로 어려움을 겪고 있는 유럽 은행들에 달러 유동성을 제공하기 위한 조치다.

유럽 은행들은 서브프라임 모기지 관련 펀드에 투자했다가 엄청난 손실을 봤다. 영국 HSBC은행은 지난 2월 서브프라임 모기지 채권 부실화로 106억 달러의 손실을 본 것으로 발표해 국제 금융시장을 동요시켰다. 프랑스의 BNP파리바은행은 8월 3개 펀드에 대한 환매 금지 조치를 내리면서 유동성 공급을 본격화시켰다. 유럽 금융시장에서는 금융 기관들이 서브프라임 모기지 관련 손실을 대거 상각하면서 유동성 부족 사태에

미 FRB의 금융시장 유동성 공급 경로

국내시장

- 시중 은행에 TAF(경매)방식으로
  12월 17일 200억 달러,
  12월 20일 200억 달러 공급

국제시장

- 유럽 등 4개 중앙은행과 통화스와프로
  유럽중앙은행에 200억 달러,
  스위스중앙은행에 40억 달러 공급

직면해 달러 확보가 어려워져 조달금리 상승 행진이 이어지는 상황이다.

새로운 방식의 유동성 공급

FRB가 미국 내 금융시장에 유동성 공급 방식으로 쓰겠다는 기간물 경매(TAF)는 지금까지 한 번도 선보이지 않은 새로운 행태다. 기존의 연방 기금을 활용한 공개시장 조작이나 재할인을 통한 창구 대출 외에 제3의 유동성 공급 방식이다.

TAF는 제한적인 기간을 만기로 한 단기 대출을 경매 방식으로 풀어 은행들에 보다 쉽게 유동성을 확보할 수 있도록 하는 것이다. FRB는 우선 17일 28일짜리 만기대출 200억 달러를 경매 방식으로 공급해 시범적으로 적용하겠다고 밝혔다. 이어 20일에는 35일짜리 만기대출 200억 달러를 같은 방식으로 공급하기로 했다. 이후 내년 1월 14일과 28일에도 각각 경매를 실시하되 규모와 만기 기간은 추후 결정하겠다고 밝혔다.

FRB가 제3의 유동성 공급 방안을 내놓은 것은 은행들이 재할인 창구를 이용할 경우 '신용 불안사태가 염려되는 은행'이라는 오명을 쓰는 경우가 있기 때문이다. 익명성을 보장하는 유동성 확보 방안을 마련해 준 것이다. FRB 측은 새로 시행하는 TAF 방식의 유동성 공급을 얼마나 더 할지, 만기를 얼마나 설정할 것인지 등에 대해 이번 달과 다음 달 중 실시할 네 차례의 경매 효과를 본 뒤 결정하겠다고 공표했다.

흔들리는
달러 위상

미·중·일·유럽
환율전쟁 일촉즉발(2007. 11. 12)

연일 하락하는 달러화가치가 세계 경제를 소용돌이로 몰아넣고 있다. '약 달러'로 빚어지는 이해 당사자 간 명암이 확연해지면서 국가 간 또는 블록 간 '환율전쟁' 조짐까지 돌입한 수준이다.

미국과 유럽 그리고 중국이 얽힌 환율전쟁은 이미 시작됐다. 아직은 한 발 비켜서 있지만 일본도 사정거리에 있는 데다 캐나다 같은 나라로도 유탄이 날아가면서 파장을 예측하기 힘들다. 각국의 금리정책이 환율 변동에 직접적인 영향을 미치고, 이는 다시 증권시장에 영향을 미치

93

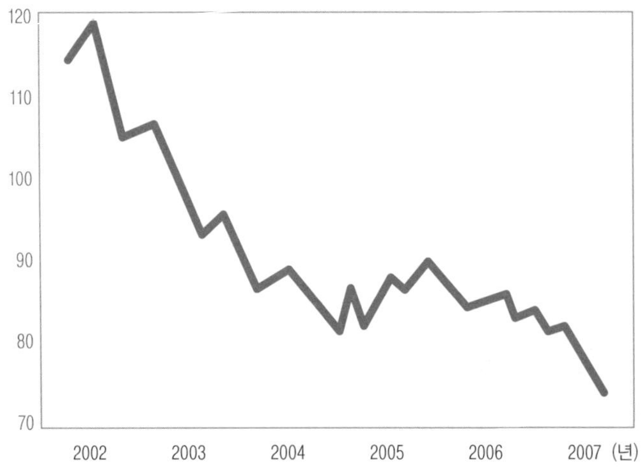

*주요국 통화에 대한 미 달러화 지수

면서 악순환의 고리도 형성되고 있다.

자국 통화 가치만을 지키기 위한 발버둥은 자칫 '환율 국수주의'를 낳아 금융시장의 갑작스런 혼란과 실물경제의 침체라는 최악의 결과를 낳을 수도 있다고 전문가들은 염려한다.

미·중·유럽 얽혀

환율 갈등은 가파르게 이어지는 달러 약세 행진에서 비롯됐다. 유로 대비 달러 환율은 1.5달러를 목전에 두면서 사상 최고치까지 갔다. 장클로드 트리셰 유럽중앙은행(ECB) 총재는 마침내 미국을 향해 직격탄을 날렸다. 그는 5개월째 금리 동결을 결정한 지난 8일(현지시간) "유로 환율이 잔인하다"며 "달러 대비 유로 가치가 이렇게 급등하는 것은 지나치게 과다한 수준으로 결코 환영받을 수 없다"고 직접 언급했다.

미국을 방문했던 니콜라 사르코지 프랑스 대통령은 지난 7일 워싱턴 DC의 의회 연설에서 "자유무역이 제대로 이뤄지기 위해서는 환율이 공정하게 이뤄져야 한다"며 "이 문제에 대해 신중하게 대처하지 않는다면 국가 간 경제전쟁이라는 최악의 국면으로 치달을 수 있다"는 강력한 경고 메시지를 보냈다.

미국은 유럽 측의 직격탄에 대해 대응하지 않았다. 헨리 폴슨 미국 재무부 장관은 지난 8일 뉴욕에서 열린 중국 관련 연구기관 연설에서 달러 약세나 유로화 급등에 대해서는 일언반구도 없이 중국 위안화에 대해 절상 속도를 높여야 한다고 딴청을 부렸다. 그는 "중국 환율정책이 불공정 경쟁의 원천이 되고 있다"며 중국 수출 기업 약진과 미국의 대중국 무역수지 적자에 대해 불만을 표했다. 폴슨 장관의 중국에 대한 공세는 청쓰웨이 중국 전인대 상무위원회 부위원장의 '중국 외환보유액 운용 다변화' 발언에 대한 견제구였다. 청쓰웨이 부위원장은 지난 7일 "보다 강력한 통화를 선호하며 이에 따라 외환보유액 조정에 나설 것"이라고 밝혀 달러화 비중을 줄이고 유로화 비중을 확대할 것임을 시사했다. 그의 발언에 달러가치는 더 곤두박질쳤다. 그렇지 않아도 취약한 달러에 찬

버냉키 미국 FRB 의장

"달러 약세로 야기된 인플레이션 충격이 더욱 확대되지는 않을 것임을 확신하게 될 것이다. 중기적으로 달러는 건전한 수준이 될 것이다."

청쓰웨이 중국 전인대 부위원장

"달러화는 전 세계적인 통화로서의 입지를 잃어가고 있다. 외환보유액을 유로화와 같이 강한 통화로 다변화할 필요성을 느끼고 있다."

물을 끼얹은 셈이다.

중국에 대한 견제에서는 유럽도 미국과 한배를 타고 있다. 피터 만델슨 EU 통상담당 집행위원은 "유럽이 미국과 협력해 중국에 위안화 절상을 압박해야 한다"고 공개적으로 주장한 바 있다. 미국 기업들은 일본 엔화에 대해서도 불만을 제기하고 있다. 자동차 제조 빅3는 아예 엔화의 20~25% 평가 절상을 유도하기 위해 미국과 국제통화기금(IMF)이 압력을 행사해야 한다고 요구하기도 했다. 환율전쟁은 가시권에서 떨어져 있어 보이던 캐나다도 끌어들였다. 스티븐 하퍼 캐나다 총리는 미국 달러에 대한 캐나다 달러 가치가 1 대 1을 넘어서자 "루니(캐나다 달러)의 가치 상승은 유례를 찾을 수 없을 만큼 속도가 빠르다"고 심각성을 지적했다.

환율전쟁 왜 벌어지나

환율은 각국의 수출 경쟁력과 직결된다. 이는 무역수지를 악화시키고 나아가 인플레이션 압력으로 이어진다. 환율 변수가 경제 성장에 찬물을 끼얹는 결정타가 될 수도 있다는 것이 이론적인 배경이다. 우선 당장 수출 경쟁에서 환율은 결정적이다. 통화가 강세를 이어가면 수출 채산성은 떨어진다. 무역수지는 적자로 갈 수밖에 없다는 얘기다. 미국이 달러 약세를 내심 방치하는 것 아니냐는 오해도 받고 있다.

8,000억 달러를 웃도는 경상수지 적자를 줄이는 데 달러 약세는 분명히 도움을 줄 수 있다는 점에서다. 실제로 최근 달러 약세로 지난 9월 미국 수출은 사상 최고치를 기록했다. 무역적자도 크게 줄었다. 미국 상무부가 지난 9일 발표한 9월 무역 적자는 565억 달러로 8월의 568억 달러보

사르코지 프랑스 대통령

"자유무역이 제대로 이뤄지기 위해서는 환율이 공정하게 이뤄져야 한다. 달러값 하락이 대서양 간 경제 전쟁을 초래할 수 있다."

트리셰 유럽중앙은행 총재

"(달러 하락에 따른 유로가치 상승은) 의심의 여지없이 가파르고 급작스럽다. 잔인한 움직임은 절대 환영받지 못한다."

다 0.6% 줄었다. 2005년 5월 이후 가장 작은 규모다.

몰락하는 달러

국제회의서 동네북(2007. 11. 20)

OPEC·GCC 등 산유국 "달러 때문에 못 살겠다"

G20 회의에서는 중국에 화살 돌려

달러화 가치의 끝없는 하락세가 계속되면서 각국이 대책 마련에 고심하고 있다.

유로당 1.5달러에 육박할 정도로 약세를 보이는 달러화는 세계 도처에서 기피 통화로 취급되는 현상이 빚어질 정도다. 선진국과 경제 신흥국 모임인 G20에서는 각국의 대달러 환율제도가 핵심 의제로 다뤄졌다.

산유국 모임인 석유수출국기구(OPEC)에서는 결

압둘라 사우디아라비아 국왕이 17일 리야드에서 개막한 석유수출국기구(OPEC) 정상회담 개막 세션에 참석해 달러 약세 문제를 논의하고 있다.
(출처: AFP연합뉴스)

98

제 통화로 달러 대신 유로 같은 대체 통화를 채택하자는 공식 제안도 나왔다. 하지만 미국은 '강한 달러' 정책 고수를 외치며 '환율은 시장에 맡긴다'는 원칙론만 되풀이하고 있다.

국제회의마다 달러의 약세가 주요 의제

G20는 18일 남아프리카공화국 케이프타운에서 열린 재무장관·중앙은행 총재 연석회의에서 "아시아 신흥국들이 환율 유연성을 확대해야 한다"고 촉구했다. 이와 함께 선진·신흥국 간 무역과 투자에서 책임 분담이 필요하다는 점과 미국이 저축 증대를 통해 재정 불균형을 좁히는 노력도 필요하다고 강조했다. 다만 달러 약세에 대해 직접적인 언급을 하지는 않았다. 대신 중국 위안화의 환율 개선 필요성을 지적했다. 유럽연합(EU)과 캐나다 등 달러 대비 환차손이 큰 국가들이 적극적으로 나서 큰 목소리를 냈다.

마무드 아마디네자드 이란 대통령은 18일 OPEC 정상회의 폐막 때 이란의 외환보유액 가운데 현금 보유분을 달러 대신 다른 통화로 갈아타려고 한다는 견해를 공개적으로 밝혔다. 이란과 베네수엘라 등은 이번 회의에서 다른 회원국들에 원유 거래 통화를 유로화 등 다른 기축 통화로 대체하자고 제안했다. 달러화 약세가 원유 증산을 막아 유가 상승을 부추기고 산유국의 구매력을 떨어뜨린다는 논리로 달러 약세가 자국 내 경제에 주는 악영향을 줄여 보려는 노력의 일환이었다.

OPEC 정상회의 선언문은 최종적으로 달러 약세를 포함하지는 않았지만 "일부 정상의 제안을 포함해 OPEC 회원국 간 경제적 협력을 증진하는 방법을 연구할 것"이라고 간단히 언급됐다.

걸프 6개국은 환율 재평가 나서

걸프 연안 6개국은 다음 달 달러 대비 각국 환율의 재평가 문제를 논의하기로 했다. 걸프협력협의회(GCC)의 압둘 라만 알아티야 사무총장은 "다음달 3~4일 카타르 도하에서 열리는 제28차 GCC 정상회의에서 아랍국가들의 환율 재평가가 의제로 오를 것"이라고 밝혔다고 블룸버그뉴스가 19일 보도했다.

하마드 알사야리 사우디아라비아 금융청장이 GCC 정상들이 달러페그(Dollar Peg)제 폐지에 대한 결정을 내릴 것이라고 말했다고 블룸버그는 덧붙였다.

걸프 연안국의 환율 절상 및 통화제도 개편에 대한 검토는 달러화 약세에 따라 수입품 가격이 오르면서 인플레이션이 가중되고 있기 때문이다. 사우디의 소비자물가는 지난 8월에만 4.9% 상승했다. 카타르는 지난 1분기 물가가 14.8%나 올랐다. 젠스 노드빅 골드만삭스 이코노미스트는 "걸프 6개국이 변동환율제로 이행할 것 같지는 않다"며 "실행 가능한 평가절상 범위는 5~10%가 될 것"이라고 내다봤다. 하지만 사우디의 이브라힘 알아사프 재무장관은 "우리는 통화 바스켓을 검토하고 있지 않으며

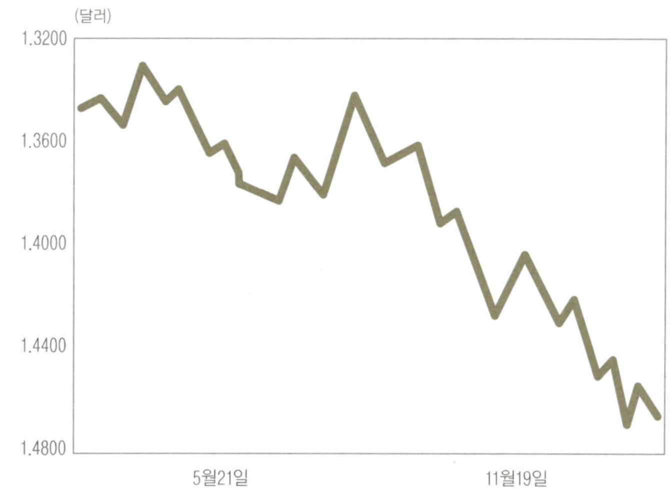

사우디 리얄화를 재평가할 생각도 없다"고 말했다.

미국은 여전히 원칙론만 되풀이

헨리 폴슨 미 재무장관은 지난 16일 "강한 달러는 미국의 이익에 가장 잘 부합하며 환율은 공개된 시장에서 결정돼야 한다"고 밝혔다. 폴슨 장관은 이날 남아프리카공화국에서 열린 G20 재무장관 회의에 앞서 이같이 말했다. 그는 환율을 시장에 맡겨두겠다는 말을 거듭 반복했다. 그는 지난 9일 의회 증언에서 "달러는 제2차 세계대전 이후 전 세계 준비 통화 역할을 해왔다"며 "기축 통화로서 달러의 지위는 흔들림이 없다"고 강조했다.

폴슨 장관의 이 같은 발언에 대해 중국과 사우디아라비아 등은 기축 통화로서 달러를 지지한다는 의견을 밝혔다. 달러 약세를 막기 위해 미국이 취할 수 있는 방법은 있다. 외환시장에서 달러를 사들이는 것이다. 또 외국에서 자금을 더 끌어들이기 위해 금리를 인상하는 방안도 가능하다. 그러나 미국 정부는 인위적인 개입에 대해 전혀 관심을 보이지 않는다. 달러 약세는 미국 경제에 긍정적, 부정적 영향을 함께 주고 있다. 미국의 수출 경쟁력을 높여 무역수지 적자를 줄이는 건 도움이 된다. 반면 인플레이션을 압박하는 악재로도 작용한다.

추락하는 달러
유가상승에 기름 붓다(2007. 11. 22)

금리인하 조짐만 보여도 달러값 떨어지고 유가 올라

1달러 1.5유로·유가 100달러 눈앞

미국 달러화 가치가 경기 침체 우려 속에 끝없이 추락하고 있다. 국제 유가도 다시 상승세로 돌아서 배럴당 100달러 시대를 목전에 둔 상황이다. 월가에서는 미국 경제가 침체 국면으로 돌입하고 있어 금리 인하가 불가피하며 이에 따라 달러화의 추가 하락을 점치는 견해가 힘을 얻고 있다. 이로 인해 유가도 배럴당 100달러를 곧 넘어설 것이라는 전망이 제기된다.

추락하는 달러

20일 뉴욕 외환시장에서 달러화 가치는 유로당 1.48달러를 넘어서며 사상 최저치를 기록했다. 달러화 약세는 미국 경제의 쇠락과 이에 따른 금리 인하 전망에 의한 것이다.

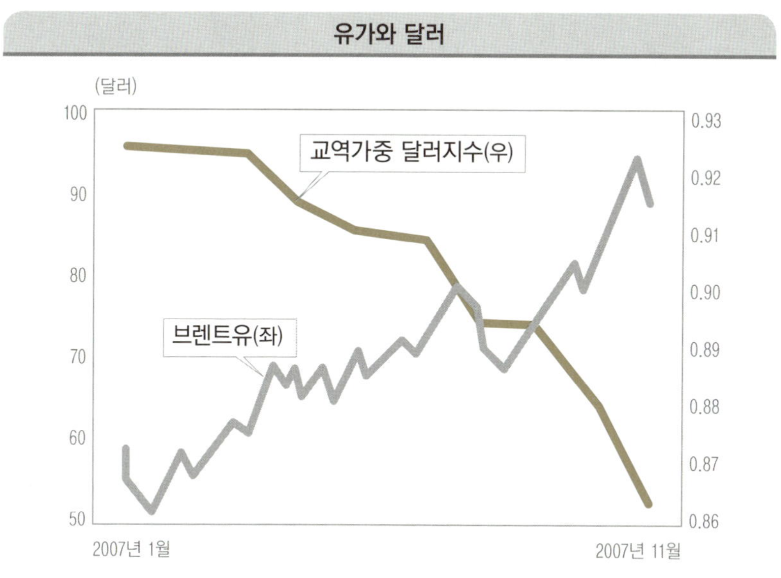

*자료: 불룸버그

이날 공개한 의사록에 따르면 대부분 연방공개시장위원회(FOMC) 위원은 경제 전망에 심각한 하강 위험이 도사리고 있어 예기치 못한 경제활동의 위축이 일어나지 않도록 하기 위해 추가 금리 인하라는 보호조치를 제공해야 한다고 판단했고 '위기일발의 상황'이라고 진단했다.

시장 전문가들은 FOMC가 경기둔화를 인식하고 있다는 사실을 확인한 셈이라면서 12월 정례회의에서 추가 금리 인하 결정이 내려질 가능성이 있는 것으로 해석했다. 추가적인 금리 인하는 미국 달러화 가치를 떨어뜨리는 요인으로 인식됐다. 달러를 보유한 투자자들은 그만큼 수익이 낮아지기 때문이다.

다시 100달러대 넘보는 유가

미국 서부텍사스유(WTI) 12월물은 21일 뉴욕상품거래소 시간외거래에서 배럴당 99.29달러를 기록했다. 불과 일주일 전만 해도 세계 경기 둔화로 석유수요가 감소될 것으로 예상된 데다 산유국들의 증산 가능성 등이 점쳐지면서 국제 유가는 오름세를 멈추고 급락하기도 했다.

월가에서는 배럴당 100달러 시대는 유지될 수 없을 것이란 전망이 지배적이었다. 국제원유시장에 다시 불을 붙인 것은 미국 달러화 약세다. 미국 경기둔화와 금리 인하 전망은 유로화에 대한 달러화 가치를 사상 최저치로 끌어내렸고 이는 달러화 결제가 많은 원유시장에 영향을 미쳤다.

전 세계 '달러 버리기' 방식

방식	관련 국가와 현황
외환보유액 다변화	중국·러시아·쿠웨이트·UAE(국부펀드 운용자산 다변화)
달러페그제 폐지검토	UAE등 GCC국·홍콩·말레이시아(중국, 쿠웨이트, 시리아 이미 변경)
달러 결제 수단변경	OPEC등 산유국 검토(이란 유로·엔화 결제 허용)

산유국은 달러화 가치 하락에 상응하는 원유가격 상승을 강력히 희망하고 있다. 이와 함께 난방유 소비가 많은 미 북동부 지역이 예년에 비해 추울 것이라는 기상 예보도 유가 오름세에 한몫 한 것으로 분석된다. 전문가들은 또 캐나다 앨버타주에서 하루에 15만 배럴의 원유를 생산하고 있는 로열더치셸의 오일샌드에서 화재가 발생한 것도 시장에 악영향을 끼쳤다고 전했다.

달러 추가 하락, 유가 상승 가능성

시장 전문가들은 달러화의 추가 하락과 유가 상승이 불가피하다는 의견을 제시한다. 전문가들은 원유의 거래통화인 달러화 가치가 급락세를 보이면서 유가가 상대적으로 저렴해진 셈이라며, 시장 참여자들이 달러 가치 하락을 바탕으로 매수세를 강화할 것으로 보여 국제유가가 또다시 배럴당 100달러 돌파를 시도할 가능성이 있다고 말했다.

상품투자의 귀재로 알려진 짐 로저스는 "미국의 달러화는 막대한 무역

적자와 경기 침체 등으로 추가하락이 불가피하다”면서 “달러를 팔고 일본의 엔, 중국의 위안, 스위스 프랑 등에 투자해야 한다”고 밝혔다. 그는 달러화 약세와 중국 등 아시아 지역 경제성장에 힘입어 농산물 등 원자재 가격이 오를 가능성이 높다고 덧붙였다.

IAG 에너지의 토니 로사도는 “유가가 최고치를 경신하는 것은 이제 시간문제”라면서 “최고치를 경신하는 것을 어렵지 않게 목격할 수 있을 것 같다”고 전망했다.

PART 2

막 오른
글로벌 금융위기

미국 대통령 선거를 치러야 하는 2008년이었지만 연초 전문가들의 미국 경제에 대한 전망은 우울한 진단 일색이었다. 침체 아니 한 발 더 나가 불황(Recession)으로의 진입 가능성에 무게를 둔 사람들이 적지 않았다.

서브프라임 모기지 부실이 불거지기 시작하면서 주택시장의 침체는 가속도가 붙었다. 기존주택 매매가 부진해지고 신규 주택 착공 숫자가 줄면서 주택 가격은 더 하락하는 악순환의 고리를 만들었다.

미국 중앙은행인 연방준비제도이사회(FRB)는 2007년 9월부터 금리 인하에 나서기 시작해 그해 하반기에만 이미 3차례에 걸쳐 1%포인트의 금리를 떨어뜨려 놓았다. 이런 선제적 노력에도 불구하고 침체 국면으로 접어든 경기는 일자리 수 감소라는 피할 수 없는 상황을 맞으며 미국 국민들을 불안에 떨게 했다. 2008년 1월 일자리 수는 5년 만에 처음으로 감소세를 보였다.

전반적인 상황을 반영한 듯 민간 조사기관 '콘퍼런스보드'에서 내놓은 소비자 신뢰지수는 5년래 최저 수준으로 추락했다. 조지 W. 부시 행정부는 마침내 세금 환급과 법인세 감면을 주요 내용으로 하는 1,500억 달러의 경기 부양책을 마련했지만 이 부양책이 일반인들의 소비를 진작시키는 선순환 효과를 내기에는 이미 역부족이었다.

미국 사람들에게 불황의 공포는 성큼 눈앞에 다가온 현실이 됐다. 2008년 3월 뉴욕 증시의 다우존스지수는 1년 반 내 최저치까지 떨어졌다. IMF(국제통화기금)는 그해 4월 초 미국 경제 성장률 전망치를 당초 1.5%에서 0.5%로 하향조정했다. 미국 경제의 GDP(국내총생산)성장률은 2007년 4분기 0.6%로 가라앉았고, 2008년 1분기에도 0.6%로 저조했다. 2007년 2분기에 3.8%, 3분기에 4.9%를 보였던 데 비하면 확연한 둔화세다.

FRB는 결국 2008년 1월 22일 긴급회의를 소집해 한번에 0.75%포인트의 금리를 인하하는 전격적인 조치를 취했다. 2001년 9·11 테러 때 이후 최대 인하폭이었다. FRB는 이후에도 추가 인하를 이어가 2008년 6월까지 기준금리를 연 2%로 낮췄다.

2008년은 살얼음판을 걷는 듯 시작됐다. 3월에는 자산 기준 5위 규모의 투자은행 베어스턴스 사태가 터지면서 금융시장에는 사실상 엄청난 파열음이 들려왔다. 금융당국은 베어스턴스에 연방준비은행을 통해 구제금융을 지원했다. 하지만 역부족임을 파악하자 JP모건에 전격적으로 인수시켜 버렸다.

이때 버냉키 FRB 의장은 "경기 침체를 막고 신용 위기를 해소하려면 재정정책과 통화정책이 병행돼야 한다"고 강조했다. 행크 폴슨 당시 재무장관도 "유동성 위기에 처한 베어스턴스에 대한 연방준비은행의 구제금융은 올바른 결정이었다"며 중앙은행의 결정을 추켜세웠다.

미국 행정부와 중앙은행은 베어스턴스의 유동성 위기 이후 하나의 목표만을 위해 '올인'했던 것이다. 어떤 수단을 동원하든 신용 위기 확산을 막아야 한다는 점에서 한목소리를 냈던 셈이다.

2008년
우울한 전망

美 대선의 해,
저성장·인플레 가능성 높다(2008. 1. 1)

서브프라임 충격에 신용경색·고유가 겹쳐

2008년 미국 경제에 대한 전문가들의 진단은 빨간불로 가득하다.

미국 경제가 성장 둔화(Slowdown)를 넘어서 침체(Recession)에 빠질지 모른다는 경계 경보를 내보내는 데 더 적극적이다. 1990년 1분기 미국 경제 성장률은 4.7%에 달했다. 하지만 하반기로 접어들면서 경기는 급격하게 하강했다. 2000년 2분기에는 초유의 6.4% 성장을 기록했다. 마찬가지로 다음해 3월 이후 경기는 곤두박질쳤다.

　문제는 두 번의 경기 급변에 대해 경제 분석가들이나 정책 당국자들이 제대로 대응하지 못했다는 데 있었다. 경제의 전환점을 예측하지 못한 만큼 후유증도 컸다. 전문가들이 올해 경제 전망에 유별나게 우려를 많이 내비치는 것은 이런 뼈아픈 전례를 경험한 요인도 작용하고 있다.

성장률 전망치 줄줄이 하향 조정

2008년 미국 경제의 성장 둔화는 기정사실화되고 있다.

　연방준비제도이사회(FRB)는 지난해 11월 2008년 국내총생산(GDP) 증가율을 지난 7월 전망치인 2.5~2.75%보다 낮은 1.8~2.5%로 하향 조정

해 발표했다. 국제통화기금(IMF)도 지난 10월 세계 경제전망 보고서를 통해 올해 미국 경제성장률을 1.9%로 지난 7월보다 0.9%포인트 하향 조정했다.

　백악관 경제자문위원회도 지난 11월 말 올해 경제성장률 전망치를 당초 3.1%에서 2.7%로 하향 조정했다. 선진 경제국가 모임인 경제협력개발기구(OECD)는 2008년 미국 경제성장률을 1.5%로 주요 기관 가운데 가장 낮게 내다봤다.

- 대통령 선거 앞둔 정치권의 정책 경쟁
- 기업 실적 호조
- 재정수지·경상수지 적자 개선
- 중국, 인도의 고성장 등 외부 요인 양호

FRB든 백악관이든 경제성장률 전망치를 하향 조정한 것은 주택시장 침체와 신용 경색 여파를 걱정했기 때문이었다. 올해 예견되는 경기 침체에 대해 경제계 거물들은 하나같이 실제로 나타날 가능성이 높다는 의견을 제시하고 있다.

앨런 그린스펀 전 FRB 의장은 경기 침체가 초래될 가능성이 50%에 달한다고 여러 차례 언급한 바 있다.

로런스 서머스 전 재무장관도 비슷한 견해를 펼쳤다. 골드만삭스는 미국 경제가 침체에 빠질 확률을 40~45%로 전망해 지난해 중반 제시했던 30% 수준보다 높였다.

월스트리트저널은 지난해 12월 경제전문가 52명을 상대로 조사한 결과 미국 경제가 침체에 빠질 확률이 38%로 조사돼 3년여 만에 최고치를 기록했다고 보도했다. 한 달 전 조사했을 때는 경기 침체 확률이 33.5%였던 점을 감안하면 전문가들의 견해가 점차 비관적으로 흐르고 있음을 보여줬다.

경제 발목 잡는 3대 악재

미국 경제를 억누르고 있는 악재는 주택시장 침체, 신용경색, 고유가 등 세 가지로 압축된다.

주택시장 침체는 기존 주택 매매 부진, 신규 주택 착공 감소 등이 복합적으로 결합되면서 결국 주택 가격 하락의 악순환 고리를 형성한다. 지난해 3분기 중 신규 주택 착공은 130만 4,000가구로 정점이었던 2005년 206만 가구에 비해 37% 감소했다.

모건스탠리는 2008년 중 주택 착공이 지난해 3분기보다 25% 추가로 줄어든 100만 가구 미만으로 떨어져 1959년 이후 최저 수준을 기록할 것으로 전망할 정도다. 주택 가격 하락은 궁극적으로 소비 위축을 가져온다는 데 심각성이 있다. 미국에서는 과거 부동산 자산가치가 10% 하락할 때 소비를 2%포인트 감소시켰던 것으로 나타났다.

부동산 자산가치 하락은 금융 자산가치 하락보다 소비 둔화에 더 영향을 크게 미친다는 통계도 있다. 주택 자산가치 100달러 하락 시 소비는 4~9달러 감소하고, 금융 자산가치 100달러 하락 시 소비는 3~5달러 감소한다는 것이다. 서브프라임 모기지 부실에 따른 신용경색 강도와 지속 기간에 대한 불확실성이 아직도 높다는 점도 우려하고 있다.

금융기관의 손실 규모 전망치는 갈수록 커지고 있다. 지난해 7월 벤 버

- 주택 부문 침체 가속
- 서브프라임 모기지 부실 확대
- 가계의 소비 감소
- 고유가 추세 지속

냉키 FRB 의장은 1,500억 달러로 예상했지만 무디스는 2,250억 달러, 도이체방크는 4,000억 달러로 각각 추정치를 높게 잡았다.

고유가가 이어지면 가계와 기업에 줄 부담도 만만치 않다. 유가는 대체로 배럴당 90달러 선보다는 낮아질 것으로 예상되고 있지만 고유가 추세를 일정 기간 지속시킬 것이라는 관측이다. 산유국 공급 사정과 별개로 미국 내 석유 재고가 넉넉하지 않은 데다 달러 약세에 따른 상품시장으로 투기자금 이동 등이 고유가를 유도하는 요인들이다.

정책 대응 딜레마

경기 침체 우려에다 인플레이션까지 가세해 허우적댈 가능성도 제기되고 있다. 지난해 11월 생산자물가지수(PPI)가 34년 만에 가장 큰 폭인 3.2% 상승률을 보였고 소비자물가지수(CPI)도 2년여 만에 가장 큰 폭인 0.8% 상승했다. 11월 CPI에서 음식과 에너지를 제외한 근원 CPI도 0.3%

미국 경제 GDP 성장률 전망치

(단위: %)

전망기관	2007년	2008년	2009년
연방준비제도이사회	2.4~2.5	1.8~2.5	2.3~2.7
백악관 경제자문위	2.7	2.7	–
국제통화기금	1.9	1.9	–
경제협력개발기구	2.6	1.5	2.5
골드만삭스	2.1	1.9	–
모건스탠리	2.1	1.8	2.9
메릴린치	2.2	1.4	
UBS	2.1	2.0	2.5
JP모건	2.1	2.3	
리먼브러더스	2.1	2.0	
도이체방크	2.1	2.1	

출처: 각 기관 발표치

증가해 지난 1월 이후 가장 높았다. 경기는 둔화되고 물가는 오르는 스태그플레이션에 대한 우려로 이어질 수밖에 없다.

그린스펀 전 FRB 의장이 스태그플레이션 징후를 경고한 데 이어 마틴 펠드스타인 하버드대 경제학 교수도 유가 급등으로 인플레이션율이 10% 이상 올라갔던 1970년대와 1980년대 초반처럼 스태그플레이션이 일어날 수 있다고 우려를 표했다.

하지만 2001년 때 경기 침체 국면에 취했던 조세 감면, 재정 지출 확대, 금리 인하 등과 같은 적극적 대응을 지금은 하기 어려운 상황이라고 전문가들은 지적한다.

주택시장 침체와 서브프라임 모기지 부실로 인한 신용경색이 지속되는 상황에서 커지는 인플레이션 우려는 경제를 살리기 위한 수단을 강구해야 할 당국의 운신폭을 좁힐 것으로 예상된다. 달러 약세, 고유가, 인플레이션 기대심리 형성 가능성 등을 고려할 때 정책 선택이 쉽지 않다는 것이다. 물가상승 압력이 커지는 상황에서는 금리 인하를 더 끌고 가기 어렵기 때문이다. 금리 인하 외에 다른 카드를 찾아내지 않는다면 자칫 진퇴양난의 처지에 빠질 수도 있다고 전문가들은 걱정하고 있다.

경기 침체
우려 높아져(2008. 1. 4)

고유가에 소비·제조업 위축

신년부터 몰아닥친 고유가 파장이 세계의 성장 엔진인 미국의 경기 침체를 가속화하는 촉매제가 되지 않을까 하는 우려로 이어지고 있다.

서브프라임 모기지(비우량 주택담보대출) 부실로 인한 신용 경색과 주택시장 침체로 금융산업이 치명타를 입은 상황에서 고유가는 소비 위축과 이로 인한 제조업 경영 위기로 직결될 수 있기 때문이다.

주택 경기 부진·신용 경색

적잖은 경제 전문가들은 세계 최대 에너지 소비국인 미국 경제의 침체 가능성을 염려하고 있다. 의회 산하 예산국의 피터 오재그 국장은 "주택 경기 침체와 금융시장 신용 경색, 고유가 등으로 인해 미국 경기가 침체에 빠질 위험이 높아지고 있다"고 공개적으로 경고한 바 있다.

더욱이 미국 달러화 가치 하락과 고유가에 따른 물가 오름세가 확산되면서 경기 부진에 인플레이션까지 더해지는 이른바 스태그플레이션을 낳을 수도 있다는 염려도 제기된다.

제조업지수 50 이하로 추락

미국 공급관리협회(ISM)가 집계한 지난해 12월 제조업지수는 47.7로 2003년 4월 이후 가장 낮은 수준을 나타냈다. 무엇보다 지수가 지난해 1월 이후 처음으로 50포인트 아래로 떨어졌다. ISM 제조업지수는 50포인트를 기준으로 위에 있으면 제조업 활동의 성장세를 보여주는 반면 아래에 있으면 위축을 나타낸다. 제조업체들의 활동 부진은 재고 과잉보다는 제품에 대한 수요 둔화가 원인인 것으로 분석된다. 부문별로 보면 주택시장 관련 업계가 여전히 어려움을 겪은 반면 수출 관련 기업들은 상대적으로 호조였다.

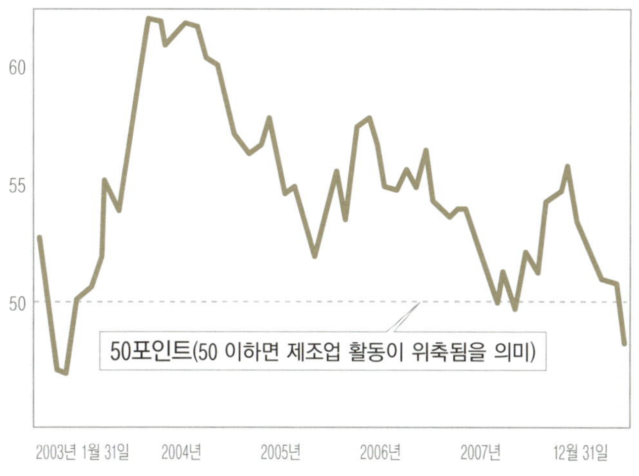

출처: ISM(미국 공급관리협회)

기업 파산도 급증 전망

이 같은 기업 환경 악화를 감안할 때 올해 경영난을 겪고 있는 미국 기업의 파산이 지난해에 비해 13% 이상 늘어날 것이라는 전망도 나왔다.

월스트리트저널(WSJ)은 2일 시장조사업체 '글로벌 인사이트' 보고서를 인용해 올해 미국 기업 파산이 더 늘어날 것이라고 보도했다. 신문은 스탠더드앤드푸어스(S&P)가 투기등급으로 지정한 회사채 발행 기업이 2년 만에 최고치를 기록하는 등 자금 사정이 취약한 기업이 늘어나고 있다며 특히 산업 경기가 하강 국면에 접어든 제지와 화학업체들의 전망이

어둡다고 덧붙였다.

미국 고용쇼크에
차 판매도 '뚝'(2008. 1. 4)

일자리 5년 만에 첫 감소⋯1만 7,000여 개 없어져

미국의 일자리 수가 2003년 8월 이후 5년 만에 감소세로 돌아서면서 미국 경기후퇴 우려가 증폭되고 있다. 유가 상승과 소비심리 위축에도 불구하고 그동안 선방해 오던 자동차 판매도 급감하면서 1분기 미국 경제성장률이 마이너스로 떨어질 것이라는 비관론이 확산되는 상황이다.

월별 일자리 수 증감 여부는 미국의 경제 지표 가운데 경기 호전 여부를 가늠하는 중요한 기준 중 하나라는 점에서 불황 진입에 대한 우려를 고조시키고 있다.

지난 2일 미국 노동부 발표에 따르면 1월 중 일자리 수는 1만 7,000개 감소했다. 지난해 12월 8만 2,000개 일자리가 늘어났던 점과 비교하면 급격한 추세 변화다. 1월의 일자리 감소는 주택시장 침체가 가장 큰 이유였다. 주택 건축 신규사업 감소로 건설업에서 2만 7,000명이 일자리를 잃었다. 제조업에서도 2만 8,000명이 실직했고, 전문직과 서비스업종의 화이트칼라 노동자들도 1만 1,000명이 해고됐다. 일자리 감소의 영향으로

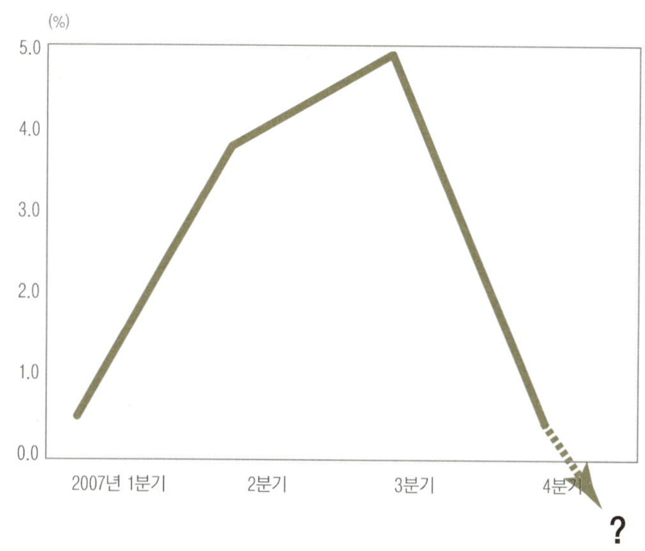

지난달 마지막 주 실업수당 신청자도 예상보다 3배가량 많은 6만 9,000명에 달했다.

1월 중 실업률도 4.9%로 지난해 12월의 5.0%에 비해 낮아지지 않은 것으로 집계됐다. 실업 지표뿐 아니라 소비 지표도 부진하다. 상무부에 따르면 지난해 12월 소비자 지출은 0.2% 상승에 그쳐 최근 6개월 이래 가장 약세를 보였다.

부시 대통령도 지난 2일 "일자리 수 감소는 미국 경제가 약화되고 있다는 걱정스럽고 심각한 신호"라며 사태의 심각성을 인정했다. 그는 "소비자들이 경기부양책에 따른 지원을 빨리 받을수록 경제의 회복도 앞당겨질 것"이라며 "1,500억 달러의 경기 부양책 법안을 의회가 조속히 처리해 달라"고 촉구했다. 지난달 미국 자동차시장도 주택경기 침체와 유가 상승, 일자리 감소 등의 여파로 1998년 이후 최악의 시기를 맞았다. 특히 미국 빅3의 고전 속에서도 승승장구하던 일본산 등 수입차의 부진이 눈에 띈다.

1일 오토데이터에 따르면 1월 미국 자동차 판매는 1,524만 대(연율 기준)로 지난해 같은 기간에 비해 4.3% 감소했다. 도요타와 혼다의 신차 판매량은 2.3% 위축됐고, 닛산은 7.3% 감소했다. BMW와 폭스바겐 판매량도 각각 22.2%와 8.8% 급감했다.

미국 크라이슬러와 포드 역시 판매량이 12.1%, 3.9%씩 줄어들었다. 한국차 판매 부진은 더욱 심했다. 현대차는 22.6%, 기아차는 5.2% 판매량이 각각 감소했다. 제너럴모터스(GM)와 독일 메르세데스·벤츠가 각각 2.6%와 7.0%의 판매 증가를 기록해 그나마 체면을 세웠다. 팀 팰리 포드 마케팅 책임자는 "주택시장 침체와 고유가, 신용시장 경색 등으로 자동차 업체가 고전하고 있다"며 "당분간은 상황이 호전될 것 같지 않다"는 어두운 전망을 내놨다.

'고용쇼크' 이후 1분기 미국 경제 마이너스 성장 가능성이 구체적으로 거론되고 있다. 주택경기 침체로 위축될 대로 위축된 소비심리가 일자리

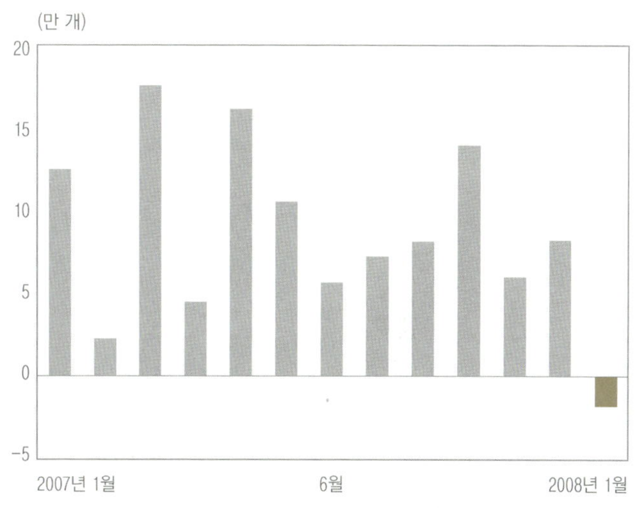

출처: 미 노동부(비농업부문 일자리 월별 증감)

1월 자동차 판매도 줄어

(단위: 대, %)

회사	1월 판매량	전년 동기 대비 증감률
GM	250,926	2.6
도요타	171,849	-2.3
포드	159,276	-3.9
크라이슬러	137,392	-12
혼다	98,511	-2.3
현대차	21,452	-22.6
기아차	21,355	-5.2

출처: BP

불안까지 겹쳐지면서 최악의 상황을 맞을 수도 있기 때문이다. 지난해 4분기 국내총생산(GDP)성장률이 5년 만에 가장 낮은 0.6%에 그쳤다는 점이 불안감을 더욱 고조시킨다. 연말 쇼핑시즌이 포함된 4분기가 이 정도였다면 1분기 성장이 마이너스를 기록하는 것은 당연하다는 분석이다.

무디스 이코노미닷컴의 공동 창업자인 마크 잔디 수석 이코노미스트는 "1분기는 마이너스 성장이 예상된다"고 말했다. 마크 비트너 와코비아 이코노미스트도 "경제 곳곳에 빨간불이 켜졌다"고 말했다.

골드만삭스는 미국 경제가 1분기에 제로성장을 한 뒤 2분기와 3분기에 각각 마이너스 1%대 성장률을 기록할 것으로 전망했다. 물론 고용지표 하나만 보고 너무 비관할 필요는 없다는 시각도 있다.

미국 제조업 경기를 가늠하는 공급관리자협회(ISM) 1월 제조업지수는 전월의 48.4에서 50.7로 상승했고 5월 정부의 세금환급이 실시되면 소비심리가 회복될 것이라는 기대도 적지 않다.

도이체방크는 "금리 인하와 경기부양책으로 소비가 늘어날 것"이라고 전망했으며 리먼브러더스도 1분기에 제로 이상의 성장세를 보일 것이라는 예상을 유지하고 있다.

경기 침체·물가급등
본격화 조짐(2008. 2. 28)

소비자신뢰지수 5년래 최저…크루그먼 "제로금리 검토해야"

미국 경제 침체 국면 진입에 대한 염려가 커지고 있는 가운데 실물 부문에서의 지표들도 속속 악화돼 경제 전반의 주름살이 본격화되고 있다. 소비자들의 심리는 위축되고 주택시장 침체도 갈수록 더해진다. 고용시장 불안에다 물가까지 가파르게 오름세를 보이면서 기업과 가계 등 경제 주체들이 본능적으로 움츠러들고 있다는 지적이다.

소비자신뢰지수 최저수준

민간 조사기관 '콘퍼런스보드'에서 발표한 2월 소비자신뢰지수는 75.0으로 크게 추락했다. 2월 소비자신뢰지수는 미국의 이라크 침공 직전인 2003년 2월의 64.8 이후 최저치다. 1월에는 이보다 높은 87.3이었다. 전문가들은 당초 2월의 소비자신뢰지수를 83 수준으로 예상했지만 고용시장 불안 영향으로 급락한 것으로 풀이했다. 실제로 로이터통신과 조사기관 조그버가 공동으로 한 여론조사에서 '내년에 미국 경제가 더 침체에 빠져들 것'이라는 전망에 동의한 응답자가 급격하게 늘어났다.

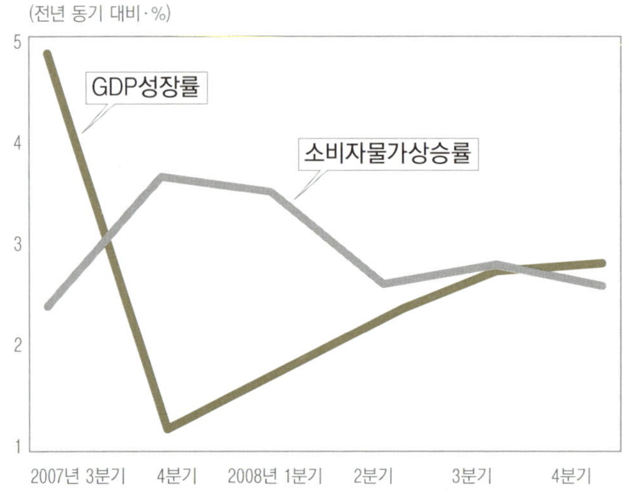

*2007년 4분기부터는 전망치.
출처: IMF

세(稅) 환급 소비로 안 이어져

이런 분위기를 반영해 행정부와 의회가 마련한 1,680억 달러의 경기부양책에 따른 세금 환급이 이뤄져도 소비 회복이라는 소기의 성과를 바로 거두기는 힘들 것이라는 전망이 우세하다. 로이터·조그비 조사에서도 세금을 돌려받으면 소비하기보다는 부채를 갚거나 저축하겠다는 응답이 50%에 달했다. 투자은행 HSBC가 이달 초 공개한 조사에서도 미국인 5명 중 4명이 '올해 저축을 늘릴 것'이라는 반응을 보였다. 최근에는 가파른 물가 오름세로 스태그플레이션(저성장과 고물가가 함께 나타나는 현상) 염려가 급격히 확산되고 있다.

미 경제 침체 경고음

노벨 경제학상 수상자인 조지프 스티글리츠 컬럼비아대 교수는 "미국 경제는 이미 침체에 빠진 것으로 보인다"며 "FRB의 앨런 그린스펀 전 의장과 벤 버냉키 현 의장의 잇따른 실책이 미국 경제를 심각한 하강 국면으로 밀어넣었다"고 비판했다.

스티글리츠는 26일 런던에서 블룸버그TV와 한 인터뷰에서 "버냉키 의장은 부동산시장이 악화되는 상황에서 금리를 너무 늦게 내렸고, 그린스펀 전 의장은 주택시장 거품을 직시하지 못하고 다른 곳을 쳐다보다 실기했다"고 비난했다.

제로 금리 정책 도입 목소리

폴 크루그먼 프린스턴대 교수는 "FRB는 '제로(0%) 금리' 정책도 고려해야 한다"며 지속적인 금리 인하 필요성을 주장했다. 크루그먼 교수는 26일 일본 니혼게

스티글리츠 교수   크루그먼 교수

이자이신문과 인터뷰에서 "FRB가 금리를 0.5%포인트 추가 인하하고 앞으로도 적극적인 금융 완화책을 펴야 한다"며 "경기 침체가 악화되지 않도록 금리를 0%까지 낮추는 방안을 생각해봐야 할 것"이라고 지적했다.

미국 달러 기축통화
미련 버렸나 (2008. 2. 29)

버냉키 "OPEC 석유결제 때 달러 안 써도 상관없다"

유로·위안화 대비 사상최저…금리 추가인하 확실시

미국 경제와 달러화가 사면초가에 빠졌다.

벤 버냉키 미국 연방준비제도이사회(FRB) 의장은 주택경기 침체와 고용 감소, 신용경색 3가지를 미국 경제가 당면한 최대 리스크로 꼽았다. 아울러 금리 추가 인하를 시사했다. 이에 따라 달러가치는 27일(현지시간) 뉴욕시장에서 유로당 1.5144달러에 거래되며 1999년 유로화 출범 이후 최저치로 급락했다. 2유로를 가지면 3달러를 살 수 있는 시대가 온 셈이다. 달러화는 위안화에 대해서도 28일 7.1209위안까지 떨어지며 날개 없는 추락을 거듭하고 있다. 엔화에 대해 달러는 한때 106엔 선이 무너지기도 했다.

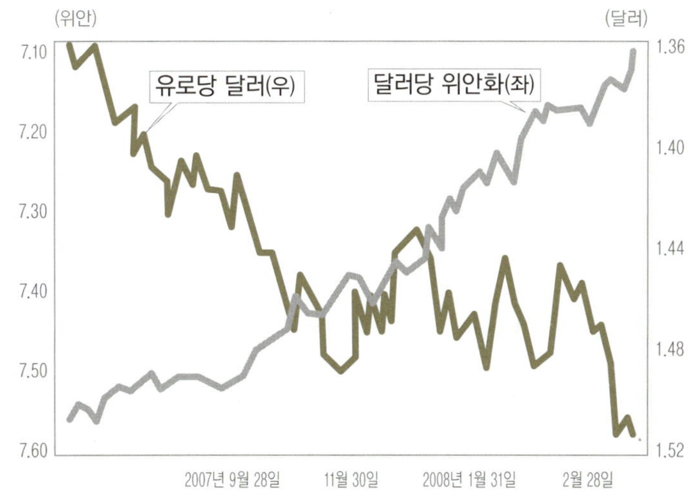

주택침체·고용 악화·신용경색

버냉키 FRB 의장은 이날 하원 주택·금융위원회 청문회에 출석해 "올해 성장 전망(1.3~2%)에 대한 하강 리스크가 있다"며 "필요하다면 시의 적절하게 대응할 것"이라고 밝혔다. 버냉키는 미국 경제가 실물경제 악화뿐만 아니라 점증하는 인플레이션 압력에도 휩싸였다고 토로했다.

이날 발언은 2년 전 FRB 의장 취임 후 가장 주목받았다. 배럴당 100달러를 넘나드는 고유가발 인플레이션에서 성장이냐 물가냐를 놓고 어떤 대응을 취할지가 최대 관심사로 떠올랐기 때문이다. 결과적으로 FRB의

1차적 관심은 인플레이션이나 달러 문제가 아니었다. 이보다 경제 살리기가 더욱 시급하다는 인식을 보여줬다는 평가다.

데이비드 코톡 컴버랜드어드바이저 최고투자책임자(CIO)는 "FRB의 최대 관심은 미국 경제에 대한 피해를 줄이는 것이지 통화가치 부양이 아니라는 사실이 명백해졌다"고 평가했다.

미국·유럽 금리차 확대 달러의 약세 심화

FRB의 정책 우선순위에서 달러 문제가 뒷전으로 밀리면서 달러가치는 더욱 하락할 것으로 전망된다. 유로존과의 금리차 확대가 불가피해졌기 때문이다.

다음달 FRB가 0.5%포인트 금리 인하를 단행하면 유로존과의 금리차는 현재 1%포인트에서 1.5%포인트로 확대된다. 실제 EU는 통화 확장을 통한 경기 부양보다는 물가에 더 초점을 두는 분위기다.

악셀 베버 유럽중앙은행(ECB) 정책이사는 27일 "유로존의 금리 인하에 대한 기대감은 ECB의 통화정책이 최근 물가안정에 중점을 맞추고 있다는 사실을 제대로 반영하지 못하고 있다"고 발언했다. 시장은 금리를 현 수준으로 유지하겠다는 의지로 해석했다.

이시가와 마사노부 도쿄 포렉스&우에다할로 외환매니저는 "미국과 유럽의 금리차 확대로 달러 버리기가 지속돼 달러가 초약세를 보일 것"이라고 전망했다.

실제 석유수출국기구(OPEC)는 결제 수단으로 유로를 채택하려는 움직임을 보이고 있다. 이에 대해 버냉키 의장은 이날 "OPEC이 석유 결제를 달러가 아닌 다른 통화로 바꾸려는 계획에 대해 들은 바 없다"면서 그러나 "설사 그렇게 한다고 해도 미 경제에 이렇다 할 변화를 주지 않을 것으로 생각한다"고 폄하했다. 그러나 시장의 반응은 다르다. 달러 반등이 쉽지 않을 것이라는 지적이 지배적이다.

달러 시대 저물고 원자재시대 개막

미국의 막대한 무역적자와 재정적자를 감안할 때 중장기 전망도 비관적이다. 기축통화로서의 달러 위상도 약화될 게 뻔하다. CBS마켓워치는 "지구촌의 새로운 기축통화로 달러가 아닌 원자재가 부상하고 있다"며 "달러 패권은 저물고 원자재 강국 시대가 오고 있다"고 분석했다. 달러 약세에 대한 헤지 수단인 금값은 온스당 1,000달러에 육박했다.

마쿠스 헤팅거 아미구라 히데키 노무라트러스트앤뱅킹 외환매니저는 "미국 금리 인하 기대감에 유로화에 돈이 몰리고 있다"며 "수개월 안에 유로화가 1.55달러까지 급등할 수 있다"고 전망했다.

크레디트스위스 글로벌 FX전략가는 "다음 주 안에 유로화 가치가 저항선인 1.52달러까지 돌파할 것"이라고 전망했다.

중국 위안화도 유로화와 함께 속등하고 있다. 중국 인민은행은 28일 은행거래 기준이 되는 위안화 기준환율을 달러당 7.1209위안으로 고시했다. 달러당 7.1455위안이었던 전날보다 0.34%나 뛰어 지난 20일 기록했던 직전 최고치를 넘어섰다. 미국 경기 침체와 금리 인하 전망 등에 따른 영향이다. 중국의 무역흑자 확대와 금리 인상 기대로 달러화 자금이 중국에 몰린 것도 위안화 강세에 한몫했다.

성큼 다가온
R(불황)의 공포(2008. 3. 10)

1분기 마이너스 성장 가능성

고용쇼크 실리콘밸리서도 해고 바람 조짐

"이제 좋은 시절은 끝났다. 경제 전문가들은 이번 미국의 경기 하강이 얼마나 깊어질 것이며, 어떻게 빠져나올 것인가를 더 걱정하고 있다."

뉴욕타임스와 월스트리트저널 등 미국의 주요 언론은 7일(현지시간) 미국 경기 침체가 현실화하고 있다고 일제히 보도했다. 2006년부터 시작된 주택시장 침체로 성장 둔화를 겪고 있던 미국 경제가 경기 침체 국면으로 접어들고 있다는 사실은 최근 고용지표에서 확인된다.

노동부가 지난주 발표한 통계에 따르면 2월 중 비농업 부문에서 6만 3,000명의 일자리가 줄면서 올 들어 2개월 연속 감소세를 보였다. 2월의 감소폭은 미국의 이라크 침공 때인 2003년 3월 이후 가장 큰 규모였다.

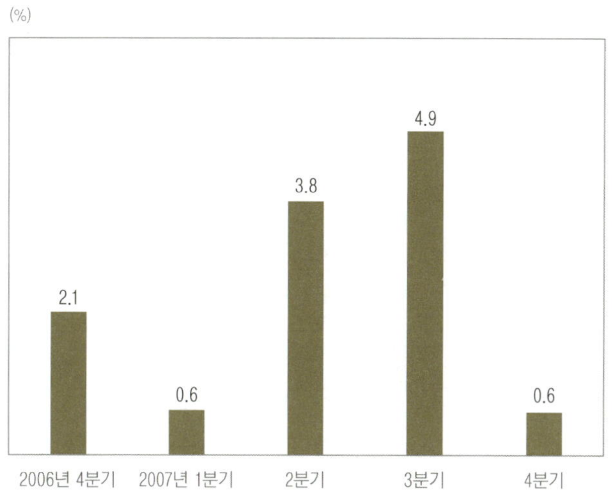

*전분기 대비
출처: 블룸버그

벤 버냉키 연방준비제도이사회(FRB) 의장은 미국 경제가 직면한 세 가지 위험은 고용 감소, 소비 위축, 주택시장 침체라고 지적한 바 있다. '고용지표 쇼크'는 뉴욕 주식시장에 직격탄을 날리며 주요 주가지수들이 최근 1년 반 만에 최저치로 주저앉았다. 지난 7일 뉴욕 증권거래소(NYSE)에서 다우존스 산업평균지수는 146.70포인트(1.22%) 하락한 1만 1893.69에 거래를 마쳐 2006년 10월 이후 최저치로 떨어졌다. 블룸버그뉴스는 2개월 연속 고용 감소는 경기 침체 진입의 증거를 추가한 것이라고 평가했다.

미 경기 침체의 핵심 원인인 주택시장 관련 지수도 악화되고 있다. 지난해 4분기 주택 압류 비율은 0.83%로 사상 최고치에 달했다. 모기지 연체 비율도 5.82%로 1985년 이후 최고치를 기록했다.

급기야 조지 W. 부시 대통령은 미국 경제의 성장이 둔화되며 침체기에 접어들고 있음을 시인했다. 그는 노동부의 고용 감소 발표 직후 기자회견을 갖고 "미국 경제가 둔화되고 있는 것은 분명하다"고 인정한 뒤 "하지만 장기적인 전망은 밝다"고 주장했다. 하지만 전문가들의 장기 전망은 밝지 않다. 지난해 4분기 0.6%를 기록했던 경제 성장률은 올 1분기에도 비슷한 수준에 그칠 것으로 예상된다.

일각에서는 마이너스 성장을 염려한다. 다만 중앙은행인 FRB가 선제적으로 지난해 9월 이후 가파르게 금리 인하 조치에 나선 만큼 마이너스 성장이라는 최악의 국면까지는 가지 않을 것이라는 기대다. 그렇다 해도 올 1분기 성장률이 1% 이하에 그친다면 미국 경제는 사실상 불경기로 들어섰다는 진단을 부인하기 어려워진다. 문제는 경기 침체에서 언제쯤 벗어날 수 있을 것이냐다.

FRB는 2009년 경제성장률 예상치를 올해보다는 높게 잡았다. 국제통화기금(IMF)도 지난달 올해 미국 경제성장률을 하향 조정하면서도 2009년에는 호전될 수 있을 것이라는 기대를 내놓았다.

반면 일부 비관론자들은 2010년 이후에야 경기 호전을 바라볼 수 있다는 전망을 하고 있다. 주택시장이 제자리를 잡고, 서브프라임 모기지 부실로 인한 금융시장 경색이 풀리려면 2009년에도 버겁다는 주장이다.

경기 침체 여파는 미국 첨단기술의 산실인 실리콘밸리에도 직접적인 영향을 미치고 있다. 새로운 일자리 창출이 줄면서 인력이동이 활발하다.

월스트리트저널에 따르면 지난 1월 실리콘밸리 메트로폴리탄 지역의 실업률은 5.3%로 1년 전의 4.8%보다 높아졌다. 2006년만 해도 한 해 3만 3,000명의 새로운 일자리가 만들어졌지만 지난해에는 2만 8,000명으로 줄어들었다. 구조조정에 나서는 기업이 늘면서 해고사태도 확산되는 추세다. 이 지역 기술인력 가운데는 경기 하강기에 보다 어려움을 잘 견딜 수 있는 대기업으로 이직하는 사례가 늘어나고 있다.

국제금융 대가
배리 아이켄그린에게 듣는다(2008. 3. 11)

"미국 경제 2010년은 돼야 회복"

국제금융 대가 배리 아이켄그린 미국 캘리포니아대(버클리) 교수는 "주택시장이 심각한 상황임을 감안하면 내년까지 미국 경제 회복을 기대하기 어렵다"고 진단했다. 그는 "현 단계에서 미국 경제에는 불황 염려가 인플레이션 걱정보다 더 크다"며 "그런 점에서 연방준비제도이사회(FRB)가 지속적으로 금리를 인하한 조치는 적절하다"고 평가했다.

매일경제신문은 국제금융 대가 아이
켄그린 교수 인터뷰를 통해 그가 보는
미국 경제에 대한 전망을 들어봤다.

배리 아이켄그린
미국 캘리포니아대(버클리) 교수

● 국제통화기금(IMF)과 FRB가 최
근 올해 미국 경제 성장 전망치
를 하향 조정하면서 2009년에는
회복될 것으로 봤는데.

▶ 나는 2009년쯤에는 미국 경제가
회복된다는 의견에 동의하지 않는다. 지금 미국 주택시장에는 신규 주
택 100만 채가 팔리지 않은 채 쌓여 있다. 주택 200만 채가 가압류(주택
저당권 상실)를 당했다. 서브프라임 모기지 사태 여파로 1,000만여 주택
소유자들이 거리로 나앉게 될 것이다. 이런 심각한 주택시장 문제가 해
결되려면 2010년은 돼야 한다고 본다. 그전에 미국 경제 회복을 얘기하
는 것은 무리다.

● 조지 W. 부시 행정부와 의회에서 마련한 단기 경기부양책이 효과
가 있을까.

▶ 경기부양책은 완만하더라도 경제에 도움을 줄 것이다. 만일 초기 단
계일지라도 경제가 이미 불황 국면에 돌입해 있다면 세금 환급용 수표가

아무리 빨라 봐야 5월은 돼야 개인에게 지급될 수 있으니 이미 늦었다는 비판도 일리가 있다. 5월 이후에도 경제 성장은 분명 둔화 상태를 면하기 어려울 것이다. 그렇다면 이번 경기부양책은 유용하다고 본다. 오히려 규모가 국내총생산(GDP) 대비 1%에 불과해 아쉽다. 미국 경제 불황을 되돌려 놓기 위한 부양책으로는 너무 작은 규모다.

● 성장 둔화 속에 인플레이션이 염려되면서 일부에서는 미국 경제에 스태그플레이션이 닥칠 가능성을 제기하고 있는데.

▶ 달러 가치 하락이 더 지속되면 수입 물가 인플레이션이 초래될 것이다. 그렇다 해도 1970년대와 같은 스태그플레이션이 올 것으로 보지는 않는다. FRB 모델에 따르면 달러 가치가 10% 하락해도 인플레이션 상승은 1%에 불과하다. 달러 가치 하락은 2009년까지 이어질 것으로 본다.

● FRB는 불황에 진입하는 것을 막기 위해 금리를 지속적으로 인하하고 있지만 인플레이션도 고려해야 하지 않나.

▶ 현재로서는 인플레이션보다 불황 진입에 대한 위험 요인이 더 높기 때문에 FRB 금리 인하가 맞는 조치라고 평가한다.

● 미국 쌍둥이 적자에 대해서는.

▶ 늘어나던 미국 재정 적자는 성장을 구가하면서 2007년까지 크게 줄이는 데 성공했다. 달러 약세는 경상수지 적자를 줄이는 작용을 한다. 달러 가치가 앞으로 20% 더 절하되면 경상수지 적자는 감내할 만한 선인 GDP 대비 3% 수준까지 줄어들 수 있다. 하지만 경제에 닥친 불황은 이런 추세를 뒤집을 것이다. 불황은 세금 징수 감소와 정부 지출 증가를 가져올 것이기 때문이다. 부시 대통령은 감세폭을 넓힐 것이고 이는 다시 재정 적자 증가로 이어진다. 아울러 세계 경제 불황은 미국시장에 대한 수출을 감소시키고 이는 다시 미국 경상수지 적자 확대를 낳을 것이다.

● 서브프라임 모기지 문제는 해소되지 않고 있는데.

▶ 서브프라임 모기지 문제가 일부 헤지펀드 청산으로까지 이어지고 미국과 유럽 대형 투자은행과 상업은행에 손실을 발생시키면서 여러 어려움을 야기하고 있다. 그래도 아직까지 미국 내 은행 대출 업무 자체를 위축시키는 단계까지 오지는 않았다. 많은 전문가들이 가장 걱정하는 것은 은행 대출 중단과 그 여파로 인한 불황 진입이었다.

● 서브프라임 모기지 부실에 따른 부작용은 어디까지 갈까.

▶ 금융시장 자체에 미치는 여파는 아직 제한적이다. 역시 더 중요한

여파는 이미 침체 국면에 접어든 주택시장에 불어 닥치고 있다. 모기지를 얻을 수 있는 자격과 요건이 이번 사태 이전보다 훨씬 까다로워졌다. 지난해 하반기만 해도 주택시장 회복에 대한 기대감이 있었지만 이제는 오히려 더 추락하고 있다. 미국 내 고정 투자에서 가장 큰 비중이 주택 관련 투자다.

● 서브프라임 모기지 사태가 언제쯤 마무리될 것으로 보나.

▶ 재무부나 감독기관들이 금융회사들에 서브프라임 모기지와 관련된 손실을 조금 더 정확하게 내도록 채근하지 않는 한 제대로 된 정확한 정보가 취합되는 데 상당한 시간이 걸릴 것이다. 사태가 마무리된 후라도 앞으로는 이런 유동화증권이나 관련 시장에 투자하는 데 주저하는 금융회사들이 많아질 것이다.

● 대형 금융기관이 서브프라임 모기지 여파로 결국 파산할 수도 있다는 최악의 시나리오도 있는데.

▶ 서브프라임 모기지는 빙산의 일각이다. 수면 아래에 훨씬 큰 빙산이 잠겨 있다. 그러나 규모가 얼마나 되는지, 어디로 가고 있는지는 모른다. 만일 미국 경제가 불황으로 진입하고 주택시장이 더 침체된다면 모기지로 인한 손실은 더 커질 것이다.

● 미국발 서브프라임 모기지 위기가 아시아 경제에 어떤 영향을 미칠 것으로 보나.

▶ 나는 미국과 아시아 경제 간 연결을 강조하는 주장에 대해 기본적으로 동의하지 않는다. 바꿔 말하자면 미국이 서브프라임 모기지 위기나 주택시장 침체로 심각한 불황을 겪는다 해도 아시아 경제는 잘나갈 수 있다고 본다. 싱가포르 같은 개방된 경제 체제가 지속적인 성장을 계속하는 것이나 한국 수출이 꾸준히 증가하는 것은 좋은 사례라고 생각한다. 아시아 각국 환율에도 영향을 줄 것으로 보지 않는다. 미국 달러 약세는 국내적 요인이 작용하고 있다. 사실 미국은 수출을 늘리기 위해 달러 약세를 필요로 한다. 여기에 아시아 각국이 어떻게 대응하느냐가 중요하다. 이미 아시아 각국 정부는 달러 대비 자국 통화 가치를 강세로 이끌어 가고 있다. 이런 환율 조정 부담을 유럽에만 지도록 할 수는 없는 것 아닌가. 그렇지만 중국이 위안화를 평가절상하지 않는 한 아시아 어느 국가도 자국 통화 평가절상을 주저할 수밖에 없다.

● 미국 경기 둔화나 불황 국면 진입이 한국 경제에는 어떤 영향을 미칠까.

▶ 한국 경제는 내부 문제를 갖고 있다. 외국 투자자들이 아직도 갖고 있는 신뢰 문제나 신용카드 위기 잔재 등이다. 한국 은행들이나 투자 펀드가 서브프라임 모기지에 직접 얼마나 투자했는지 알지 못한다. 하지만

자산유동화증권이나 파생상품을 통해 일정 부분 투자했다고 본다. 이 정도로 한국 경제 전체에 영향을 많이 미치지는 않을 것이다. 지금 시점에서 한국은 금융시장 문제보다는 미국 경기 둔화가 한국 수출에 얼마나 지장을 줄 것인지를 주시해야 한다.

▬ 배리 아이켄그린 교수는?

국제금융 및 통화시스템 분야에서 인정받고 있는 미국 경제학계의 대가다. 1987년부터 캘리포니아대(버클리) 정치경제학 교수로 재직 중이다. 1919년 이후 유럽과 미국으로 이어지는 세계 경제의 구조적 역학관계를 1939년의 대공황과 연결시켜 분석한 논문으로 명성을 얻었다. 1997년부터 2년간 국제통화기금(IMF)에서 자문역을 했다. 한국은행의 자문교수로 한국과 인연을 맺고 있다.

미국도 일본처럼
'잃어버린 10년' 되나(2008. 3. 19)

부동산 버블 붕괴·금융기관 파산 등 닮아

미국에서 전개되고 있는 서브프라임 모기지발 금융시장 신용위기가 10년 전 일본 금융위기 전철을 그대로 되풀이하고 있다는 지적이다.

위기 촉발 계기는 달랐다. 일본에서는 1990년 이후 부동산과 주식의 거품 붕괴였다. 미국에서는 서브프라임 모기지 부실 여파였다. 하지만 정책당국 처방과 이후 전개된 시장 상황, 그리고 금융시장에 남은 후유증과 부담이 자칫 유사해질 수 있다는 것이다.

10년 전 일본과 유사한 행로에 접어든 미국 경제가 초기에 더욱 효율적이고 과단성 있는 문제 해결 방식을 택하지 않는 한 자칫 장기 불황이라는 최악의 결과까지 같아질 수도 있다는 염려다.

이번 미국 신용위기는 5위 규모 투자은행인 베어스턴스 유동성 부족에서 결정적으로 표면화됐다. 중앙은행인 연방준비제도이사회(FRB)는 재할인 창구에서 직접 대출받을 수 없는 투자은행인 베어스턴스를 대신해 시중은행인 JP모건체이스를 통해 자금을 지원했다. 이런 조치는 1930년대 대공황 이래 거의 사용된 적이 없는 파격적인 일이었다.

일본에서도 1997년 야마이치증권과 홋카이도척식은행 파산이 출발이었다. 이어 일본장기신용은행, 일본채권신용은행 등 금융기관들이 줄줄이 파산했다. 금융기관 유동성 부족이나 파산이 가시화하자 양국 중앙은행은 다양한 형태의 자금 지원으로 문제 해결을 시도했다. 일본은행은 1998년부터 금융기관 대출에 회사채를 담보로 받아줬다. 재정에서 공적자금을 투입하기 시작했다. 미국도 뉴욕연방은행을 내세워 모기지 관련 증권을 국채로 교환해 주기로 해 자금 순환 숨통을 터주는 대책을 내놓았다.

미국 중앙은행은 유동성 부족의 장본인이었던 베어스턴스에 구제금융을 건넸다. 나아가 파산이라는 최악 상황을 막기 위해 경쟁사에 헐

10년 전 일본과 현재 미국 상황 비교

일본	구분	미국
부동산-주식 거품 붕괴 (1990년)	위기 촉발 계기	서브프라임 문제(2007년)
야마이치증권, 홋카이도척식은행(1997년), 일본장기신용은행, 일본채권신용은행 (1998년)	금융기관 파산	베어스턴스 사태(2008년 3월 16일)
사채담보대출 등 (1998년부터 개시)	중앙은행 자금공급	모기지증권 담보 대출(2008년 3월 11일)
조기건전화법(1998년), 리소나은행에 공적자금 투입 (2003년)	공적자금 투입	검토되지 않고 있음
약 100조엔(당시 일본 GDP의 20%)	불량채권 규모	금융기관에서만 40조 엔(?)
예금보장액 상한선 마련 (1996~2005년)	국민 혼란 최소화 대책	검토되지 않고 있음
-7.6%(1998년 1분기)	경기에 대한 악영향 (최저 시기의 실질GDP 연간 성장률)	2008년 1·2분기 마이너스성장 가능성
제로금리정책(1999년 2월~2006년 7월) 양적완화(무제한 통화공급)정책(2001년 3월~2006년 3월)	정부의 금융정책	기준금리 인하 추가 대책 검토중

값에 인수하도록 막후 작업도 펼쳤다. 추가로 금융기관에 유동성 부족 문제가 생기면 세금을 동원한 공적자금 지원이 미국에서도 나타날 수 있다.

일본 신용위기는 금융기관들의 부실 채권을 눈덩이처럼 불렸다. 일본 국내총생산(GDP) 중 20% 달하는 약 100조 엔이 불량채권으로 남았다. 이후 경제는 곤두박질쳤다. 1998년 일본 경제성장률은 마이너스를 기록했다. 일본은행은 기준금리를 사실상 0%로 하는 제로금리 정책을 지속했다. 이와 함께 시중에 돈을 무제한 공급하는 정책을 병행했다. 서브프라임 모기지 관련 채권으로 초래된 미국 금융기관들 직접 손실은 2,700억 달러 정도로 추산된다. 하지만 눈덩이처럼 불어나는 총 부실 규모는 최소 4,000억 달러에서 최대 8,000억 달러까지로 추정될 정도다.

아누프 싱 국제통화기금(IMF) 국장은 17일 "글로벌 신용위기로 금융시장 혼란은 더 확산될 수 있으며 전 세계적으로 은행, 보험사, 기업, 헤지펀드, 연금 등 부문에서 8,000억 달러 손실이 발생할 것"이라고 전망했다. 미국에서도 현재와 같은 신용위기와 경기 침체가 지속된다면 지속적인 금리 인하를 통해 기준금리를 0%로 가져가는 제로금리 정책을 고려할 필요가 있다는 견해도 제기된다.

FRB는 지난해 9월 이후 이어오고 있는 금리 인하 정책으로 위기 해소에 전력하고 있다. 연 3.0%까지 떨어진 기준금리를 18일 FOMC(공개시장위원회) 회의에서 다시 0.75~1.25%포인트 내리는 방안이 유력하다.

美 내년까지
'슬로모션 불황'(2008. 7. 5)

폴슨 재무 "주택침체 장기화"…침체터널 절반도 안 지나

미국 경제에 드리워진 침체 터널의 끝은 갈수록 멀어지는 것인가.

금융시장을 흔든 신용 위기와 일자리 감소가 계속 이어지면서 미국의 경기 침체 고통이 서서히 오래 지속되는 '슬로모션 불황(Slow Motion Recession)'을 겪을 것으로 우려된다는 지적이 나왔다.

경기 침체와 성장 부진은 올해 하반기부터 상승 국면으로 진입해 내년에는 회복 단계로 들어설 것이라는 전망에 찬물을 끼얹는 분석이다.

여기에 헨리 폴슨 재무장관까지 주택시장 침체가 장기화돼 경제에 상당한 하강 압력을 줄 것이라고 진단해 분위기를 어둡게 만들었다.

뉴욕타임스는 2일자에서 "신용 위기나 일자리 감소가 내년까지 이어진다면 경기 침체의 고통은 단기간에 그치는 것이 아니라 내년까지 이어질 수 있다"며 "'슬로모션 불황'을 걱정해야 하는 상황"이라고 보도했다.

6월 중 자동차 판매가 10년 만에 최저 수준으로 떨어지고 주택 가격도 곤두박질친 상황에서 높아지는 실업률에 경제 전망은 어두워졌다는 것이다. 지난 6월 미국의 자동차 판매는 승용차와 경트럭을 합쳐 작년 동기에 비해 18.3%나 줄었다. 심각해진 자동차 판매부진은 업체들의 생산 감축과 추가 해고로 이어지면서 고용시장에 더 부담을 줄 수 있다고

염려했다.

주택시장 침체는 이미 금융기관과 부동산 중개업, 건설업, 가구제조업 등에서 수만 명의 일자리를 사라지게 만들었고 모기지 부실로 빡빡해진 신용 사정은 경제의 70%를 차지하는 소비 지출을 억누르고 있다고 신문은 지적했다.

리먼브러더스의 수석 이코노미스트인 이선 해리스는 "최근 나타나는 지표를 보면 경제가 2분기 이상 연속 위축되는 일반적인 불황과는 달리 일자리를 충분히 만들지 못하는 잠재 능력 이하의 성장이 내년까지 이어질 수 있다"며 "슬로모션 불황으로 만성적인 고통을 겪는다는 의미"라고 지적했다.

지난 5월 실업률은 5.5%로 나왔지만 구직을 포기하거나 정규직 근로자에서 시간제 근로자로 바뀐 경우를 합친 실업률은 무려 9.7%로 계산됐다. 또 6월 중 일자리 감소분이 6만 개에 달할 것으로 예상돼 6개월 연속 감소세다.

골드만삭스는 실업률이 2009년 말에 6.4%로 정점에 이를 것으로 예상하는데, 이는 일자리 감소라는 고통이 아직 절반 정도밖에 진행되지 않았을 수도 있음을 의미하는 것이라고 뉴욕타임스는 지적했다. 이를 반영하듯 최근 발표된 미시간대의 6월 소비자신뢰지수는 56.4에 그쳐 1980년 이후 28년 만에 최저 수준으로 추락했다.

한편 영국 파이낸셜타임스는 2일자에서 폴슨 재무장관이 런던에서

한 연설에서 미국 주택시장 침체가 장기화될 수 있음을 기정사실화했다고 전했다.

폴슨 장관은 "주택시장이 붕괴되지 않도록 하기 위해서는 주택 구매자의 모기지 상환 연장에 대한 감독을 강화하고 모기지 중개업체의 업무허가 기준을 강화하는 방안이 필요하다"고 강조했다. 그는 "기존의 금융감독시스템을 점검한 뒤 금융시장의 개선을 위해 새로운 시장 안정을 위한 규제기구를 설립하는 방안을 검토하겠다"고 말했다.

모기지 보증업체 유동성 위기와 지원책

모기지발

금융불안 재연(2008. 7. 14)

패니메이·프레디맥 유동성 위기…인디맥 영업정지

주택 모기지 대출 관련 금융회사에서 지속적으로 신용위기 문제가 불거지면서 미국 금융시장이 다시 불안감에 휩싸이고 있다.

미국 모기지 대출 민간업체 가운데 2위인 인디맥뱅코프가 결국 영업정지 되면서 긴장감은 높아졌다. 국책 모기지 보증업체인 패니메이와 프레디맥에서 불거진 유동성 위기는 좀처럼 가라앉지 않고 있다.

지난 11일 뉴욕 다우지수는 국책 모기지업체 부실 염려와 국제 유가 급

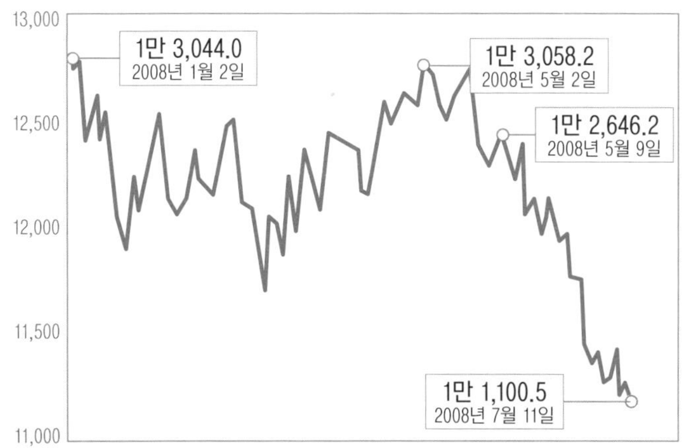

등 영향으로 장중에 1만 977.68까지 떨어지는 하락세를 보인 끝에 전날 종가에 비해 128.48포인트(1.14%) 떨어진 1만 1100.54를 나타냈다.

모기지시장 양대 보증축인 패니메이와 프레디맥이 몰락하면 주택시장 추가 침체는 불을 보듯 뻔하다. 더 심각한 대목은 이들 보증업체가 발행하거나 보증한 채권을 산 금융회사 손실이다. 금융시장에 연쇄적인 충격파가 나타날 것임을 의미한다.

인디맥 영업정지 파장 촉각

모기지에 특화한 대형 대부 업체인 인디맥뱅코프가 지난 11일 마침내 손을 들었다. 그동안 악소문에 불안해하던 고객들이 인출에 나서면서 자금이 바닥나 금융감독 당국에서 영업중단 조치를 받았다.

인디맥 자산은 3월 말 현재 320억 달러에 달한다. 이번 영업정지 사태는 미국 금융 역사상 1984년 콘티넨털 일리노이 은행 파산, 1988년 아메리칸 S&L 어소시에이션 오브 스톡튼 파산 이래 세 번째로 큰 규모다.

인디맥은 14일부터 연방예금보험공사(FDIC) 관리 하에 들어가 일단 영업을 재개한다. 그러나 FDIC는 인디맥 영업정지로 고객 보호를 위해 40억~80억 달러 보험금 지출을 예상하고 있다.

인디맥은 대출자 수입 증명 서류 없이도 대출을 받을 수 있는 '알트에이(Alt-A) 모기지' 서비스를 선보이며 부동산 붐 조성에 한몫을 한 업계 기린아였다. 하지만 모기지시장 위축으로 결국 몰락했다.

양대 모기지 보증업체 위기는 진행형

패니메이와 프레디맥이 보유하고 있거나 보증한 모기지 채권은 전체 주택 모기지시장 관련 부채 중 거의 절반에 가까운 5조 달러에 달한다. 이들 업체가 지난 3월 말까지 9개월간 입은 손실은 110억 달러가량으로 파악된다.

미국 정부는 파국을 막기 위한 비상대책을 마련하고 있다. 리먼브러더스는 미국 재무회계기준위(FASB) 회계기준이 바뀌면 각각 460억 달러와 290억 달러에 달하는 자본을 추가로 조달할 수도 있다고 주장했다.

윌리엄 풀 전 세인트루이스 연방준비은행 총재는 두 업체가 충분한 유동성을 갖고 있지 않아 구제금융을 지원할 필요성이 높아지고 있다고 말했다. 뉴욕타임스는 패니메이와 프레디맥 중 한 곳 또는 두 곳 모두를 정부에서 직접 인수해 위탁 관리하는 방안을 검토하고 있다고 보도했다. 반면 헨리 폴슨 재무장관은 지난 11일(현지시간) "정부는 패니메이와 프레디맥을 현재 형태로 지원하는 것에 초점을 맞추고 있다"고 밝혔다.

국제 유가 한때 147달러

지난 11일 뉴욕상업거래소(NYMEX)에서 8월 인도분 서부텍사스산원유(WTI)는 개장 직후부터 급등해 배럴당 147.27달러까지 오르면서 사상 최고치를 단숨에 갈아치웠다. 결국 이날 종가는 145.08달러로 이틀간 9.03달러 오르는 급등세를 나타냈다.

이날 유가가 급등한 이유는 이란, 나이지리아 등 산유국발 긴장 고조로 공급 차질 염려가 커졌기 때문이었다. 이란이 9일과 10일 이틀에 걸쳐 미사일을 시험 발사해 미국, 이스라엘과 군사적 충돌이 발생할 가능성이 제기된 이유가 가장 컸다.

나이지리아 반군단체인 니제르델타해방운동(MEND)이 석유시설에 대한 공격 재개를 위협한 점도 불안 요인이었다. 나이지리아 MEND는

2006년 이후 석유시설 등에 대한 공격으로 나이지리아 석유 수출이 20% 이상 줄었다.

또 브라질 국영 에너지회사인 페트로브라스 노동자들이 임금 인상을 요구하며 이번 주부터 파업 돌입을 예고해 공급 불안 염려를 키우는 데 일조했다.

의회 주택시장 안정 대책 마련(2008. 7. 25)

하원서 주택구제법안 통과··· 석유 투기규제법안도 논의

미국 의회가 경기 침체에 최대 요인으로 지적되고 있는 주택시장과 석유 가격 안정을 위해 구체적인 행보에 나섰다.

국고 부담 증가를 내세워 모기지 관련 대출을 받은 주택 보유자에 대한 직접 지원에 반대하던 하원이 관련 법안을 통과시켰는가 하면 상원에서는 고유가를 부추기는 석유시장 투기 규제 법안 논의에 착수했다. 주택시장 안정과 유가 상승 억제가 경기 회복에 중요한 관건임을 감안한 조치로 받아들여진다.

하원은 23일(현지시간) 모기지 대출과 관련된 주택 보유자에게 최대 3,000억 달러를 지원하는 내용을 담은 주택구제법안을 가결했다. 백악

미국 의회 주택시장·석유 가격 안정대책

주택시장 구제법안

- 최대 3,000억 달러 자금 지원
- 주택 보유자에게 낮은 금리로 대출 지원
- 유동성 위기 빠진 패니메이·프레디맥 자금 지원

석유시장 투기규제 법안

- 상품선물거래위원회에 과도한 투기 규제 권한 부여
- 합법적인 해지 거래를 원유 생산자와 실수요자 간 거래 등으로 제한

관은 표결에 앞서 그동안 반대 방침을 접고 법안에 대해 거부권을 행사하지 않겠다고 미리 밝혔다. 물론 법안 내용 중 39억 달러는 주택 소유자가 아닌 은행과 대출업자를 돕는 목적이라며 부분적으로 반대 의견을 붙이기는 했다.

백악관으로서는 지난주 재무부를 통해 발표했던 국책 모기지 보증회사 패니메이와 프레디맥에 대한 신용한도 확대를 주요 내용으로 하는 지원 조치에 의회 동의를 요청한 상태에서 이번 법안에 대한 반대를 더 고집하기 힘든 상황이 됐다.

법안 심의는 지난 수개월 동안 논란만 거듭하며 미뤄지다가 프레디맥과 패니메이 자금난에 대한 염려가 불거진 이후 속도를 내기 시작했다.

법안은 주택 보유자들에게 더 싼 이자율로 새로운 대출을 받을 수 있

도록 지원하는 한편 유동성 위기에 빠진 패니메이와 프레디맥에 현금을 지원하는 내용을 담고 있기 때문이다.

두 모기지 보증기관 위기가 불거진 이후 모기지 금리가 치솟는 등 부작용이 이어지고 있다. 인터내셔널헤럴드트리뷴(IHT)에 따르면 미국의 30년 만기 고정 모기지 평균 금리는 지난 18일 6.44%에서 22일 6.71%로 급격하게 상승했다. 특히 신용도가 좋은 사람들이 고가 주택을 구입할 때 이용하는 '점보론' 평균 금리는 7.8%로 뛰어 2000년 12월 이래 최고치를 기록했다.

전문가들은 모기지 금리 급등과 같은 시장 동요를 가라앉히려면 두 회사에 대한 정부 지원 방안이 시장 심리를 안정시킬 정도로 넉넉해야 한다고 지적하고 있다.

상원은 민주당 원내 대표인 해리 리드 의원 발의로 석유시장 투기 규제 법안에 대한 토론에 착수했다.

법안은 상품선물거래위원회에 특정 시장참여자에 대해 거래를 제한하는 등 상품시장에서 과도한 투기를 규제하는 권한을 부여하는 내용이다. 월스트리트저널은 합법적인 헤지 거래를 원유 생산자와 실수요자 간 거래나 이를 대행하거나 하는 관련 거래 등으로 규정해 투기세력 거래를 배제하고 있다고 구체적인 내용을 전했다.

항공사나 운송업체 등은 석유 등 에너지 실수요자가 아닌 기관투자가 등에 의한 투기가 유가 상승에 적지 않은 요인이 된다며 투기 규제에 적극 찬성하고 있다.

반면 투기 규제에 반대하는 주장을 하는 쪽에서는 에너지 가격 상승
은 달러화 약세, 아시아와 중동 수요 증가, 비 석유수출국기구(OPEC) 산
유국 생산량 감소 등이 원인이라는 주장을 펴고 있어 논란이 예상된다
고 월스트리트저널은 분석했다.

패니메이·프레디맥에
2,000억 달러 지원(2008. 9. 9)

정부관리체제 편입…S&P, 신용등급 11단계 낮춰

미국 정부의 양대 국책 모기지업체 패니메이와 프레디맥에 대한 구제
금융의 핵심은 공적자금 투입을 통한 국영화다. 사상 최대 공적자금을
들여 정부보증업체(GSE)에서 정부관리체제(Conservatorship)로 바꾸는 것
이다.

두 모기지업체, 정부관리체제로

국영화를 위해 재무부는 1차로 며칠 안에 각각 10억 달러씩, 20억 달러
를 투입해 선순위 우선주(Senior-preferred Stock)를 매입한다. 선순위 우
선주는 기존의 우선주에 비해 이익 배당에서 우월한 권리를 보장해 주

美정부 패니메이·프레디맥 경영정상화 방안(9·7)

재무부, 패니메이·프레디맥에 공적자금 투입

- 재무구조 개선 위해 두 업체에 1,000억 달러씩 2,000억 달러(두 업체 부채총액 1조 6,000억 달러)
- 보통주 전환 가능한 선순위 우선주 매입
- 보통주 부분 혹은 100% 감자 처리·우서주 배당지급 금지
- 2009년 말까지 주택대출 담보채권 규모 8,500억 달러 감축

연방주택금융지원국(FHFA)관리체제로 전환

- 사실상 준공기업화 수순
- 허브 앨리슨(패니메이)·데이비드 모펫(프레디맥)CEO 임명
- FHFA가 채권시장 개입해 MBS 직접 매입
- FRB, 두 모기지업체·12개 연방주택대출은행에 단기자금 지원
- 최소 1년 이상 관리 후 최종 지배구조는 차기 정부서 매듭

는 주식이다.

이 주식에 대해서는 연 10% 금리를 적용해 배당을 받기로 했다. 이는 공적자금 투입에 따른 납세자 부담을 조금이라도 줄이기 위한 상징적인 조치로 보인다. 이어 두 기업의 보통주 79.9%씩을 살 수 있는 주식매입권(워런트)을 확보할 예정이다.

재무부는 두 기업에 각각 최대 1,000억 달러씩 총 2,000억 달러의 자금을 투입한다는 방침이다.

패니메이와 프레디맥은 작년 말 이후 모기지 손실로 총 149억 달러의

순손실을 냈다. 이들 두 모기지업체는 지난 6월 말 이후 뉴욕증시에서 각각 66%, 69%나 떨어졌다. 많은 외국 중앙은행 등 채권 보유 기관은 이들 업체가 유동성 위기를 겪으면서 손실이 우려돼 왔으나 구제조치로 안도의 한숨을 내쉬게 됐다.

현 경영진 동반 퇴진

국민의 혈세를 넣어 두 업체의 재무구조 개선을 돕기로 한 만큼 엄정한 구조조정이 이뤄진다.

재무부는 패니메이와 프레디맥의 자산포트폴리오 구성에 대한 대수술에 들어간다.

주택대출을 담보로 한 채권 규모를 내년 말까지 8,500억 달러로 낮춘다. 이후 주택대출 담보 채권 규모가 2,500억 달러로 낮아질 때까지 매년 10%씩 추가로 감축하도록 했다.

정부는 이와 병행해 두 모기지업체와 12개 연방 주택대출은행에 대해 단기로 자금을 지원하기로 했다. 동시에 채권시장에 직접 개입해 이들 업체의 자산유동화증권(MBS)을 사들이기로 했다.

미국 정부는 두 업체가 발행한 기존의 보통주와 우선주에 대해서는 배당을 일절 실시하지 않기로 했다. 이에 따라 기존 주식의 가치가 유지되기는 힘들 것으로 보인다.

두 기업의 경영은 연방주택금융지원국(FHFA)이 맡게 되며 기존 경영진은 즉각 교체됐다. 메릴린치의 이사회 부의장을 역임한 허브 앨리슨이 패니메이의 경영을 맡도록 했으며, 프레디맥은 유에스 뱅코프의 이사회 부의장을 역임한 데이비드 모펫이 이끌도록 했다.

S&P, 신용등급 강등

국제 신용평가기관 스탠더드앤드푸어스(S&P)는 7일 미국 정부가 구제 조치를 발표한 패니메이와 프레디맥의 우선주와 보통주 신용등급을 11 단계 떨어뜨려 각각 C로 낮춘다고 발표했다.

S&P는 이날 성명에서 현재 각각 'BBB-'인 이들 업체의 우선주와 보통 주를 최저 신용등급에서 두 번째인 'C'로 낮춘다면서 정부가 우선주와 보통주에 대한 배당을 중단하기로 한 점을 이유로 들었다. 그러나 더 이 상의 등급 하향 검토는 없다고 덧붙였다. 성명은 반면 패니메이와 프레디 맥에 부여해 온 최고 등급인 'AAA'에는 변함이 없다고 밝혔다. 또 이들 업체의 후순위 채권에 부여해 온 'BBB+'를 상향 조정하는 방안도 검토하 고 있다고 덧붙였다. 한편 S&P는 미국 재무부의 이번 조치에도 불구하 고 미국 국가 신용등급 'AAA'는 변함이 없다고 밝혔다.

폴슨 장관의 3가지 원칙

헨리 폴슨 미국 재무장관은 이번 조치를 내놓으면서 세 가지 원칙을 분 명히 강조했다. 금융시장 안정, 모기지시장 정상화, 납세자 보호 등이다.

폴슨 장관은 "두 기업은 정부 관리 아래 들어갔기 때문에 더 이상 주주 이익을 극대화하는 방향으로 경영할 필요가 없다"고 말했다. 기존 주주에 대한 배당 중단은 이런 배경에서 나왔다고 할 수 있다.

폴슨 장관은 지난 4일 이미 벤 버냉키 연방준비제도이사회(FRB) 의장과 제임스 록하트 연방주택금융지원국(FHFA) 국장을 만나 두 업체의 정상화 방안을 논의했다.

한편 양대 기업의 구제금융을 계기로 월가의 다른 금융사가 서브프라임 모기지 손실을 제대로 상각했는지에 대한 문제가 제기될 것으로 지적된다. 양대 모기지업체의 몰락은 모기지 손실이 당초 예상보다 컸음을 보여주는 대표적인 사례라는 것이다.

패니메이·프레디맥은 어떤 회사

패니메이와 프레디맥은 주택 구입 희망자들이 금융회사에서 쉽게 자금을 빌릴 수 있도록 주택대출시장을 활성화하는 임무를 맡은 정부 후원기업(GSE)이다. 이들 업체는 미국 모기지시장의 절반에 가까운 5조 4,000억 달러에 달하는 모기지증권을 보증하거나 매입하고 있다.

주택 구입자가 모기지 대출을 받기 위해서는 대출회사에 충분한 재원이 있어야 하는데, 패니메이와 프레디맥이 바로 대출회사에 자금을 융통해주는 일을 하는 것이다. 이들 기업은 대출회사에서 인수 기준을 충족하는 모기지 채권을 매입한 후 이를 주택저당채권(MBS) 형태로 증권화해 자금을 조달한다.

패니메이는 1938년 정부가 설립해 1968년 공기업으로 전환됐고, 프레디맥은 1970년 패니메이에 맞서는 경쟁 회사로 설립됐다.

금리 인하 행진과
쏟아진 경기 부양책

금리

전격 인하(2008. 1. 23)

0.75%포인트 9.11 테러 이후 최대폭

미국이 전격적인 금리인하 조치를 단행했다. 금리인하 폭도 예상을 뛰어넘은 0.75%포인트다. 그러나 이 같은 금리인하 조치에도 불구하고 미국 증시는 다우와 나스닥지수가 4~5%까지 떨어지는 급락세로 출발했다. 이후 낙폭을 줄였지만 장초반 혼조세를 면치 못했다.

미국 연방준비제도이사회(FRB)는 22일(현지시간) 세계 증시 폭락 도미노가 이어지자 기준금리를 0.75%포인트 긴급 인하하는 비상조치를 취했

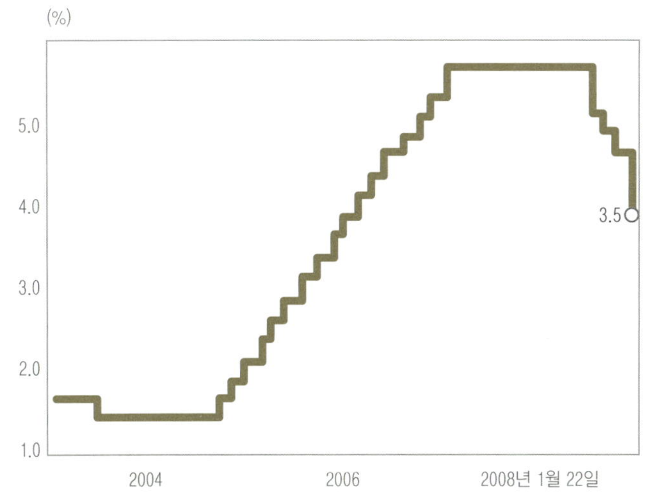

다. 이로써 미국 기준금리는 4.25%에서 3.5%로 낮아졌다.

FRB가 긴급하게 금리를 인하한 것은 지난 2001년 9월 11일 테러 사태 이후 처음이다. 지금까지는 FRB가 오는 29일부터 이틀간 열리는 연방공개시장위원회(FOMC) 정례회의에서 금리를 인하할 것으로 예상돼 왔으며 인하폭도 0.5%포인트가 유력했다.

FRB는 긴급 금리인하 배경에 대해 "경제 전망이 약화되고 있는 데다 경제 하강 위험이 증가하고 있기 때문"이라고 밝혔다. FRB는 최근 경제 상황에 대해 "단기 자금시장 불안은 다소 완화됐지만 전반적 금융시장 상황은 지속적으로 악화되고 있으며 기업과 가계에 적용되는 신용은 더욱 경색되고 있다"고 분석했다.

금리 인하
"타이밍 놓치면 재앙 온다"(2008. 1. 23)
그래도 시장안정 안 되면 추가 인하도

22일 전격적으로 발표된 미국의 금리 인하는 급박한 금융시장 상황을 그대로 반영한 조치였다.

연초부터 불거진 미국 경제의 침체(Recession) 가능성에 따라 전 세계 증시는 곤두박질 행진을 거듭했다. 미국 시장은 물론 유럽과 아시아에 이르는 폭락 사태로 세계 증시는 '패닉' 지경에 이르고 있었다. 금리 결정 회의를 불과 1주일 앞두고 있는 데도 조치를 취했다는 것은 '타이밍'을 놓치지 않기 위해서다. 뒤집어 말하면 그만큼 급박했다는 의미다.

지난해 9월부터 시작된 금리 인하 행진은 이번이 네 번째다. 시장에서는 올해 경기 침체가 가시화되고 금융시장 소용돌이도 수습되지 않는다면 추가 인하 결정이 당분간 이어질 것으로 보고 있다. 일각에서는 미국 금리가 다시 1%대까지 낮춰질 수 있다는 성급한 관측도 내놓는다.

하지만 사흘간 연휴 후 증시 개장에 앞서 금리인하 조치를 발표했음

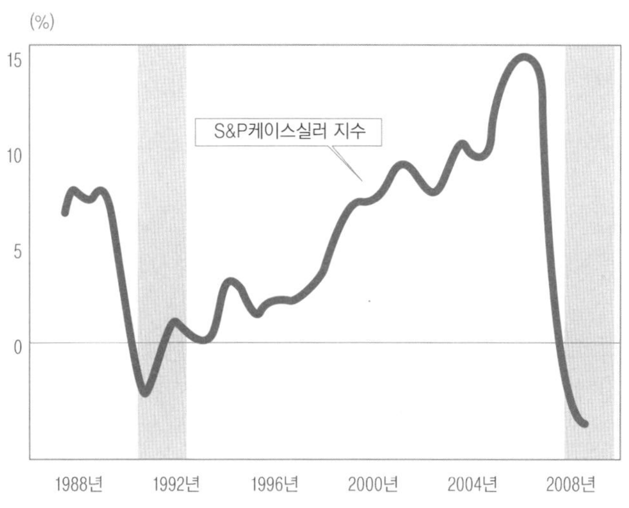

출처: 뉴욕타임스

에도 불구하고 22일 아침(현지시간) 미국 주식시장은 폭락과 함께 시작했다. 미국 연방준비제도이사회(FRB)가 근래 긴급 공개시장위원회(FOMC)를 열어 금리를 인하한 것은 지난 2001년 9.11테러 사태 이후 처음이다.

FOMC 회의는 당초 이달 29~30일이었지만 마틴 루터 킹 목사 생일이었던 연휴기간 중 전격적으로 콘퍼런스콜로 대체해 소집했다. 인하폭도 시장의 예상을 뛰어넘은 0.75%포인트였다. 연방기금금리는 4.25%에서 3.50%로 낮아졌다. 중앙은행이 시중은행들에 자금을 빌려줄 때 적용하는 재할인율도 4.75%에서 4.0%로 하향 조정했다.

FOMC는 긴급 금리 인하 결정에 대해 "단기 자금시장 경색은 다소 완화됐지만 전반적인 금융시장 여건은 경제성장 둔화와 경기하강 위험이라는 관점에서 볼 때 점점 악화돼 왔다"고 지적했다. 이어 "고용시장이 불안해지고 주택시장 위축이 점점 더 깊어질 것이라는 분석도 나오고 있고 경제성장이 상당히 둔화될 위험이 여전히 남아 있다"고 밝혔다.

FOMC는 나아가 "경제 전망에 금융시장과 다른 상황들이 미치는 영향을 지속적으로 분석해 신용경색과 경제 침체 문제를 해결하기 위한 조치를 시의 적절하게 취해나갈 것"이라고 분명히 적시해 언제든지 필요하면 금리 추가 인하에 나설 뜻임을 밝혔다.

경기 침체는 경제학적 정의로 따지면 '국내총생산(GDP) 실질성장률이 2분기 연속 마이너스로 나타나는 불황'을 의미한다. 지난 30년간 미국 경제에서는 1973년, 1980년, 1991년, 2001년 등 모두 네 번의 경기 침체를 겪었다. 엄밀히 따지면 현재 미국 경제에 침체는 오지 않았다. 다만 지난해 4분기 이후 조짐이 나타나고 있다는 데 공감한다.

지표상으로는 실업률 급등이 가장 심각한 우려를 던졌다. 미국 경제의 60년 역사에서 실업률이 최저치에서 0.5% 이상 폭등하면 경기 침체가 꼭 뒤따랐다. 지난해 12월 실업률은 5%로 2007년 3월 최저치보다 0.6% 올랐다.

조지 W. 부시 대통령은 이런 심각한 상황을 인정하고 단기 경기 부양책으로 위기를 벗어나겠다고 지난 18일 대강의 원칙을 발표했다. 미국 GDP의 1%에 해당하는 1,450억 달러 규모 부양 대책이다. 개인과 가계에

800~1,600달러까지 세금을 환급해주고 기업들에도 투자 금액에 대해 세액 공제를 해주는 방안이다.

벤 버냉키 FRB 의장은 지난 17일 하원 예산위원회 청문회에서 "금리 인하라는 통화정책 외에 재정정책이 병행돼야 더 효과적일 수 있다"고 분명히 말했다.

의회도 공화·민주 함께 초당적으로 이번 부양책에 대해 협조하겠다는 입장을 밝혔다. 민주당 일각에서 세금 환급 대상을 둘러싸고 노년층과 노동자 등 저소득층을 포함시켜야 실질적인 효과가 있다는 반론을 제기하면서 약간의 보완이 필요하다고 주장했다.

부시 대통령은 22일 오후 백악관에서 의회 지도자들과 긴급 회동을 갖고 경기 부양책에 대해 다시 조율 작업을 진행했다. 확정된 내용은 오는 28일 연두교서에서 발표되고 30일 안에 시행될 수 있도록 의회에서 조속히 법안을 처리한다는 데 의견을 모았다.

지구촌 금리인하

도미노(2008. 1. 24)

미국 이어 유럽·영국도 내릴 듯

미국 경기 침체 우려에서 촉발된 국제 금융시장 동요를 막기 위한 각

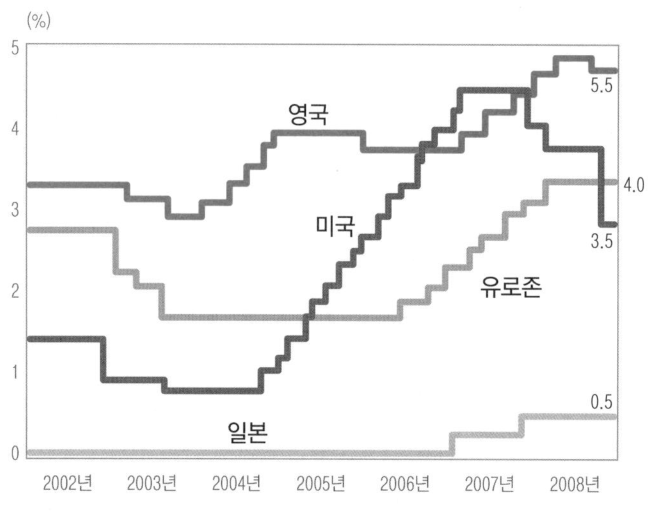

출처: 블룸버그뉴스

국의 금리 인하 카드가 속속 가시화하고 있다.

미국 연방준비제도이사회(FRB)가 지난 22일(현지시간) 연방기금 금리를 0.75%포인트 전격 인하한 가운데 캐나다 중앙은행이 금리를 0.25%포인트 인하했고, 유럽과 일본 등에서 금리 인하가 검토되고 있다.

월가에서는 긴급 처방의 약발이 먹히지 않은 만큼 추가 금리 인하를 요구하는 목소리가 커졌다. FRB가 이달 29~30일 개최하는 연방공개시장위원회(FOMC) 정례회의에서 0.25~0.5%포인트 더 낮출 것으로 예상된다. 그럴 경우 연방기금 금리는 연 3.0%까지 떨어질 수 있다.

블룸버그뉴스는 이날 유럽 중앙은행(ECB)과 영국 중앙은행(BOE)이 미국의 금리 인하 조치에 동조할 가능성이 높아졌다고 보도했다. 아미트 카라 USB 이코노미스트는 "유럽과 영국이 큰 폭의 금리 인하를 단행할 가능성이 높아졌다"며 "BOE와 ECB가 올해 말까지 각각 4차례, 2차례에 걸쳐 금리 인하에 나설 것"이라고 전망했다.

전문가들은 BOE가 다음달 6~7일의 통화정책위원회에서 현행 연 5.5%인 기준금리를 0.25%포인트 인하할 것으로 내다보고 있다. 머빈 킹 BOE 총재는 "올해는 BOE가 지난 1997년부터 금리정책을 관장한 이후 가장 심각한 도전을 받는 해"라고 말했다.

장클로드 트리셰 ECB 총재는 23일 브뤼셀 유로 의회에 출석해 "인플레이션을 철저하게 통제하는 게 중앙은행의 가장 중요한 임무"라며 "금융시장의 추가적인 변동성 확대를 막기 위해서라도 인플레이션은 적절하게 관리돼야 한다"고 말했다. 트리셰 총재의 발언은 세계 증시 동반 급락에도 불구하고 ECB가 짧은 기간 내에 금리 인하를 단행할 가능성은 높지 않다는 것을 의미한다.

미국 포브스 인터넷판도 신용경색 충격이 유럽에는 제한적일 것으로 보이는 데다 인플레이션 압력이 높아 ECB가 2월에 금리를 내리지는 않을 것으로 보인다고 보도했다.

한편 월스트리트저널은 미국 경기 침체와 글로벌시장의 혼란으로 일본은행이 정책 금리를 인하할 수도 있다고 23일 보도했다. 일본은 지난

22일 열린 금융정책결정회의에서 정책금리를 현행 0.5%로 동결했다. JP 모건도 일본은행이 7월까지 금리를 인하할 가능성이 76%라고 전망했다.

중앙은행 총재 연봉 영향력 순 아니다

버냉키 연봉 홍콩통화국 총재 비해 6분의 1

어떤 나라 중앙은행 총재가 가장 많은 연봉을 받을까.

지난해 기준으로 보면 홍콩 중앙은행 격인 홍콩통화관리국(HKMA) 조지프 얌(任志剛) 총재가 1,000만 홍콩달러(약 130만 달러)를 받아 연봉이 가장 많다. 두 번째는 '중앙은행의 중앙은행'으로 불리는 국제결제은행(BIS) 맬콤 나이트 총재로 73만 4,990스위스프랑(약 72만 1,286달러)을 받았다.

영국 중앙은행인 뱅크오브잉글랜드(BOE) 멜빈 킹 총재는 28만 3,564파운드(약 56만 5,909달러), 유럽중앙은행(ECB) 장클로드 트리셰 총재는 34만 5,252유로(약 54만 4,704달러)를 받은 것으로 나타났다.

이에 비해 세계 최강국인 미국 연방준비제도이사회(FRB) 벤 버냉키 의장은 18만 6,600달러를 받는 데 그쳐 홍콩 통화관리국 총재에 비해 6분의 1에도 못 미치는 수준이며, BIS 총재와 비교해도 4분의 1 정도에 머물렀다.

1,500억 달러 세금 환급·
법인세 감면 합의(2008. 1. 26)

그린스펀 "미국 침체 가능성 50% 넘어"

경기 침체로부터 미국 경제를 벗어나게 하려는 단기 부양책에 대해 행정부와 의회가 24일(현지시간) 최종 합의안을 도출해 최단 시일 안에 이를 추진키로 했다.

부양책은 세금 환급 1,000억 달러, 법인세 감면 500억 달러 등 1,500억 달러 규모다.

세금 환급은 소득세를 납부하는 개인과 가계를 대상으로 한다. 개인의 경우 소득 7만 5,000달러까지는 1인당 600달러를, 부부는 소득 15만 달러까지 1,200달러를 환급받는다. 가계에 자녀가 있을 경우 1명당 300달러를 추가로 지급한다. 자녀 2명을 둔 4인 가족의 경우 최대 1,800달러를 돌려받을 수 있는 셈이다. 환급 혜택은 총 1억 1,700만 명의 납세자에 주어지게 될 것으로 추산된다. 특히 의회와 행정부는 민주당 측의 요구를 반영해 최소 3,000달러까지의 급여 세금·환급고 연방 소득세를 내지 않는 저소득자도 개인당 300달러를 환급해주기로 했다. 총 3,500만 명의 노동자층이 이에 해당한다. 이들은 당초 부시 대통령이 내놓으려 했던 원안에는 포함돼 있지 않았다. 이들에 대한 환급 규모만 280억 달러다. 기업들의 경우 설비투자 비용 중 50%를 공제해주며 소기업에는 추가 공

- 경기부양대책 총액 155억 달러
  · 세금 환급 1,000억 달러 · 법인세 감면 500억 달러
- 세금 환급 대상: 납세자 1억 1,700만명
  - 개인: 7만 5,000달러까지 1인당 600달러
  - 부부: 15만 달러까지 1,200달러(자녀 1명당 300달러 추가 지급)
  - 저소득자도 개인당 300달러 현금 지급
- 기업 설비투자 비용 50% 공제
- 연방주택청, 서민주택 융자 한도 확대
- 주택대출 보증 한도 72만 5,000달러로 확대

제 혜택을 부여한다.

부양책에는 서브프라임 모기지 위기 해소를 위해 주택부 산하 연방주택청(FHA)의 서민 주택에 대한 융자 한도를 확대하는 방안과 주택 보증 기관인 패니매와 프레디맥의 보증 대상 상한선을 72만 5,000달러로 올리는 방안도 포함된다.

패니매와 프레디맥의 대출 보증 상한은 종래 36만 2,000달러와 41만 7,000달러로 묶여 있었다. 조지 W. 부시 대통령을 대신한 헨리 폴슨 재무장관은 낸시 펠로시 하원 의장과 존 뵈너 공화당 원내대표 등 의회 지도자들과 지난 일주일 동안 합의안 도출을 위해 지속적인 접촉을 벌여왔다.

부시 대통령은 양측 합의 후 "미국은 지금 이런 경기부양책이 필요하다"며 "이번 부양책이 올해 소비 지출과 기업 투자를 늘리는 데 도움을 줄 것"이라고 말했다.

펠로시 하원의장은 "이른 시일 안에 법안이 통과될 수 있도록 하겠다"며 "이번 대책이 효과가 없을 경우 추가 부양책도 있을 수 있다"고 말했다. 해리 리드 상원 민주당 원내 대표는 "늦어도 2월 15일까지는 대통령의 서명이 가능하도록 법안을 처리해줄 방침"이라고 밝혔다.

폴슨 재무장관은 "속도가 가장 중요하다"며 "이번 경기부양책 관련 법안을 가능한 한 빨리 통과시키기 위한 상·하 양원의 협력을 기대한다"고 밝혔다. 하지만 경제 전문가들은 부양책의 실제 집행 시기가 일러야 5~6월은 돼야 가능할 것이며 침체 국면으로 접어드는 미국 경기를 되살리는 데 한계가 있을 것으로 평가했다.

메릴랜드대 경제학과 피터 모리치 교수는 "이번 부양책은 경기 침체를 해소하기에는 부족하며 은행들의 부실을 보전해줄 정도일 것"이라고 밝혔다. 로런스 미셸 경제정책연구소(EPI) 연구원 역시 "당장 실업으로 인한 충격을 완화해야 하는 상황이지만 이번 정책이 영향을 미치려면 수개월이 걸린다"고 정책 실기를 지적했다.

헤리티지재단 소속 리어 헤더먼 연구원은 "세금 감면 정책이 경기 부양에 미치는 효과는 없을 것"며 "정부가 이 같은 정책을 펴기 위해서는 투자를 줄이거나 무역적자를 늘릴 수밖에 없기 때문"이라고 말했다.

부시 연두교서
경기부양책 초점(2008. 1. 30)

세금 환급·법인세 감면

"임기 마지막 국정 방향을 밝힌 연두교서 연설은 경제 회생에 모든 초점을 맞췄다."

1월 28일 저녁 9시(현지시간) 발표된 조지 W. 부시 미국 대통령의 연두교서에 대해 미국 언론들은 분명히 선을 그었다. CNN은 "국민의 고조된 경기침체에 대한 염려를 어떻게 불식시키느냐에 모든 노력을 모았다"고 평가했다.

부시 대통령은 경기 침체를 막기 위한 방안으로 크게 두 가지를 주문했다. 먼저 1,500억 달러 규모 단기 부양책에 대해 의회에 조속하게 관련 법안을 통과시켜 달라고 요청했다. 단기 부양책은 부시 대통령을 대신한 헨리 폴슨 재무장관이 지난주 낸시 펠로시 하원의장, 존 베이너 공화당 하원 원내대표 등 의회 지도자들과 조율을 거쳐 지난 24일 최종안에 합의했다.

세금 환급 1,000억 달러, 법인세 감면 500억 달러 등이다. 총 1억 1,700만 명의 납세자에게 주는 환급혜택이다. 연방 소득세를 내지 않는 저소득자도 개인당 300달러를 환급해 준다. 총 3,500만 명의 근로자가 이에 해당한다. 이와 함께 2001년 이후 시행돼 2010년 만료되는 감세 법률의 영구적인 연장을 위한 개정안을 의회에 처리해 달라고 요청했다.

세금 환급 등 부양책이 단기 방안이라면 감세 법률 영구화 촉구는 장기 대책으로 분류된다. 부시 대통령은 자유무역협정(FTA) 비준 요청을 언급하면서 지난해 12월 미 의회에서 통과된 페루와의 FTA 비준안에 대해 의원들에게 사의를 표했다. 그러면서 한국 콜롬비아, 파나마 등과의 FTA 비준안도 조속한 시일 내에 통과돼야 한다고 지적했다.

FRB 2,000억 달러
긴급 투입(2008. 3. 12)

ECB·영국·캐나다·스위스 등과도 공조

미국 연방준비제도이사회(FRB)가 신용 경색 해소를 위해 최대 2,000억 달러를 단기 자금시장에 긴급 투입키로 11일(현지시간) 결정했다. 이번 자금 투입은 전통적인 방식과 달리 기존 채권을 미국 국채와 교환해주는 방식을 통해 이뤄진다고 블룸버그뉴스가 이날 보도했다.

FRB는 새로운 방식을 통한 대출에서 통상 1~2일인 대출 기한도 28일로 크게 늘리기로 했다. 이와 함께 FRB는 국제 금융시장에 유동성 공급을 확대하기 위해 해외 중앙은행과 공조키로 했다. 특히 유럽중앙은행(ECB)을 비롯해 영국·캐나다·스위스 중앙은행 등과 통화스와프를 확대한다는 계획이다. ECB 및 스위스 중앙은행과 통화스와프 규모를 각각 300억 달러와 60억 달러로 확대해 종전보다 100억 달러와 20억 달러씩 늘렸다.

와코비아 코퍼레이션의 존 실비아 수석 이코노미스트는 "FRB 발표는 시장 기능이 제대로 발휘되는 데 초점을 맞추고 있다"며 "최근 시장 참여자들은 신용 경색 현상을 염려해 거래 자체를 꺼리고 있기 때문에 이번 조치를 긍정적으로 받아들일 것"이라고 평가했다. 그동안 FRB의 금리 인하가 별다른 효과를 내지 못했고 단편적인 유동성 공급도 빛을 발하지 못했지만 이번만큼은 대규모 자금을 쏟아 붓겠다는 의지를 명확히 밝혀 꽁꽁 얼어붙은 금융시장에 따뜻한 온기를 불어넣을 전망이라는 설명이다.

미국 백악관도 환영의 뜻을 밝혔다. 데이너 페리노 백악관 대변인은 이날 "조시 부시 대통령이 FRB가 오늘 단행한 새로운 시장 개입과 이를 통한 유동성 공급 정책에 대해 환영의 뜻을 밝혔다"며 "부시 대통령은 벤 버냉키 FRB 의장을 전적으로 신뢰하고 있다"고 강조했다.

증시도 이번 조치를 반기며 즉각 반응했다. 이날 미국 증시 주요 지수는 2% 안팎 오름세로 출발했다. 한편 전문가들은 오는 18일 미국 연방공개시장위원회(FOMC)에서 기준 금리가 0.75~1%포인트가량 인하돼 2~2.25% 수준까지 떨어질 것이라고 전망했다.

FRB, MBS 담보로
국채 빌려줘(2008. 3. 12)

현금 방출 없이 유동성공급

미국 연방준비제도이사회(FRB)가 내놓은 국채 대여 방식 유동성 공급 조치인 TSLF(Term Securities Lending Facility)는 신용경색이 심화되는 상황에서 은행 간 자금 거래에 물꼬를 터주는 묘수였다.

중앙은행으로서는 2,000억 달러 유동성 공급이라는 생색을 내면서도 그만큼 신규로 현금이 나가지 않는다. 현금과 동일한 신뢰를 받고 있는 국채를 금융기관에 대여하고 금융기관이 이를 투자자에게 파는 구조다.

핵심은 중앙은행이 부실자산으로 취급받고 있는 자산유동화증권(MBS)을 금융기관들 대신 떠안아 주는 대목이다. 서브프라임 모기지 사

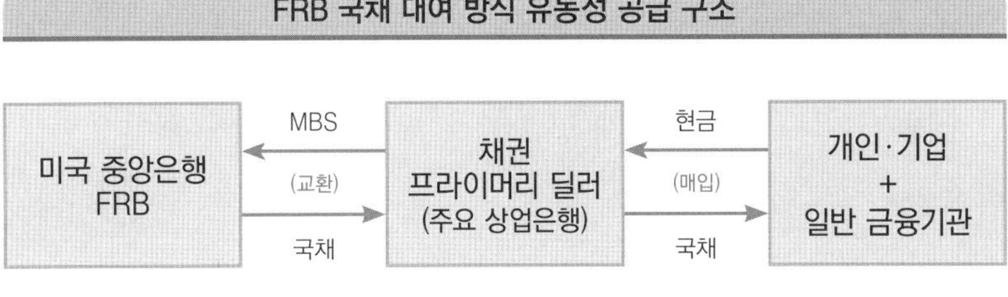

태 이후 거래도 안 되고 추가 발행도 되지 않아 금융시장 교착상태를 가져온 주범인 MBS를 담보로 받아줘 금융기관들 부담을 덜어주기 때문이다.

이번에도 경매 방식을 채택했다. 담보를 맡기는 금융기관이 노출되지 않도록 해주기 위해서다. FRB는 지난해 12월 경매를 통한 단기 유동성 공급 방식(TAF)을 새로 도입한 이래 이달 7일에는 거래 규모를 종래 500억 달러에서 1,000억 달러로 늘려줬다.

시장 전문가들은 이제 금리 인하 카드가 금융시장 경색에는 별 도움을 주지 못한 채 인플레이션 부담만 높이고 있다고 판단하고 있다.

미국 기준금리
2.0%까지 떨어져(2008. 5. 3)

FRB의 금리결정 기구인 FOMC(공개시장위원회)가 기준금리를 0.25%포인트 내렸다. 지난해 9월 18일 이후 7번째 인하 결정이다. 연 5.25%였던 연방기금 목표금리는 이제 연 2.0%로 떨어졌다. 중앙은행이 일반 상업은행에 자금을 빌려줄 때 적용하는 재할인금리도 0.25%포인트 내려 연 2.25%로 낮췄다.

FOMC는 이날 금리 인하 결정과 함께 향후 금리 인하 행진을 중단할

176

수 있다는 가능성을 내비쳤지만 그 신호는 시장의 예상만큼 강하지 않았다는 평가다. 이번 회의에서 찰스 플로세 필라델피아 연준 총재와 리처드 피셔 달라스 연준 총재는 금리 인하에 반대 의사를 표명했다.

월가에서는 연준이 이제 경제가 크게 나빠지지 않는 한 금리 인하 행진을 마무리한다는 신호를 보낼 것으로 예상했다.

하지만 발표한 성명서에는 금리 인하 행진을 마무리할지에 대해 분명한 태도를 보이지 않았다는 것이 월가의 대체적인 반응이다. 어윈 켈너 마켓워치 수석 이코노미스트는 "시장의 기대에 부합하는 금리 인하가 이뤄졌지만 향후 금리정책에 대해서는 구체적인 신호를 주지는 않았

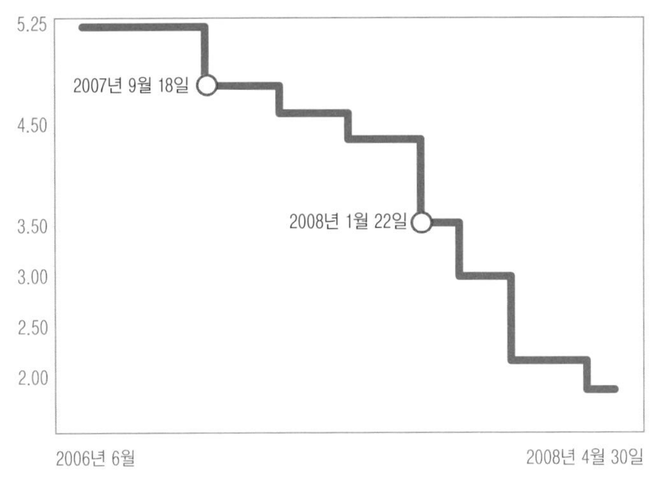

다"고 진단했다.

전문가들은 FOMC의 이번 성명서에서 '시의적절한'이라는 표현과 '경기 하강 위험이 남아 있다'는 문구가 삭제된 점에 주목하고 있다.

FOMC는 대신 "시장의 유동성을 지원하기 위해 계속 추진하고 있는 조치들과 더불어 지금까지 취한 실질적인 통화정책 기조 완화는 완만한 성장과 경제활동에 대한 위험을 낮추는 데 시간을 두고 도움을 줄 것"이라고 밝혔다.

이는 FOMC가 금리를 추가로 인하하기보다 금융시장과 경제상황을 지켜보면서 대응할 필요가 있다고 판단하고 있음을 시사한 것이라는 해석이다. 그동안 취한 금리 인하로 시장이 어느 정도 안정됐다고 본 셈이다.

금리 인하 중단 여부에 대한 의지를 명확하게 밝히기보다는 향후 경제지표를 보면서 금리 방향을 결정할 것이라는 중립적인 태도를 나타낸 것이다.

빌 그로스 핌코 최고투자책임자(CIO)는 "연준이 매우 중립적인 태도로 선회한 것으로 생각한다"고 평가했다. 그는 "금리가 상당히 오랜 기간 연 2%선에서 머물 것"이라며 금리 인하 행진이 사실상 마무리된 쪽으로 전망했다.

손성원 전 LA 한미은행장은 "FOMC가 그동안 이자율이 많이 내려갔으니 더 내려 봐야 큰 효과가 없다고 판단한 것"이라면서 "미국 경제가 잘되고 있는 것은 아니지만 더 나빠지지 않고 있는 것으로 인식하고 있다"고 말했다. 손 전 행장은 "오히려 인플레이션이 더 문제가 되고 있다"면서 "FOMC는 포커스를 경제성장에서 인플레이션에 두고 있다고 봐야 한다"고 설명했다.

이에 반해 추가적인 금리 인하 가능성을 남겨둔 것으로 봐야 한다는 의견도 나온다. 연준이 내부적으로는 아직도 경기 하강 정도가 예상보다 크다는 것을 걱정하고 있을 것이라는 관측에서다.

주택가격 하락이 지속되고 있는 데다 유가 및 곡물가격 상승, 노동시장 악화 등 지표들이 줄줄이 부정적이다. 특히 소비자신뢰지수가 7년래 최저치로 떨어지는 등 소비 위축이 심각해지는 상황을 감안할 때 금리 인하 사이클이 종료됐다고 보기는 어렵다는 시각이다.

이날 외환시장에서 달러 가치 움직임이 초기에 강세를 보이다 약세로 돌아선 것도 추가적인 금리 인하 가능성을 염두에 둔 것이라는 해석이다. 금리를 낮추면 달러표시 자산에 대한 투자 매력이 떨어지기 때문이다.

정리해 보면 향후 금리정책은 앞으로 나올 경제지표에 따라 결정될 것으로 전망된다.

하이프리퀀시 이코노믹스의 북미담당 이코노미스트인 이언 셰퍼슨은 "일반적으로 예상하고 있는 것처럼 경제지표가 더욱 악화되면 중앙은행이 다시 금리 인하에 나설 것"이라면서 "이번 성명은 오늘 상황에서 중요할 뿐이며 내일부터는 경제지표가 다시 중요해질 것"이라고 말했다.

경기부양책 나오나 (2008. 6. 10)

민주당, 800억 달러 제안… 경기 침체 지속 우려 커져

미국 실업률이 높아지고 유가 폭등과 주가 폭락 등 경제지표가 급속도로 나빠지면서 추가 경기 부양책 가능성이 커지고 있다.

민주당이 주도하는 의회에서는 이미 조지 W. 부시 행정부에 800억 달러 규모 2차 경기 부양책을 발표하자고 제안한 상태다.

부시 행정부는 1,660억 달러 규모 1차 경기 부양책에 따른 세금 환급이 진행되고 있는 상황인 데다 예산 부담을 고려해 2차 부양책에 대해 신중한 태도를 견지하고 있다. 하지만 경제지표 악화로 행정부가 수용할 가능성이 높아지고 있다는 관측이다.

실제로 에드 길레스피 백악관 공보담당 고문은 "부시 대통령이 어려운 경제상황을 타개하기 위해 새로운 경기부양책을 검토하고 있다"고 밝혔다. 길레스피 고문은 "부시 대통령이 조만간 새로운 대책을 제시할 것"이라며 "참모들이 계속 대안을 검토하고 있다"고 말했다.

부시 대통령은 지난 6일(현지시간) 열린 스티븐 프레스턴 주택도시개발장관 취임식에서 "1차 경기 부양책에 따른 효과가 나타나고 있지만 의회는 다른 경기 부양 조치를 추가로 마련해야 한다"고 강조했다.

그는 "5월 실업률이 크게 뛴 것은 경제성장이 둔화되고 있는 신호"라

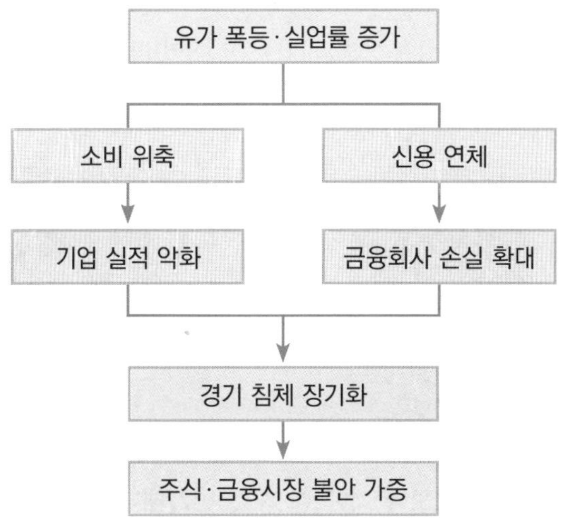

며 "의회는 경제회복을 촉진하기 위해 세금 감면 법안에 대한 영구화에 빨리 동의해야 한다"고 촉구했다.

노동부가 발표한 5월 미국 실업률은 5.5%로 전월 5%보다 0.5%포인트 상승한 것으로 나타났다. 이는 2004년 10월 이래 42개월 만에 가장 높은 수치며 월간 기록으로는 22년래 최고치다.

미국 시사주간지 뉴스위크는 최신호에서 "미국 경기 침체가 생각보다 더 심각하다"고 진단하고 올해 하반기에 경기가 회복될 것이라는 순진한 기대는 "완전히 틀렸다"고 보도했다.

이는 최근 이코노미스트들을 대상으로 한 설문조사를 통해 미국 경제가 오는 3~4분기에 각각 1.7%, 1.8% 성장하며 올 하반기에 경기 침체에서 회복될 조짐을 보일 것이라는 미국 연방준비제도이사회(FRB) 주장을 반박한 것이다.

경기 회복 낙관론자들은 FRB가 기준금리를 지난해 9월 5.25%에서 최근 2%까지 공격적으로 인하했고, 1,660억 달러 규모 1차 경기 부양책에 따른 효과에 기대를 걸고 있다.

그러나 뉴스위크는 이번 경기 침체가 2001년 IT 거품이 꺼지면서 8개월간 지속된 경기 침체보다 더 오래갈 것으로 내다봤다.

이번에는 거품이 터진 주택과 금융시장 위기와 함께 급등하는 식량과 원유 가격 때문에 경기 회복이 이전처럼 빠르게 이뤄지지 않을 것이라는 설명이다.

특히 올해 하반기에는 2001년 당시는 없었던 중대한 장애물이 도사리고 있다. 대내적으로 주택과 금융시장에서 과도하게 끌어다 쓴 신용문제가 있고, 대외적으로는 원유, 식량, 철강 등 상품가격 급등이다.

뉴스위크는 이런 추세가 경기 침체를 연장시키면서 소비자 신뢰를 저해할 것으로 내다봤다. 실제로 지난달 미국 소비자신뢰지수는 16년 만에 최저치를 기록했다.

뉴스위크는 현 상태가 경기 침체와 인플레이션이 함께 나타나는 스태그플레이션은 아니라고 강조했다. 연간 미국 소비자물가지수는 3% 아래에 머물기 때문에 1979년 당시 13%에 달하는 살인적인 인플레이션과는 거리가 멀다는 것이다.

한편 미국 주택시장 불안과 증시 소요로 인해 2분기 연속해서 미국인 부가 줄어들었다. 지난 1분기에만도 1조 7,000억 달러가량 증발한 것으로 나타났다고 CNN머니가 8일 보도했다.

돌출변수 베어스턴스 사태와
전방위 금융시장 대책

베어스턴스 구제금융
월가 부도공포 확산(2008. 3. 17)

미국 5위 규모의 투자은행 베어스턴스가 미국 연방준비제도이사회 (FRB) 구제금융으로 부도를 가까스로 면하면서 국제 금융시장이 또다시 요동치고 있다.

중국 국제신탁투자공사(CITIC)는 베어스턴스와 상호지분 보유 형식으로 10억 달러씩 투자하기로 했던 계획을 재검토하고 나서 신용위기 사태가 확산될 조짐이다. 코메르츠방크, 로열뱅크오브스코틀랜드, JP모건, 크레디트스위스 등 대형 금융기관들은 베어스턴스와 거래금지 지침을

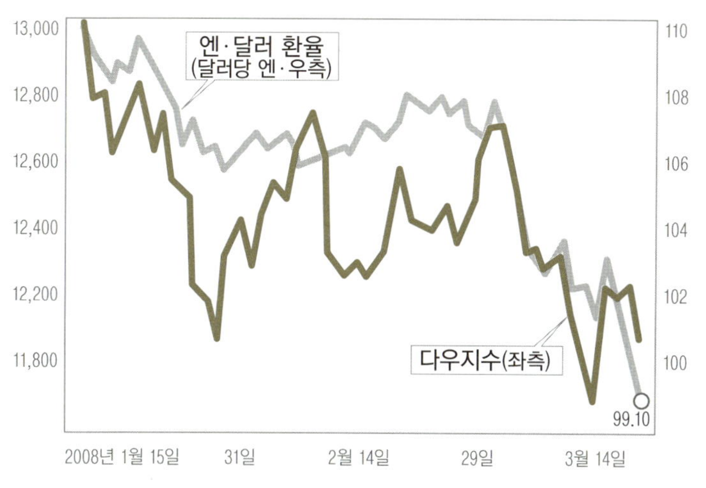

출처: 블룸버그

만들어 자사 딜러들에게 보낸 것으로 전해졌다.

월스트리트에서도 베어스턴스 외 다른 투자은행이나 헤지펀드로 불똥이 튈 것을 우려하면서 부도 도미노 공포까지 번지고 있다.

조지 W. 부시 대통령은 17일 오후 금융시장의 신용위기 대책을 논의하기 위해 대통령 직속 자문기구인 금융시장 워킹그룹 회의를 소집했다고 15일(현지시간) 백악관이 밝혔다. 이번 회의에는 헨리 폴슨 재무장관과 벤 버냉키 FRB 의장, 증권외환위원회와 선물거래위원회 대표들이 참석한다.

18일 열릴 연방공개시장위원회(FOMC) 정례회의에서는 추가적인 금리 인하 조치가 불가피할 것으로 관측된다. 월스트리트저널은 버냉키 의장이 인플레이션보다는 경기 침체를 막는 데 주력하겠다는 의지를 이미 밝힌 데다 베어스턴스 구제금융 사태라는 돌발 변수를 감안할 때 최대 1% 포인트 인하까지 예상된다고 전했다.

헨리 폴슨 미국 재무장관은 16일 "금융시장에 대한 신뢰회복 유지를 위해 필요한 조치를 취하겠다"고 강조하며 "(미국) 금융시장과 금융기관들을 매우 신뢰한다"고 말했다.

칼라일캐피털이 마진콜(증거금 부족분 충당 요구)을 맞추지 못해 위기에 몰린 데 이어 베어스턴스까지 뉴욕연방준비은행에서 이례적인 구제금융을 받게 되자 주식·외환·원자재시장은 또다시 요동치고 있다. 지난 14일 다우존스산업평균지수는 194.65포인트(1.60%) 하락했다. 당사자인 베어스턴스의 주가는 47% 하락했다. 달러화는 유로화에 대해 1.56달러까지 오르며 최저치로 떨어졌고, 금값은 온스당 1,009달러로 최고치를 기록했다. 유가도 서부텍사스중질유(WTI) 기준 4월 선물 가격이 배럴당 110달러 선을 지속하고 있다.

JP모건,
베어스턴스 인수(2008. 3. 18)

FRB는 일요일에 회의 열어 2억 3,620만 달러 매각 승인

베어스턴스의 앨런 슈워츠 CEO(최고경영자)는 16일(현지시간) JP모건체이스로의 매각 합의를 전격 발표했다.

연방준비제도이사회(FRB)는 일요일이었는데도 회의를 열고 JP모건체이스의 베어스턴스 인수를 즉각 승인했다. 지난 14일 유동성 위기를 시인하고 뉴욕 연방은행에서 구제금융을 받은 지 불과 이틀 만이다. 인수 작업은 향후 90일 이내에 마무리된다. 매각 가격은 주당 2달러로 총 2억 3,620만 달러라는 헐값이다.

월스트리트저널은 양측 간에 협의한 매각 가격은 당초 22억 달러였다고 전했다. 최종 합의한 가격은 10분의 1로 떨어진 셈이다. AP통신은 16일 전 장부 가격에 비교해 98.8%가 할인된 가격이라고 전했다. 16일 전 가격 대비 1.2%에 불과하다는 얘기다. 위기가 불거진 지난 14일 주식 가격인 30.85달러를 기준으로 한 시가총액에 비해서도 93.3%가 줄어든 것이다. 뉴욕 맨해튼 메디슨 애비뉴 소재 본사 건물 값(12억 달러 상당)에도 한참 못 미치는 비참한 가격이다. 베어스턴스의 주가가 한때 주당 159.36달러를 기록했던 것을 감안하면 말 그대로 헐값이다.

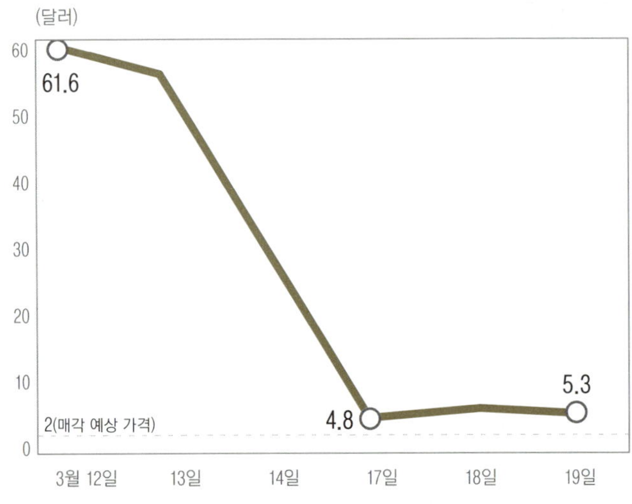

출처: 블룸버그

　앨런 슈워츠 베어스턴스 CEO는 "현 상황을 감안할 때 매각이 모든 고객을 위한 최선의 선택"이라고 말했다. JP모건체이스는 베어스턴스 인수에 총 60억 달러의 자금이 들어갈 것으로 보고 있다. JP모건체이스 측은 실사 결과 베어스턴스가 CMBS(모기지 관련 증권) 자산에 160억 달러, 프라임 및 알트-A 모기지에 150억 달러, 서브프라임 모기지에 20억 달러씩의 자산을 가지고 있는 것으로 확인했다고 밝혔다.

　JP모건체이스는 자산규모 1조 6,000억 달러의 미국 3위 금융회사다. 1838년 미국의 사업가 조지 피버디가 영국 런던에 상업은행을 세운 것

188

이 모태가 됐는데 여러 차례 회사 명칭이 바뀌고 합병을 거쳤다. 2000 년 JP모건과 체이스은행이 합병하면서 현재의 JP모건체이스가 출범했다.

FRB,
금융시스템 붕괴 막기 안간힘(2008. 3. 18)
부시 "필요하면 언제든지 시장 개입"

서브프라임 모기지발 위기가 미국 경제와 금융시장을 흔들기 시작한 후 재무부와 연방준비제도이사회(FRB)는 강력한 정책 공조를 펼치고 있다.

헨리 폴슨 재무장관은 16일(현지시간) 폭스 뉴스에 출연해 "유동성 위기에 처한 베어스턴스에 대한 연방준비은행의 구제금융은 올바른 결정이었다"며 중앙은행의 조치를 치켜세웠다. 폴슨 장관은 "모럴헤저드(도덕적 해이) 문제도 지적할 수 있지만 지금 시장에 필요한 것이 무엇인지 봐야 한다"며 "시장 안정을 해칠 위험을 막는 일이 모럴 헤저드에 대한 염려보다 더 중요하고 우선이었다"고 설명했다.

벤 버냉키 FRB 의장도 지난달 27일 "경기 침체를 막고 신용 위기를 해소하려면 재정정책과 통화정책이 병행돼야 한다"고 강조했다. 이처럼 미국 행정부와 중앙은행은 베어스턴스의 유동성 위기 이후 하나의 목표만

을 위해 '올인'하고 있다. 어떤 수단을 동원하든 신용 위기 확산을 막아
야 한다는 것이다.

조지 W. 부시 대통령은 16일 CNBC와 인터뷰에서 "지금은 비정상적
인 상황"이라며 "대형 투자은행의 유동성 위기라는 비상 시점에 구제금
융 조치는 취해질 수 있다고 본다"고 말했다. 부시 대통령은 17일 경제
관료회의에서는 "미국 경제가 현재 어려움을 겪고 있지만 결국 되살아
날 것으로 믿는다"며 "필요하다면 언제든 시장에 개입할 용의가 있다"
고 강조했다.

부시는 또 이날 대통령 직속 '금융시장 워킹그룹회의'를 긴급 소집해 위
기 대응 방안을 논의했다. 회의에는 헨리 폴슨 재무장관, 벤 버냉키 FRB
의장, 크리스토퍼 콕스 증권거래위원회 위원장, 월터 루켄 상품선물거래
위원회 위원장 권한대행 등이 함께했다. 회의에서는 신용 위기 차단을
위한 FRB의 정책을 적극 지원하는 한편 추가 경기 부양책 필요성 여부
도 검토한 것으로 알려졌다.

버냉키 FRB 의장은 18일 공개시장위원회(FOMC) 회의를 열어 금리 인
하 여부를 발표할 예정이다. 경기 침체에 대한 염려 외에 베어스턴스로
인한 신용 위기까지 고조된 시점에 FOMC는 최소한 0.5%포인트에서 최
대 1.0%포인트까지 금리를 낮출 것으로 시장에서는 보고 있다.

이에 앞서 FRB는 일요일인 16일 금융기관에 대한 긴급 유동성 공급
방안을 발표했다. 재무부와 FRB는 막후 작업을 통해 핵폭탄인 베어스턴

스를 속전속결 식으로 JP모건체이스에 매각하도록 했다.

일요일에 발표된 금융기관 유동성 공급 확대 방안 조치는 두 가지다. 우선 민간은행들에 적용하는 재할인 이자율을 연 3.50%에서 3.25%로 0.25%포인트 인하했다. 또 '채권 프라이머리 딜러'들에게도 중앙은행의 재할인 창구를 이용할 수 있도록 문을 열었다.

일요일 오후 발표된 FRB의 긴급 유동성 지원 방안은 미국발 신용 위기가 아시아 증시 등 전 세계 금융시장으로 확산되는 것을 막기 위한 조치로 해석된다.

하지만 미 주택시장 침체가 지속되는 한 신용경색 사태는 응급처방전에 불과한 재정·금융정책으로 해결되기 어렵다는 게 주요 경제전문가들의 공통된 진단이다.

모기지 업체에
2,000억 달러 유동성 또 지원(2008. 3. 21)

패니매 등 잉여자본금 20%로 낮춰

미국 정책당국이 국책 모기지 보증업체들에 투자 여력을 늘려주는 방식으로 2,000억 달러 규모 유동성 공급 방안을 또 내놓았다. 서브프라임 모기지(비우량 주택담보대출) 부실 사태로 신용 위기가 고조되면서 극도로 위축돼 있는 모기지유동화증권(MBS)시장을 활성화하기 위한 것이다.

국책 모기지보증업체에 수혈

연방주택기업감독청(OFHEO)은 19일(현지시간) 양대 국책 모기지 보증 업체 '패니매'와 '프레디맥' 잉여자본금 요건을 종전 30%에서 20%로 낮췄다고 블룸버그뉴스가 보도했다. 이들 모기지 업체는 지금까지 투자해온 1조 5,000억 달러 모기지 채권과 함께 모기지 부실로 연체에 시달리는 채무자들의 상환을 지원할 수 있게 됐다. 두 회사는 곧 배당금 축소와 우선주 중심 신주 발행을 통해 자본을 더 확충할 계획이다.

이번 조치로 현금성 자산 비축 부담이 줄어든 만큼 모기지 관련 유가증권 매입을 늘릴 수 있게 된다.

패니매는 32억 달러, 프레디맥은 26억 달러의 현금성 자산 보유 부담이 각각 줄어든다. 패니매는 지난해 12월 대규모 부실자산 상각에 따른 재무구조 악화를 막기 위해 70억 달러 규모 우선주를 발행하고 배당금을 30% 축소했다. 프레디맥도 지난해 11월 60억 달러어치 우선주 발행과 배당금 50% 축소 조치를 취했다.

씨티, 아시아 자산관리 부문 통합

씨티그룹이 자산관리사업 통합 일환으로 호주와 대만지점을 정리하는 수순을 밟고 있다. 파이낸셜타임스(FT)는 씨티가 호주 씨티스미스바니(CSB) 지점을 매각하고 대만 CSB 지점은 폐쇄할 계획이라고 20일 보도했다. 이에 따라 씨티는 현재 호주 CSB 지점에 대한 매각 협상을 호주국립은행(NAB)과 진행 중이다.

씨티는 또한 대만 CSB 지점을 폐쇄한 후 대만 지점 직원 50여 명을 홍콩과 싱가포르 지점으로 통합한다는 방침이다. FT는 씨티의 이 같은 결정은 '선택과 집중' 전략이라고 풀이했다. 호주 CSB 지점의 연간 수익이 1억 1,000만 달러에 그친 데다 이 지점 계정이 씨티그룹의 호주 사업 비중에서 10분의 1에도 못 미친 점이 매각의 주된 배경으로 작용한 것이다.

금융 감독 체계 개편 추진

대공황 이후

최대 금융개혁 추진(2008. 4. 1)

FRB 숯금융기관 감독투자 은행·증권·헤지펀드까지

미국의 금융시장 감독과 규제 관련 제도가 지난 1929년 대공황 사태 이후 가장 획기적으로 바뀐다.

헨리 폴슨 재무장관은 지난달 31일(현지시간) 오전 기자회견을 통해 연방준비제도이사회(FRB)의 감독권 강화와 기존 감독기관의 통합을 골자로 한 금융감독개혁안을 발표했다. 폴슨 장관은 "미국의 낡은 금융감독 제도를 개선함으로써 금융시장의 경쟁력을 높이는 데 목적이 있다"고 배경을 설명한 뒤 관련 법안을 의회에 제출하겠다고 밝혔다.

개편안의 핵심은 FRB의 감독권한을 기존 상업은행에서 증권사와 헤지펀드 등 전체 금융기관으로 확대하는 것이다. 또 각종 규제기관을 통폐합해 분산된 창구를 단순화하는 것이다.

FRB는 상업은행뿐 아니라 투자은행과 헤지펀드 등 전 금융회사에 정보 요구와 공개권을 행사하게 된다. 위기가 발생하면 각 감독기관과 공조해 특별팀을 구성, 이들을 총괄 지휘할 수 있는 권한도 갖는다.

파생상품 위험을 효과적으로 관리하기 위해 투자은행, 증권사, 증권거래소 감독을 맡고 있는 증권거래위원회(SEC)와 각종 상품의 선물거래를 감독하는 상품선물거래위원회(CFTC)가 통합된다.

아울러 재무부 산하 지방저축기관 감독기관인 'OTS'를 폐지하고 그 기능을 연방금융 감독기관인 'OCC'에 넘겨 은행 및 저축기관간 금융감독 구분을 없애는 방안도 포함됐다. 또 모기지 부실 재발방지를 위해 모기지회사 설립과 인력 등에 대한 세부기준을 정하는 모기지발행위원회(MOC)가 신설될 계획이다.

현재 각 주정부가 감독권을 행사하는 보험회사의 감독권을 일원화하기 위해 국립보험청(ONI)도 신설된다.

폴슨 장관은 오전 10시부터 45분여에 걸쳐 이뤄진 회견에서 "정부는 금융시스템의 안정을 이끌어내기 위해 효과적인 규제 장치를 마련할 책임이 있다"며 "이런 관점에서 이번 개혁안은 최상의 선택을 한 것"이라

미국 금융 규제 개편안 비교

	기존제도	개편 방안
FRB의 감독 업무 범위	은행 등 금융회사	금융회사 외에 증권거래인, 헤지펀드, 사모펀드, 파생상품 등도 추가
은행 감독 업무	● OCC와 OTS로 이원화 ● FRB와 FDIC도 현장 감독	● DOCC·OTS 통합 후 새 기관 신설 ● 현장 감독 권한은 새 기관에 부여
소비자 금융 감독	FRB에서 담당	CFPA 신설 후 전담
예금보험공사 권한	부실 금융사 감독권 독자적 행사	재무부와 FRB의 지휘 아래 업무 이행

*FRB(연방준비제도이사회), OCC(통화감독청), OTS(저축기관감독청), CFPA(소비자금융보호청), FDIC(연방예금보험공사)

고 강조했다.

하지만 이번 개혁안에는 금융위기의 주범인 파생금융상품에 대한 보다 구체적인 감독 방안을 포함하지 못했다는 지적이 있다. 또 금융시스템이 위기에 빠졌다고 확인된 뒤에야 FRB의 조사와 총괄 감독 권한이 발휘된다는 점에서 사전 예방에는 미흡하다는 비판도 나온다.

월스트리트 전문가들은 증권사와 헤지펀드에 대한 연방정부 차원의 감독 강화가 불필요한 규제를 초래해 결과적으로 시장을 위축시킬 수 있다고 염려하기도 한다.

무엇보다 의회에서 인준을 받아야 하는 이번 개혁안에 대해 민주당은 더 강력한 규제를 원하고 있어 부시 행정부 내에서 통과될 수 있을지 회의적으로 보는 관측도 있다.

FRB 감독권한
대폭 강화(2008. 4. 1)
5개 은행감독기관 하나로 통합

미국 정부가 내놓은 금융감독개혁안은 스스로도 야심작이라고 할 만큼 파격적인 수준이다. 현지 언론들은 지난 1929년 대공황 이래 가장 근본적인 수술을 단행하는 개혁안이라고 평가하고 있다.

이런 개혁안을 내놓은 배경은 전 세계 금융시장 불안을 야기한 서브프라임 모기지 부실 파동 이후 최대 위기 상태에 빠져 있는 신용시장의 신뢰를 회복시키기 위한 것이다. 나아가 궁극적으로는 미국 금융시장과 금융산업의 경쟁력을 높이자는 목적도 있다.

헨리 폴슨 장관은 지난달 31일(현지시간) 오전 218쪽에 달하는 개혁안 가운데 주요 발췌문을 45분여에 걸쳐 직접 발표했다. 그는 "서브프라임 모기지 부실 사태를 겪으면서 기존 규제만으로는 금융위기에 효과적으로 대처할 수 없다는 판단을 했다"고 털어놓았다.

개혁안의 주요 내용을 요약하면 연방준비제도이사회(FRB)의 감독 기능 강화, 증권거래위원회(SEC)와 상품선물거래위원회(CFTC) 통합 후 금

헨리 폴슨 미 재무장관이 금융감독체계 개편 방안을 발표하고 있다.

융감독자문위원회(PFRA) 신설, 모기지발행위원회(MOC) 설립, 국립보험청(ONI) 신설 등이다.

핵심은 FRB가 금융시장의 안정과 관련한 전반적인 문제를 책임지는 규제기관으로 막강한 권한을 부여받는다는 대목이다. 기존의 전국 단위 상업은행만을 대상으로 하는 권한 행사를 넘어서 증권사, 헤지펀드, 보험사, 대부조합 등까지 감독 업무를 행사한다.

폴슨 장관은 "FRB가 앞으로 '시장의 안정적인 조정자' 역할을 더욱 효율적으로 하게 될 것"이라고 자신했다. 그는 "FRB를 시장의 조정자로서 활용하기로 한 것은 가장 자연스럽고 당연한 결정"이라며 다른 기관에 비해 지나치게 강력해진 권한 부여라는 비판적인 시각에 대해 확실하게 선을 그었다.

신설될 PFRA는 증권 분야 SEC와 선물 분야 CFTC를 합친 거대 감독 기관으로 태어나지만 더 중요한 것은 소비자보호 업무까지 부여받는다는 점이다. 새로 설립될 MOC는 모기지 관련 금융상품 발행과 사후 관리에 대한 가이드라인을 제시하는 것은 물론 고객보호 책임도 맡는다. 두 기관 신설은 기존의 감독 업무 부실에 대한 정비 차원도 있지만 금융 상품의 소비자보호에 대한 보다 체계적인 장치 마련이란 의미가 크다.

하지만 개혁안이 실제로 작동되기까지는 넘어야 할 산이 많다. 우선 의회에서의 통과 여부가 관건이다. 의회 주도권을 쥐고 있는 민주당 지도부는 개혁안에 알맹이가 빠져 있다고 지적했다.

FRB의 감독권한을 크게 강화했지만 해당 금융사가 전체 금융시스템을 위험에 빠뜨리고 있다고 확인된 후 행사되는 맹점을 안고 있다는 것이다. 또 금융위기의 진원지인 주택시장과 모기지 위기에 대한 대책 그리고 파생상품에 대한 구체적인 규제 방안이 미흡하다는 지적이다.

상원 은행위원회의 크리스토퍼 도드 위원장은 이날 아침 CBS와 인터뷰에서 "지금 당장 필요한 것은 주택시장의 포클로저(저당권 상실) 위기 해소 방안"이라며 "우선 눈앞의 위기부터 풀어 놓은 뒤 금융감독 개혁안 같은 거창한 일로 넘어가야 한다"고 말했다. 5개에 달하는 통폐합 대상 기관의 반발을 어떻게 잘 무마하느냐도 문제다.

금융감독개편안 시행
산 넘어 산(2008. 4. 2)

정치권·월가 반대 거세…폴슨 재무 "여러 해 걸릴 것"

조지 W. 부시 행정부가 지난달 31일(현지시간) 내놓은 금융감독 개편안은 미국 금융감독 시스템 근본을 바꾸려는 시도다. 1929년 대공황 이후 계속 이어져온 금융감독 뼈대를 획기적으로 손대는 작업이기 때문이다. 적지 않은 법률 제정과 개정 작업이 의회에서 이뤄져야만 가능하다.

하지만 임기를 불과 1년도 남겨 놓지 않은 집권 말기에 부시 행정부가 이 같은 대규모 개편 작업을 밀어붙이기에는 현실적으로 어려움이 적지 않다는 지적이다. 이번 개편안이 의회 동의를 거쳐 실제 시행되는 것은 올해 11월 선거에서 승리한 차기 정권에서 가능할 것이라는 전망도 나온다.

미국의 금융감독 개편안 주요 내용

- 연방준비제도이사회(FRB) 금융감독 총괄 권한 부여
- 통화감독청(OCC)에 저축은행감독청(OTC)흡수
- 상품선물거래위원회(CFTC)를 증권거래위원회 (SEC)에 흡수
- 연방보험청(ONI)·모기지발행위원회(MOC)신설
- 시장안정·금융회사 건전성·금융산업 등 3분야로 감독기구 조정

민주당 두 대선 주자인 힐러리 클린턴 상원의원과 버락 오바마 상원의원부터 당장 이번 개편안에 대해 비판적인 견해를 보였다.

클린턴 의원은 "재무부가 마련한 개편안과 현재 마주하고 있는 위기 사이에는 심각한 격차가 있다"며 "개편안은 위기 해소를 위한 대책으로 너무 늦었고 내용도 부족한 점이 많다"고 지적했다.

오바마 의원도 "금융감독 개편안이 그동안 부족했던 규제를 보강한다고 했지만 규제를 강화하지 않는 것으로 보인다"고 지적했다.

상원에서 인준 업무를 지휘할 은행위원회 크리스토퍼 도드 위원장은 "지금 당장 필요한 것은 주택시장 가압류 사태 해소 방안"이라며 "우선 눈앞에 닥친 위기부터 해결한 뒤 금융감독 개혁안 같은 거창한 일로 넘어가야 한다"고 말했다. 재무부가 내놓은 개편안에 대해 수용한다는 의사는 아니다.

개혁안 주요 내용은 크게 연방준비제도이사회(FRB) 감독 기능 강화와 기존 감독기구 통폐합, 새 기구 신설이다.

개편안의 핵심은 FRB가 금융시장 총괄 감독기관으로 막강한 권한을 부여받는다는 대목이다. FRB는 기존 전국 단위 상업은행만을 대상으로 하는 권한 행사를 넘어서 증권사, 헤지펀드, 보험사, 대부조합 등에까지 감독 업무를 행사한다. 헨리 폴슨 재무장관은 "FRB가 앞으로 '시장 안정 조정자' 기능을 더욱 효율적으로 하게 될 것"이라면서도 "감독 시스템 재조정에는 여러 해가 걸릴 것"이라고 말했다.

금융시장 조사·감독에 관한 슈퍼파워를 FRB가 갖게 된다면 시장 위기 때 본연의 기능인 최종 대부자로서 기능과 합쳐져 견제 장치 없는 기구로 갈 수 있다는 염려도 있다.

아울러 금융감독기관이 통폐합된다. 증권거래위원회(SEC)에 상품선물거래위원회(CFTC)를 흡수시켜 포괄적인 감독권을 부여한다. 모기지 업체와 보험사에 대해서는 각각 별도 전담 감독기구를 신설한다.

모기지발행위원회(MOC)는 모기지 관련 금융상품 발행과 사후 관리에 대한 가이드라인을 제시하는 것은 물론 고객보호 책임도 맡는다. 주정부에서 감독권을 갖고 있던 보험회사에 대해서는 재무부 산하에 보험감독청(OIO)을 신설해 연방정부 차관에서 감독권을 행사하기로 했다.

PART 3

리먼브러더스 사태와
초유의 구제금융

158년 역사를 가진 세계 굴지의 투자은행 리먼브러더스가 망할 거라고는 아무도 생각하지 못했다. 어마어마한 후폭풍이 불었다.

미국 재무부는 리먼브러더스에 앞서 다섯 달쯤 전 터진 베어스턴스 사태 때와 달리 확고한 원칙을 꺾지 않았다. 리먼브러더스에 구제금융을 투입하지 않을 것이며, 리먼브러더스를 인수하겠다는 누구에게도 구제금융이나 지급보증을 않는다고 선을 그었다. 인수에 관심을 보였던 금융사들은 정부의 의지를 확인한 뒤 모두 발을 뺐다. 리먼브러더스는 결국 일요일 밤 파산 신청을 결정한 뒤 월요일 오전 법원에 신청서를 접수했다.

세계 투자은행 중 자산규모 4위였던 리먼브러더스의 파산은 예상치 못한 파장을 가져왔다. 신용시장이 꽁꽁 얼어붙으면서 미국과 전 세계 금융시장에는 대 혼란이 일었다.

FRB를 비롯해 유럽중앙은행(ECB), 영국중앙은행 등은 시장에 무제한의 유동성 공급 정책을 펼치기 시작했다. 시장에 짙게 드리워진 불확실성을 줄여주기 위한 다각도의 조치들이 쏟아졌다. FRB와 ECB 등 각국 중앙은행은 정책 금리를 일시에 함께 내리는 공조 행보도 취했다.

미국 정부는 배드뱅크를 세워 금융회사의 부실 채권을 인수키로 했다. 이걸로도 해결하지 못하자 결국 7,000억 달러에 달하는 구제금융을 금융회사에 쏟아 붓기로 결정했다.

하지만 금융 당국의 직접적인 시장 개입에는 적지 않은 부작용과 비용이 뒤따랐다.

우선 7,000억 달러 구제금융 관련 법안이 하원에서 부결되면서 시장을 충격에 휩싸이게 했다. 진통 끝에 결국 상원에서 먼저 처리되는 편법을 거친 뒤에야 법안은 시행될 수 있었다.

물꼬가 한번 터진 후 정부와 중앙은행의 시장 개입을 통해 끝없는 조치가 이어졌다. FRB는 2008년 10월 초 기업어음(CP)을 시장에서 직접 매입하겠다고 발표했다. 한걸음 더 나가 은행의 채무를 보증하고, 은행에 자본을 직접 투입하는 조치까지 선택했다. 자본주의의 원조임을 자임했던 미국이 대공황이후 처음 몰아닥친 초유의 금융위기에 자본주의의 기본 원칙마저 뭉개 버린 지경까지 도달한 셈이었다.

그해 11월 치러진 대통령 선거에서 민주당의 버락 오바마 후보가 당선되면서 공화당 주도로 그동안 전면에 자리 잡았던 신자유주의는 뒤로 밀려났다. 오바마의 등장은 신자유주의와 정부 개입 최소화 논리에 종지부를 찍는 분기점이었다. 동시에 신자유주의 대신 케인스주의가 부활하고 있음을 대외에 공개적으로 인식시켰다.

케인스주의는 '보이지 않은 손'에 의한 시장의 자기 조정 능력에 한계가 있다는 전제 아래 정부가 재정지출 등을 통해 적극적으로 시장에 개입해야 한다는 논리였다. 조지 W. 부시 공화당 행정부는 두 번의 임기를 끝내며 물러났다. 그와 함께 케인스주의는 전면에서 슬그머니 물러앉았다. 사상 초유의 금융위기가 가져온 변화 중 하나였다.

월가 덮친
메가톤급 소용돌이

158년 역사의 리먼브러더스
파산절차 돌입(2008. 9. 16)

미국 "구제금융 더는 없다" 대마불사 포기

미국 뉴욕 연방준비은행은 12일 밤(현지시간) 월스트리트 주요 금융회사 대표들을 소집했다. 금융시장 핵폭탄으로 떠오른 투자은행 리먼브러더스 처리 문제를 논의하기 위해서였다.

회의에는 헨리 폴슨 미국 재무장관과 티머시 가이스너 뉴욕 연방준비은행 총재, 크리스토퍼 콕스 미 증권거래위원회(SEC) 위원장이 한편에 앉고, 건너편에 존 맥 모건스탠리 최고경영자(CEO), 존 테인 메릴린치 CEO,

제이미 다이먼 JP모건체이스 CEO, 로이드 블랭크페인 골드만삭스 CEO, 비크램 팬디트 씨티그룹 CEO 등 업계 대표들이 대좌했다.

리먼브러더스 위기를 더 이상 방치하면 금융시장 전체 위기로 확산될 수 있다는 판단에 따라 조속한 사태 해결을 통해 금융위기를 차단하자는 것이었다.

정부 측과 업계 대표 간에는 이번 위기가 한 금융회사에 국한된 문제가 아니라는 점에 공감했다. 업계는 재무부나 연방준비제도이사회(FRB)가 다시 시장에 개입할 것이라고 기대했다. 하지만 재무부는 강경한 입장을 천명했다. 리먼브러더스를 인수시키더라도 그 과정에서 민간 업체에 대한 구제금융은 더 이상 제공할 수 없다는 것이었다.

금융 부실에 허덕이던 리먼브러더스가 일요일이던 14일 밤(현지시간) 파산 신청 방침을 결정했다.

폴슨 재무장관은 리먼브러더스 인수업체에 향후 발생할 추가 부실을 정부가 보증할 수 없다고 선언했다.

리먼브러더스 인수에 뜻을 가진 업체들은 올해 초 다른 투자은행 베어스턴스 처리 때 기준을 다시 적용하고 싶어 했다. 당시 재무부와 FRB는 JP모건체이스가 베어스턴스를 인수할 때 390억 달러 내에서 유동성 지원은 물론 부실에 대한 보증을 약속한 바 있다. 또 이달 정부 투자 모기지 보증업체인 패니메이와 프레디맥에 대해 각각 1,000억 달러씩 공적자금을 투입해 국유화하기로 결정하기도 했다. 이후 공적자금을 통한 정부 지원에 대해 대내외 비판 여론이 쏟아졌고 미국에서도 '대마불사' 논리가 어쩔 수 없이 통한다는 조롱까지 이어졌다.

시장의 판을 흔들 대형 금융회사는 판을 깨서는 안 된다는 명분에 어쩔 수 없이 정부가 끌려들어가 국민 세금으로 부실을 메워주는 악순환 고리를 만든다는 것이었다.

폴슨 장관과 금융 감독당국은 이번만은 납세자의 세금으로 개별 업체 부실을 메워주는 모럴해저드(도덕적 해이)를 받아들일 수 없다는 의지를 강력하게 고수했다. 그에 따른 파장은 만만치 않게 불어닥치고 있다. 업체들은 살길을 찾기 위해 바쁘게 움직이기 시작했다. 살아날 수 있다면 피인수를 주저하지 않고 고강도의 구조조정 방안 찾기에 나섰다.

리먼브러더스 인수에 관심을 보였던 영국 바클레이스 은행이나 뱅크오브아메리카(BOA)는 인수 이후 발생할 추가 부실에 정부 보증을 요구하다 통하지 않는다는 것을 확인하고 돌아서 버렸다. 냉정한 시장 논리를 확인한 리먼브러더스는 결국 14일 밤(현지시간) 파산 신청 방침을 공식 발표했다.

158년 역사의 리먼브러더스는 두 차례의 세계 대전과 10년 전 롱텀캐피털(LTCM) 붕괴 때도 살아남았으나 글로벌 신용 긴축의 위기를 넘기지는 못했다. 리먼브러더스에 이어 유동성 위기의 주역이 될 것이라고 시장에서 천덕꾸러기 취급을 받던 투자은행 메릴린치는 BOA로의 피인수를 택했다. BOA는 휴일의 막후 협상에서 양측 간 인수에 합의하고 14일 밤 이를 발표했다.

리먼브러더스와 메릴린치 외에도 미국 금융시장에 언제 터질지 모르는 '핵폭탄'으로 알려져 있는 금융회사는 한둘이 아니다. 파산이나 아니면 자존심을 버리고 일단 살고 보는 피인수의 기로에서 미국 금융회사들은 냉정한 선택을 해야 하는 상황이다.

리먼브러더스 파산 신청
메릴린치 매각(2008. 9. 16)

FRB 2,000억 달러·ECB 300억 유로 유동성 지원

미국 금융시장에 대형 투자은행들의 인수·합병(M&A), 나아가 파산까지 이어지는 일대 소용돌이가 일고 있다.

2007년 8월 서브프라임 모기지 부실 사태가 표면화된 후 1년여 만에 마침내 월스트리트에 사상 최대 수술이 진행되는 셈이다.

유동성 위기에 빠진 대형 투자은행에 대해 재무부와 연방중앙은행이 '더 이상 구제금융은 없다'는 원칙을 확고하게 천명하면서 불어닥치는 메가톤급 파장이다.

투자은행 베어스턴스에 대해 부실 보증까지 해주며 인수작업을 직접 지휘하고, 국책 모기지 보증업체인 패니메이와 프레디맥에 공적자금을 쏟아부었던 때와는 완전히 달라졌다. 이에 따라 금융사들은 합병 대상을 물색하거나 자산 매각 등 구조조정 계획을 서둘러 마련하는 등 저마

다 살 길을 찾느라 급박한 움직임을 보이고 있다.

리먼브러더스에 대해 유력한 인수 후보였던 영국 바클레이스은행과 뱅크오브아메리카(BOA)가 각각 저울질 끝에 인수를 포기했다. 유동성 위기에 빠진 투자은행 리먼브러더스는 매각 협상에 실패하자 15일 오전(현지시간) 뉴욕 지방법원에 파산법 '챕터11'에 따른 파산보호를 신청했다.

리먼브러더스 채무 규모는 6,130억 달러에 달해 역대 파산보호 신청 중 최고를 기록했다. 투자은행 중 자산 규모 4위인 기업이 파산을 신청함에 따라 주가 폭락과 신용경색 확산으로 인한 금융시장 혼란이 불가피할 것으로 예상된다. 뉴욕 금융시장에서는 리먼브러더스의 파산에 따른 손실을 줄이기 위해 딜러들이 주식, 금리, 외환, 선물의 파생금융상품을 거래할 수 있도록 14일 오후 2시부터 4시까지 시장이 열렸다.

리먼 인수를 저울질했던 BOA는 다른 투자은행인 메릴린치와 협상을 벌여 약 500억 달러에 인수하기로 전격적으로 합의했다. 메릴린치는 월가에서 리먼브러더스 이후 위기의 주역이 될 가능성이 높다고 꼽혀온 투자은행이다. BOA는 14일 밤 메릴린치 인수 결정을 공식 발표했다.

거액 손실과 함께 주가 폭락으로 고전하고 있는 미국 최대 보험사 AIG는 미국 연방준비제도이사회(FRB)에 400억 달러 긴급자금을 요청하는 한편, 주요 자산 매각 등 고강도 구조조정에 나서기로 했다. AIG는 항공기 리스 관련 자회사인 ILFC의 매각 또는 분사를 포함한 구조조정 계획을 조만간 발표할 것으로 전해졌다.

주요 금융기관 자산 상각 손실

(단위: 억 달러)

금융기관	자산상각 및 손실	자본 확충
씨티그룹	551	491
메릴린치	518	299
UBS	442	283
HSBC	274	39
와코비아	225	110
BOA	212	207
IKB도이치	153	126
RBS	149	243
워싱턴뮤추얼	148	121
모건스탠리	144	56
JP모건	143	79
도이치뱅크	108	32
크레디트 스위스	105	27
웰스파고	100	41
바클레이즈	91	186
리먼브러더스	82	139
골드만삭스	38	6

출처: 블룸버그

조지 W. 부시 미국 대통령은 15일 가나 대통령과 회담한 후 공동기자 회견에서 리먼브러더스 사태에 대해 "금융시장 동향을 예의 주시하고 있 다"고 밝혀 신용위기 확산 가능성에 대한 염려를 비쳤다.

한편 월가가 사상 최대 신용위기로 사실상 공황상태에 빠지자 FRB 는 2,000억 달러 규모로 긴급 유동성을 시중에 공급하기로 했다. FRB

는 14일 저녁 리먼브러더스 파산에 대비해 증권사들이 유동성을 쉽게 확보할 수 있도록 이들에 대한 융자 담보를 주식이나 증권 등으로 확대한다고 밝혔다.

FRB는 '프라이머리 딜러 대출(PDCF)'이라고 불리는 유동성 공급장치를 통해 투자은행과 증권사들에 증권을 담보로 직접 대출을 해주기로 했다.

유럽중앙은행(ECB)은 15일 리먼브러더스 파산 신청으로 인한 금융시장 혼란을 방지하기 위해 금융시장에 300억 유로를 투입하기로 했다고 발표했다. 영국 중앙은행(BOE)도 단기 금융시장에 50억 파운드(63억 유로)를 지원하기로 했고 일본 중앙은행인 일본은행도 "미국 FRB와 협조하겠다"며 긴급 유동성 공급 의사를 밝혔다. 월가 대형 은행과 증권회사들은 700억 달러에 달하는 기금을 조성해 유동성 부족 사태에 대처하기로 했다.

FRB, 금리는 동결하고
유동성 공급 늘려(2008. 9. 18)

"미국 금융시장 피로누적 상태지만 금리 안 내린다"

"금리 인하 대신 유동성 공급으로 신용위기를 수습한다."

16일 미국 연방준비제도이사회(FRB) 산하 공개시장위원회(FOMC)는 연방기금 목표금리를 현재 수준인 연 2.0%에서 유지하기로 결정했다. 재할인금리도 연 2.25%에서 동결했다.

투자은행 리먼브러더스 파산 신청과 최대 보험사 AIG 유동성 부족 사태로 일부 시장참여자 사이에서는 FOMC가 이날 금리를 0.25%포인트 혹은 0.50%포인트까지 인하할 것이라는 관측을 내놓았지만 FOMC는 중립적인 자세를 고수했다.

FRB는 성명에서 "금융시장 경색이 심화됐고 노동시장도 더 악화됐다"며 "신용 경색, 주택 경기 위축 지속, 수출 둔화 등이 향후 몇 분기 동안

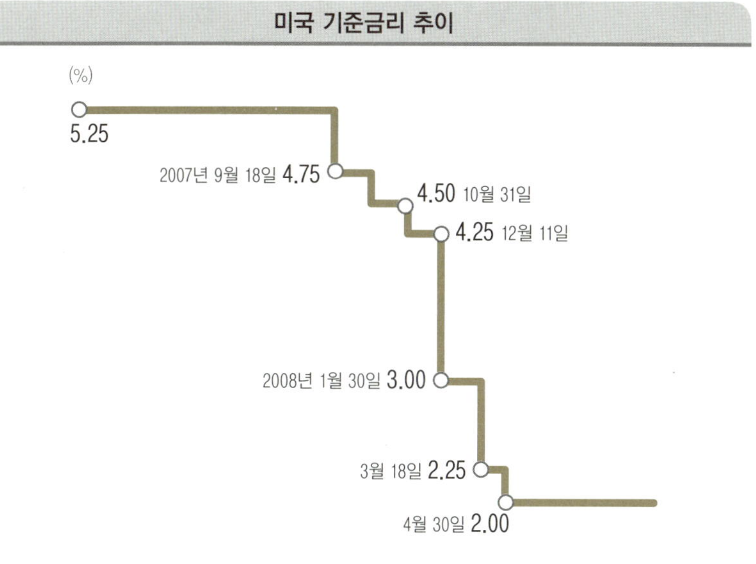

경제 성장을 제약할 가능성이 있다"고 지적했다.

이어 "인플레이션이 올해 후반과 내년에 완화될 것으로는 기대되지만 전망에 불확실성이 여전히 높다"고 다른 방향에서 염려도 명기했다. 성명문 어디를 봐도 향후 금리 인하를 예고하는 신호는 거의 감지되지 않았다. 신뢰 상실에서 생긴 신용 위기라는 점에서 금리 인하로 해결하는 데 한계가 많다는 결론이었다.

FRB는 이미 금융회사들에 무제한에 가까울 정도로 유동성을 공급하고 있다. 지난 15일에는 9·11 사태 이래 가장 큰 규모인 700억 달러를 금융회사에 공급했다. 16일에도 유동성 500억 달러를 지원했다. 이와 함께 금융회사들을 대상으로 한 대출 창구 문턱을 낮출 만큼 낮춰 놓은 상태다. 금융회사들이 보유한 채권이 정크본드만 아니면 얼마든지 담보로 잡고 FRB 자금을 빌릴 수 있도록 열어놓았다. 정책 금리를 낮춘다고 시장 금리가 따라 낮아진다는 보장이 없다는 점도 감안됐다.

IB '빅2'
모건스탠리와 골드만삭스 운명은(2008. 9. 19)

영국 HSBC·중국 시틱·싱가포르 GIC 인수 후보로

리먼브러더스의 파산 신청과 BOA의 메릴린치 인수 발표 후 남아 있는 투자은행 '빅2'인 모건스탠리와 골드만삭스의 운명이 미국 금융시장의 최대 관심사로 떠오르고 있다.

월가의 투자은행뿐 아니라 소매은행, 저축 대부업체 등 다른 금융회사들도 최악으로 치닫는 금융위기 소용돌이에서 살아남기 위해 생존 방안 모색에 사활을 걸고 있다.

'적과의 동침'도 기꺼이 수용하겠다는 태세이며 부실 금융회사끼리의 합병까지 거론되는 실정이다. 바야흐로 금융회사 간 생존을 위한 합종연횡 시대로 접어든 형국이다.

모건스탠리 합병 논의 모락모락

미국 언론들은 18일(현지시간) 모건스탠리 인수를 놓고 미국 와코비아은행, 중국투자공사(CIC) 등이 협상을 벌이고 있다고 보도했다. CNBC는 모건스탠리와 미국 4위 은행 와코비아은행이 합병 협상을 진행 중이라고 밝혔다.

CNBC에 따르면 "존 맥 모건스탠리 최고경영자(CEO)가 와코비아와의 합병 쪽으로 기울고 있다"며 "그러나 그 결과는 실사에 달려 있다"고 말했다. 두 회사는 전날 예비 접촉을 가진 데 이어 이날 중 공식적인 합병 협상을 개시할 것으로 전망된다.

모건스탠리는 미국 최대 은행 씨티그룹에도 협상을 제안했으나 비크람 팬디트 씨티그룹 CEO가 그 제의를 거절했다고 뉴욕타임스(NYT)가 전했다. 모건스탠리는 리먼브러더스의 파산보호 신청 이후 월가 대형 증권사의 추가 몰락에 대한 염려 때문에 주가가 연일 급락하자 대형 은행과의 짝짓기로 국면 전환을 모색하고 있다.

모건스탠리와 와코비아의 합병이 성사된다면 월가 5대 증권사 중에서는 유일하게 골드만삭스만 남게 된다.

블룸버그뉴스는 모건스탠리가 CIC와 지분 49% 매각 협상을 벌이고 있다고 보도했다. CIC는 현재도 모건스탠리 지분 9.9%를 가진 2대 주주다. 보도에 따르면 CIC는 모건스탠리 지분을 49%로 늘리는 방안을 놓고 모건스탠리 측과 협의 중인 것으로 알려졌다.

CDS 스프레드 급등

골드만삭스와 모건스탠리의 주가 폭락 사태에서 미 투자은행의 추락을 엿볼 수 있다. 두 회사는 지난 15일 3·4분기 실적에서 1년 전에 비해서는 다소 악화됐지만 시장 예상보다는 선방하는 순이익을 거둔 것으로 발표했다.

일단 넘어가는 듯 했지만 17일 골드만삭스는 14%, 모건스탠리는 24%씩 주가가 폭락했다. 골드만삭스가 올린 8억 5,000만 달러의 분기 순이익이나 모건스탠리가 기록한 14억 달러의 순이익은 고려사항이 되지 못했다.

이런 시장 분위기를 반영하듯 채권 발행자의 부도 위험 정도를 반영하는 두 회사의 신용 디폴트 스와프(CDS) 스프레드도 크게 높아졌다. 모건스탠리의 경우 CDS 스프레드가 680 베이시스포인트(bp: 0.01%)에서 800bp 이상으로 높아졌고 골드만삭스는 420bp에서 500bp로 확대됐다. 하루 뒤 나온 주가 급락은 이들의 생존 가능성을 의심하는 불안감이 반영된 결과다.

다음은 저축은행 워싱턴뮤추얼?(2008. 9. 19)

JP모건·웰스파고 M&A 눈독

뉴욕타임스는 최근 자금난을 겪고 있는 저축 대부업체 워싱턴뮤추얼이 골드만삭스를 자문사로 선정해 수 일 전부터 매각 입찰작업을 진행해왔다고 보도했다.

워싱턴뮤추얼에는 웰스파고, JP모건체이스, HSBC 등 은행들이 관심을 보이는 것으로 알려졌다고 전했다.

월스트리트저널(WSJ)은 소식통을 인용해 씨티그룹이 이번 주 워싱턴뮤추얼과 계약 가능성에 대한 예비 논의를 진행했으나 더 이상 진전을 보긴 어려울 것으로 보인다고 전했다.

금융계의 이런 움직임은 격변의 금융위기를 헤쳐나가기 위해서는 누

최근 합병된 메릴린치와 인수기업 BOA 현황

메릴린치	구분	BOA
6만 1,900명(6월 말 기준)	직원수	20만 6,587명(6월 말 기준)
260억 달러	시가총액	1,538억 달러
9,662억 달러	총재산	1조 7,166억 달러
9,314억 달러	총부채	1조 5,541억 달러

구와도 손을 잡을 수 있다는 절박한 인식에 따라 서로 최적의 조합을 찾으려는 '생존의 몸부림'으로 해석된다.

이미 올해 초 상업은행인 JP모건체이스는 베어스턴스를 정부 지원 하에 인수해 몸집을 불렸다. 뱅크오브아메리카(BOA)는 리먼브러더스 인수를 검토하다 메릴린치를 전격 인수했다.

영국의 로이즈TSB는 '핼리팩스 뱅크 오브 스코틀랜드(HBOS)'와 합병에 합의했다. 이런 움직임이 확대될 경우 세계 금융계는 투자은행이 사라지면서 고객 예금 유치와 점포망 구축에 주력해온 전통적인 상업은행들이 부상하는 구도로 간다.

상업은행과 투자은행의 영역 경계가 무너지고 두 영역을 합친 새 금융회사가 나타나는 등 대대적 변동이 금융계에 불어닥칠 수도 있다는 전망이다.

5,000억 달러 규모 부실자산 인수
'배드 뱅크' 추진(2008. 9. 20)
위기극복 히든카드 통할까

미국 뉴욕주식시장에서는 정부 주도의 금융회사 부실채권 인수기구 설립 추진 소식이 얼어붙은 투자심리를 해빙하는 결정적인 계기로 작용했다.

다우존스지수는 이 소식에 힘입어 400포인트 이상 폭등했다. 금융회사 부실자산 정리 전담기구 설립은 현재 금융시장의 구조적 위기를 타개하는 마지막 대안이다.

리먼브러더스 파산 신청과 AIG에 대한 구제금융 등 금융권에 몰아닥친 초유의 태풍 이후 아직도 시장에 남아 있는 불확실성을 걷어내기 위한 취지를 갖고 있다. 부실자산 인수 기구가 가동하면 은행들은 장부에서 부실채권을 털어내 정상화의 기반을 마련할 수 있게 된다. 이렇게 해서 은행 재무구조가 좋아지면 다시 본연의 업무인 대출을 늘려나가고 이는 궁극적으로 어려움을 겪고 있는 주택시장에 대한 자금 공급을 늘리는 선순환도 기대할 수 있다. 도널드 매런 라이트이어 캐피털 회장은 "이는 시장에서 진정한 신뢰를 회복하게 해줄 것"이라고 긍정적으로 평가했다. 살리언트 파트너스의 공동 설립자인 하그 셔먼은 "부실채권 인수기구 설립과 공매도 금지 등 미국 정부가 취하고 있는 위기 극복 방안은 좋은 소식"이라며 "이러한 방안을 통해 금융회사들이 부실자산을 처리하면 파산을 우려해 서둘러 부실자산 매각에 나서지 않아도 될 것"이라고 강조했다.

경제 전문 케이블 방송인 CNBC는 "당국의 방안이 1989년 저축대부조합(S&L) 사태 때 도산업체의 자산을 인수하기 위해 설립했던 정리신탁공사(RTC, Resolution Trust Corporation)와 유사한 형태가 될 것"이라고 18일 보도했다.

CNBC는 이번에 설립하는 기구의 운용자금은 5,000억 달러에 이를 것이라고 정부 당국자의 말을 인용해 보도했다. 이번에 설립하는 기구는 월가 금융사가 발행한 부실 모기지증권을 매입하게 된다. 이를 위한 자금은 미국 재무부 채권 발행을 통해 조달할 것이라고 당국자는 전했다. 모기지증권의 평균 만기는 7년 정도이며, 기구는 모기지증권을 만기 때까지 보유할 계획이다.

아울러 이 기구는 재무부가 인수한 국책모기지회사 패니메이와 프레디맥에 대한 구제금융을 지원한다. 미국 정부는 2,000억 달러를 순차적으로 투입하게 된다. RTC는 1989년 금융회사복구개혁법 입법을 근거로 설치됐으며 1995년 해산할 때까지 총 3,940억 달러에 이르는 747건의 부실채권을 해소해 금융회사 정상화에 기여했다.

헨리 폴슨 재무장관은 18일 저녁 의회에서 낸시 펠로시 하원의장, 해리 리드 민주당 상원 원내대표, 크리스토퍼 도드 상원 금융위원장 등 의회 지도부를 만나 인수기구 설립 방안을 구체적으로 협의했다. 회의 후 폴슨 장관은 "자본시장이 안고 있는 구조적 위기와 어려움에 대처하기 위한 협의를 진행 중"이라며 "각 금융회사의 부실자산을 처리하기 위한 종합적인 방안을 마련 중이며 이는 입법을 필요로 하는 내용이 될 것" 이라고 말했다.

'배드뱅크' 설립 정부가
부실자산 사들여 파산 도미노 차단(2008. 9. 20)

미국 정부가 추진하는 금융회사 부실 채권 인수 기구 설립 논리는 간단하다. 정부가 세운 전담 기구에서 부실 채권을 사들인다면 금융회사들은 정상 영업을 할 수 있고 장기적으로는 주택 가격이 안정될 수 있다는 판단이다.

형태는 1989년 S&L(저축대부조합) 사태 때 설립했던 정리신탁공사(RTC) 방식이다. RTC는 저축대부업계 붕괴 때 극약처방으로 설립됐던 부실 채권 인수 기구다.

1989년 미국 정부는 RTC를 통해 3,940억 달러를 투입해 747개 예금업체 부실 채권을 사들였다. 줄줄이 파산하는 지방은행 부실 자산을 수년에 걸쳐 매입했다.

백악관은 적극 지지다. 이에 앞서 데이나 페리노 백악관 대변인은 "조지 W. 부시 대통령이 부실 채권 인수 기구 설치에 대해 '오픈 마인드'로 아이디어를 경청할 것"이라고 찬성 의사를 표했다.

의회는 이 기구 설립에 외형상 반대지만 내부적으로는 이미 적극적인 지지를 보내고 있었다. 크리스토퍼 도드 미국 상원 금융위원회 위원장은 "연방준비제도이사회(FRB)가 이런 기금을 설치·운용할 수 있는 권한을 가지고 있다"고 말했다. 이는 궁극적으로 RTC와 기능이 유사한 기관을 설립해야 한다는 주장으로 해석됐다.

부실 채권 인수 기구 아이디어를 처음 낸 바니 프랭크 하원 은행위원장은 "FRB가 금융시장 안정을 위해 투입할 수 있는 여력이 8,000억 달러"라며 "이를 활용해 RTC 같은 기구를 설립해야 한다"고 제안했다.

미국 정부는 현재 이 기구에 5,000억 달러를 투입한다는 구상이다. 블룸버그뉴스는 앨런 그린스펀 전 FRB 의장도 이미 "정부가 실패한 금융회사 부실 자산을 매입·처리하기 위해 RTC 같은 회사를 설립해야 한다"고 주장했다고 보도했다.

물론 RTC 설립에는 논란이 적지 않다. 현재 금융위기를 타개하기 위해 마지막으로 택할 수 있는 대안이라는 주장이지만 국민 세금을 쏟아부어야 한다는 점에서 반대도 만만치 않다.

로이터는 AIG에 대한 지원 자금 850억 달러를 포함해 올해 미국 정부가 모기지발 금융위기를 진정시키기 위해 투입한 자금이 9,000억 달러 이상이라고 집계했다. 금융권 부실금융 자산 규모는 총 1조 달러를 넘어 2조 달러에 달할 수 있다는 분석도 나온다.

눈덩이처럼 불어나는 재정 적자를 감안할 때 무작정 공적자금을 투입하는 것이 맞느냐도 고려해야 한다는 것이다. 기구가 가동되고 나면 부실 채권 매입 대상 기준도 고민거리다. 과거처럼 단순 채권만 사들일 것인지 아니면 파생상품 형태 연계 채권도 매입하고 담보를 확보할 것인지에 따라 운용 규모가 달라지기 때문이다.

과거 RTC는 대부분 상업용 부동산만 처분하면 됐으나 지금 부실 자산 구조는 복잡하다. 모기지 연계 증권이라고 표현되지만 내부적으로는 여러 구조가 얽혀 있다. 파생상품 특성상 우량과 부실 자산을 구분하기도 쉽지 않다.

금융위기로 실물경제가 심각할 정도로 타격을 입지 않은 상태에서 공적자금을 투입하는 것에는 신중해야 한다는 주장도 있다. 과거 미국 부실금융회사 처리방법은 두 가지였다. 상업은행은 합병을 통해 해결했고 저축대부조합은 RTC를 통해 정리했다.

통계에 따르면 상업은행 중 84%는 자체 자구 노력으로 해결했고 나머지 16%는 예금보험공사가 부실을 떠안았다. 저축대부조합은 전체 손실 중 25%만 자구노력과 예금보험으로 처리했고 나머지 75%는 RTC를 통해 정부 재정자금을 투입해 정리했다.

▬▬ 정리신탁공사(RTC)

1989년 미국 저축대부조합(S&L) 청산 업무를 담당하기 위해 설립된 부실채권 정리신탁 회사로 일종의 배드 뱅크(Bad Bank)다. 당시 미국 정부는 RTC를 통해 3,940억 달러의 공적자금을 투입해 747개 예금기관의 부실채권을 매입했다. RTC의 주된 기능은 1989년부터 1995년까지 저축기관감독국(OTS)의 파산 판정을 받은 저축대부은행을 정리하는 것이었으며 한시적으로 운영됐다.

사상 초유의 구제금융

부실자산 인수에 7,000억 달러 투입…금융시장 급속 안정 기대

미국 정부가 대공황 이후 사상 최악의 상황으로 평가되는 금융위기 타개를 위해 금융회사 부실자산 인수에 7,000억 달러 규모 구제금융을 쏟아붓기로 결정했다.

이는 당초 시장에 알려진 5,000억 달러보다 늘어난 수치이며 미국 금융 역사상 최대 규모로 지난해 세계 16위인 네덜란드의 국내총생산(GDP) 7,687억 달러에 육박하는 막대한 금액이다. 또 미국 연방정부 한 해 예산

2조 9,000억 달러의 4분의 1에 해당한다.

미 재무부는 20일 밤(현지시간) 발표한 성명을 통해 "금융회사의 모기지 관련 부실자산을 정부가 인수하는 내용을 골자로 한 법안을 의회에 제출했다"고 밝혔다. 이를 위해 재무부는 2년 동안 7,000억 달러 공적자금을 투입하기로 했으며, 비용 조달을 위한 국채 발행 승인을 요청하는 관련 법안을 19일 의회에 제출했다고 설명했다.

법안에는 헨리 폴슨 재무장관에게 벤 버냉키 연방준비제도이사회(FRB) 의장과 논의를 통해 다른 자산에 대한 인수 권한도 부여하는 내용을 담고 있다.

재무부는 당초 미국에 본부를 둔 금융회사의 자산 인수에 국한하려던 방침을 변경해 해외 금융회사 자산도 인수하기로 범위를 확대했다.

인수 대상 부실자산은 2008년 9월 17일 또는 그 이전에 발행된 주택 및 상거래용 모기지 관련 증권으로 한정되며 재무부는 인수 자산을 관리하는 운용매니저를 고용할 수 있도록 했다.

올해 미국 정부의 주요 구제금융 일지

3월 16일	9월 7일	9월 16일	9월 20일
JP모건체이스의 베어스턴스 인수에 300억 달러 지원	페니메이·프레디맥에 (경영권 인수조건) 2,000억 달러 투입	AIG 파산을 막기 위해 850억 달러 구제금융 지원	7,000억 달러 규모 부실채권 정리기금 조성 추진

금융회사들의 부실자산을 정부가 인수하는 방법은 역경매 방식이 될 것으로 보인다. 역경매 방식을 취하면 금융회사들은 부실자산을 최대한 낮은 가격으로 제시해 팔아야 한다.

부실자산 인수 후 생긴 수익을 포함해 부실자산 처분으로 생긴 돈은 미 재무부가 운용하는 '제너럴 펀드'에 귀속된다. 부실자산 인수를 위한 자금은 재무부가 직접 제공한다.

연방정부의 채무한도를 10조 6,150억 달러에서 11조 3,150억 달러로 늘리는 내용도 법안에 포함됐다. 의회 지도부는 이르면 이번 주 중 이 법안을 통과시킬 것으로 예상된다.

한편 미국 정부의 부실자산 인수 기구 추진이 이미 알려졌던 지난 19일 다우존스 산업평균지수는 전날 종가보다 368.75포인트(3.35%) 오른 1만 1388.44에 거래를 마치는 등 시장 분위기가 확실하게 호전됐다.

구제금융…
위기의 미국발 살려낼까(2008. 9. 22)

부실처리 미적대다 잃어버린 10년 빠진 일본과 대조

미국 정부가 금융시장 안정을 위해 전례 없는 강도로 시장 개입에 적극 나서고 있다.

금융회사의 부실자산 인수를 위해 2년에 걸쳐 7,000억 달러 구제금융을 쏟아붓기로 했다. 사상 최대 규모 공적자금을 투입하는 것 외에 금융업계 내부의 인수·합병을 사실상 유인하는 등 전방위 차원의 조치를 밀어붙이고 있다. 일부에서 제기하는 민간기업의 '모럴 해저드(도덕적 해이)'를 조장한다는 비판에도 아랑곳없다. 미국 정부의 시장 개입은 과감하고 신속하다. 대형 금융회사 파산으로 충격파가 경제 전반에 미치도록 하는 것보다 국민의 세금을 투입하더라도 파국을 막는 것이 낫다고 판단하면 이렇게 나선다.

1990년대 초 거품경제 붕괴로 일본의 금융회사들이 심각한 부실에 빠졌을 때 일본 정부가 부실채권 정리를 계속 미루다가 오히려 부실을 더 키우고 은폐하도록 부추긴 결과로 이어진 것과 비교된다.

미국 정부의 금융위기 개입은 지난 1929년 대공황에서 시작됐다. 1970년대 오일쇼크, 1989년 저축대부조합 사태, 2000년대 초 닷컴 거품 붕괴, 2001년 9·11테러 등 금융위기 때마다 시장 개입을 해왔다.

물론 정부 개입에 따른 후유증은 만만치 않다. 막대한 국민세금을 쏟아부으며 엄청난 재정적자 부담을 남겼다. 당장 이번 금융회사 부실자산 인수를 위해 2년 동안 7,000억 달러 공적자금을 투입키로 함에 따라 연방정부의 채무한도를 10조 6,150억 달러에서 11조 3,150억 달러로 늘리는 법안도 마련해야 한다. 금융위기 극복을 위한 정부 주도의 지원과 수술은 헨리 폴슨 재무장관, 벤 버냉키 FRB 의장, 티모시 가이스너 뉴욕

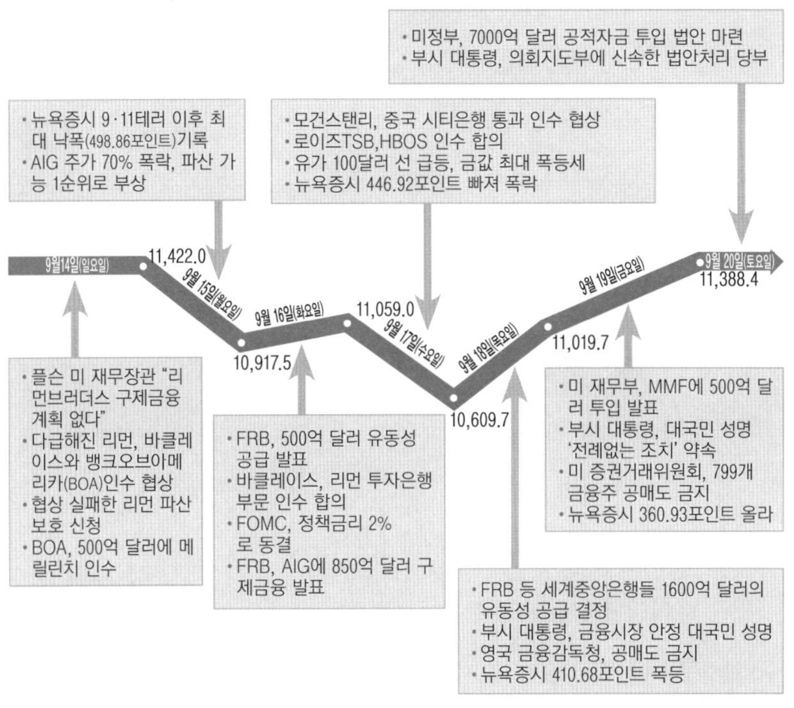

연방준비은행 총재 3인의 당국자에 의해 이뤄지고 있다. 여기에 크리스토퍼 콕스 증권거래위원회(SEC) 위원장과 실라 베어 연방예금보험공사(FDIC) 총재가 가세한다.

이제 시장이 안정되고 나면 금융당국은 규제·감독시스템을 보다 철저하게 강화할 것이다. 재무부-FRB-감독기구로 이어지는 미국 금융당국은 당분간 유례없는 개입자의 역할을 자임할 것으로 예상된다.

하지만 미국 정부의 이번 구제금융 조치에 대해 안팎에서 비판적인 시각들이 만만치 않다. 뉴욕타임스는 이번 금융위기 해소를 위한 구제방안이 향후 경제정책 추진에서 선택의 폭을 좁히는 결과를 초래할 수 있다고 지적했다. 전문가들은 이번 구제금융의 후폭풍으로 외채의 폭발적 증가, 금융비용 상승, 외국자본에 대한 과도한 의존과 인플레이션 상승, 미국 경제주권의 침해 등을 지적하고 있다고 신문은 전했다.

카르멘 라인하트 메릴랜드대 교수는 "세금은 늘고, 정부 지출은 감소할 것"이라며 "재정적자 증가는 일본처럼 장기간의 저성장으로 이어지는 결과를 가져올 수 있다"고 전망했다.

한편 파이낸셜타임스(FT)는 미국 정부가 추진하는 부실자산 인수 기구의 성공 가능성은 50%에 지나지 않는다며 성공을 위한 3가지 조건을 제시했다. 첫째, 인수 기구를 창설하더라도 손실 비용이 없어지지 않는다는 점을 명확히 인식해야 한다는 점이다. 민간 은행이나 납세자의 손실은 불가피하며 만일 이 사실이 은폐된다면 관련된 어떤 노력도 역풍을 맞을 것이라는 설명이다.

둘째, 새로운 기구가 장기투자자의 신뢰를 회복하기 위해서는 미래 시점에 투명한 방식으로 자산을 팔 것이라는 확고한 약속이 전제되어야 한다는 점이다. 투자자들은 의심스런 자산에 대한 시장청산 가격을 알기 전까지는 시장에 복귀하지 않을 텐데, 이는 자산이 기관에 무작정 보관되기보다는 거래될 때 자연스럽게 이루어질 것이기 때문이다.

셋째, 인수 기구는 신뢰할 수 있는 방식으로 설립되어야만 그 효과를 발휘할 수 있다는 점이다. 지난해 가을 미국 재무부 지원 아래 미 3대 은행이 서브프라임 모기지 관련 구제 펀드인 '슈퍼펀드' 발족을 추진했으나 계획 자체가 엉성한 데다 은행들은 부실자산 보관소에 지나지 않게 될 가능성이 높아지자 좌초됐다.

미국 금융위기 대책
공적자금 1조 2,500억 달러(2008. 9. 22)
7,000억 달러는 국채…재정적자 눈덩이

미국 정부는 금융위기를 타개하기 위해 올해 들어 이미 공적자금 5,570억 달러를 투입했다. 여기에 앞으로 2년간 부실 자산 인수를 위한 재원에 7,000억 달러를 더 넣기로 했으니 총규모는 1조 2,500억 달러를 넘어선다.

지난 3월 유동성 위기에 빠진 투자은행 베어스턴스를 JP모건체이스 은행에 넘기면서 290억 달러 공적자금 지원을 약속했다. 이달 초에는 양대 국책 모기지 업체인 패니메이와 프레디맥에 대해 최대 2,000억 달러 공적자금 지원을 통한 정상화 방안을 발표했다.

연방준비제도이사회(FRB)는 최대 보험사인 AIG에 대해 850억 달러 크레디트라인(신용공여 한도)을 2년간 제공하는 조건으로 이 회사 지분 79.9%를 인수했다.

또 경매 방식을 통해 은행들에 1,830억 달러를 대출했으며 투자은행에도 600억 달러를 대출했다. 재무부가 2,000억 달러, FRB가 3,570억 달러 공적자금을 이미 쏟아부었거나 제공을 약속해둔 상태다.

올해 쏟아 부은 공적자금 5,570억 달러는 연방정부 예산 2조 9,000억 달러의 20%에 해당한다. FRB는 올해 가용할 수 있는 총 재원이 9,780억 달러다. 이미 3,570억 달러가 동원됐으나 앞으로 6,210억 달러를 더 쓸 수 있다. 재무부가 직접 나서기 위해서는 국채를 발행해 자금을 조달해야 한다.

금융위기 타개 관련 미 정부·FRB 자금지원 현황

- 베어스턴스 인수 지원 290억 달러(3월)
- 주택 압류 증가를 막기 위한 FHA 저리 융자 재원 3,000억 달러(7월)
- 모기지보증업체 패니메이와 프레디맥 지원 2,000억 달러(9월7일)
- FRB, 경매 방식으로 은행에 1,830억 달러, 투자은행에 600억 달러 대출(9월15일)
- FRB, 보험사 AIG에 850억 달러 구제금융(9월16일)
- MMF 지불 보장 기금 4,000억 달러(9월19일)
- 금융회사 부실자산인수 7,000억 달러(9월20일)

　부실 자산 인수를 위한 구제금융 비용 7,000억 달러는 국채를 발행해 충당하기로 했다. 당장은 FRB를 통해 공적자금을 투입하는 것이 훨씬 수월한 편이다.

　다만 FRB가 전면에 나서는 데 대한 비판론이 만만치 않다. 당장 공화당 대통령 후보인 존 매케인 상원의원은 "FRB는 금융 구제 대책에서 한발 물러서 있어야 한다"며 "본래 업무인 인플레이션 억제와 중립적인 통화정책 수행에만 집중하라"고 주문했다.

　재무부가 나서든 FRB를 동원하든 국민 세금을 쏟아붓는 것인 만큼 재정 적자는 심각한 후유증으로 남는다. 이미 확정된 구제금융 지원책 외에도 머니마켓펀드(MMF) 지불 보장을 위해 연방예금보험공사(FDIC)에 4,000억 달러 기금을 설치하는 방안도 검토된다.

역대 구제금융 빅5

(단위: 억 달러)

국가	시기	규모	내용
미국	1989년 8월	2,000	저축대부조합 도산 위기
한국	1997년 12월	780	외환부족으로 IMF 구제금융
인도네시아	1998년 1월~ 1999년 4월	580~647	통화가치 하락과 물가 급등에 IMF 구제금융
브라질	1998년~2002년	1,097	아시아 외환위기 확산 방지 위해 IMF 구제금융
아르헨티나	2000년~2001년	522	정부재정 파탄과 150억 달러 대회 채무로 IMF·세계은행 구제금융

*2008년 기준 환산
출처: 포린폴리시

이에 앞서 미국 정부와 의회는 지난 7월 금융회사 부실의 가장 큰 원인 중 하나인 대출 연체에 따른 주택압류 증가를 방지하기 위해 주택 소유자들에게 연방주택국(FHA)이 장기 저리로 3000억 달러 규모 주택자금을 융자해줄 수 있도록 했다.

2008 회계연도에 미국 재정적자는 3,894억 달러로 집계되고 있다. 내년에는 더 커져 4,820억 달러로 예상된다. 이번 구제금융 부담이 반영되면 재정 적자는 훨씬 늘어날 수밖에 없다. 올해 11월 선거에서 당선될 새 대통령은 만신창이가 된 재정을 고스란히 떠안아야 하는 꼴이다.

7,000억 달러
구제금융법안 주요 내용(2008. 9. 29)

3,500억 달러 즉시 투입 부실자산 매입

부실금융사 CEO 거액 퇴직금에 제동

미국 행정부가 내놓은 7,000억 달러 구제금융 방안은 이번 금융위기가 경제 시스템 붕괴로까지 이어질 수도 있다는 우려에서 마련됐다.

당초 방안이 마련된 9월 19일 시장에서 반응은 폭발적이었다. 정작 내용이 발표된 뒤 주식시장은 반대로 갔다. 행정부와 의회 간에 줄다리기가 이어지면서 시장도 출렁거렸지만 처리되지 않았을 때에 대한 염려가 더 커졌다.

지난 25일(현지시간) 조지 W. 부시 대통령 주재로 양당 대선 후보와 의회 지도부가 모두 참석해 백악관에서 열린 비상대책회의가 실패로 끝난 다음날에도 주식시장에서는 처리에 대한 낙관론이 우세했다. 시간이 걸릴 뿐 이견은 해소될 것이라는 기대였다. 의회 다수당인 민주당은 재무부가 내놓은 7,000억 달러 규모 구제금융 방안에 대해 처음에는 대폭 삭감으로 주도권을 잡으려 했다.

민주당 지도부는 공적자금 규모를 1,500억~2,000억 달러 정도로 대폭 삭감해 일단 이 정도로 정부가 금융회사 부실채권 매입에 나서도록 하되 추후 재원이 더 필요하면 의회 승인을 받도록 하자는 수정안을 내놓았다고 AP통신이 보도했다.

낸시 펠로시 하원의장이 이런 방안을 헨리 폴슨 재무장관에게 개인적으로 제시했다는 것이었다. 찰스 슈머 민주당 상원의원은 실제로 지난 23일 상원 금융위원회에 출석한 폴슨 장관에게 "구제금융에 착수하는 데는 1,500억 달러면 충분하다"며 "추후 규모를 늘려나가는 것이 낫지 않겠느냐"고 물었다.

폴슨 장관은 즉각 "이 정도 규모로는 시장에 신뢰감을 주지 못하고 오히려 중대한 실수를 범하는 것"이라고 반박했다.

백악관 회동을 앞두고 이어진 민주·공화 양당 간 협상에서는 다른 방안이 거론됐다고 AP통신은 다시 보도했다.

긴급구제법안 주요 내용

금융사 구제
● 부도위기 금융사 부실자산 매입 2,500억 달러+대통령 1,000억 달러 추가 요청
● 나머지 3,500억 달러 의회 표결 거쳐 승인(거부 땐 대통령 거부권 행사)
● 대상 자산: 모기지유동화증권(MBS), 美 재무부 다른 자산 추가 가능
● 美 재무부, 역경매 방식 등을 통해 부실자산 매입·민간 펀드 매니저가 관리
혈세낭비 예방
● 부실자산 인수 조건으로 해당 회사 지분 취득
● 자산 규모 5억 달러 미만·부실자산 매입 규모 1억 달러 미만은 예외
경영진 보수지급 제한
● 구제 금융사 CEO·중역 거액 퇴직금·저가주식·매입권·퇴직 보너스 금지
● 세금감면 대상 기업 CEO는 임금 외 보너스 연 50만 달러로 한정
구제과정 감시
● FRB 의장, 재무장관, SEC 위원장을 포함한 위원회가 재무부 금융구제 업무 감독
● 회계감사원(GAO)감사 실시
주택 보유자 보호
● 정부, 주택 보유자 대신 담보대출 조건 재협상에 나설 권한

양당은 당초 정부가 요청한 공적자금 7,000억 달러 중 우선 2,500억 달러를 즉각 승인하고 재무장관이 필요성을 입증하면 추가로 1,000억 달러를 집행하도록 허용한다는 데 합의했다는 것이다. 나머지 3,500억 달러에 대해서는 추후 의회 표결을 통해 집행 여부를 결정하도록 해 의회가 구제금융 계획에 상당한 통제권을 행사할 수 있도록 했다고 AP통신은 전했다.

소식통들에 따르면 이번 협의에 따라 금융위기로 자금조달에 어려움을 고 있는 금융회사뿐 아니라 주택담보대출(모기지) 채권을 담보로 삼은 증권 인수자들도 구제금융 대상에 포함됐다.

압류위기 처한
주택보유자들도 지원(2008. 9. 30)
세금 낭비 없게 구제과정 감시 강화

'월스트리트 부실 금융회사를 구제하는 한편 압류 위험에 빠진 일반주택 보유자도 보호한다. 국민 혈세 낭비로 이어지지 않도록 시행 과정에서 의회가 감시를 한층 강화한다.'

열흘간 산고를 치른 끝에 지난 28일 새벽(현지시간) 미국 행정부와 의회 대표 사이에 합의된 미국 금융시장 구제금융 방안은 월가 부실 금융사뿐만 아니라 주택 보유자까지 지원 대상으로 넓혀 잡았다.

법안 이름은 '긴급경제안정법'이다. 관련법은 상·하원 표결을 거쳐 시행에 들어간다. 일단 내년 12월 31일까지만 한시적으로 운영하되 정부 측 요청이 있으면 의회 통과일로부터 2년까지 시효를 연장할 수 있다.

재무부는 위기에 처한 금융회사 부실자산을 최대 7,000억 달러까지 사들일 수 있다. 당장 2,500억 달러까지 매입하고 대통령이 요청하면 부실자산 매입 한도액은 3,500억 달러까지 상향 조정된다. 나머지 3,500억 달러는 의회 표결을 거쳐 승인받도록 했다. 의회가 승인을 거부하면 대통령이 거부권을 행사할 수 있다. 부실자산을 인수하는 대신 정부가 해당 업체 지분을 취득하도록 했다. 자산 규모 5억 달러 이상인 금융회사나 1억 달러 이상인 부실자산을 매각했을 때만 해당된다. 정부가 취득한 금융회사 지분은 향후 주가가 오르면 팔아 납세자들에게 돌려준다는 것이다.

부실 금융회사 경영진에 대한 지나친 보수 지급 제한 규정을 뒀다. 구제금융을 받는 업체에는 최고경영자(CEO) 등 임원들에게 주는 '황금 낙하산'을 금지했다. 황금 낙하산은 적대적 인수·합병(M&A)을 방지하기 위해 CEO 등이 임기 전 사임할 때 거액의 퇴직금과 저가의 주식매입권, 일정 기간 보수와 보너스 등을 받도록 하는 관행이다.

또 구제금융 대상 업체 CEO 임금 외에 보너스 가운데 세금감면 기준을 연 50만 달러 이내로 설정했다. 예상 수익을 기초로 지급된 보너스는 예상이 틀리거나 부정확했을 때 환수하도록 했다. 재무부는 또 앞으로 5년간 금융구제 사업이 계속 적자를 기록하면 혈세 낭비를 초래한 지원 대상 업체들에 대한 특별 과세안을 내놓아야 한다.

리처드 피셔 댈러스 연방준비은행 총재는 "이번 구제금융안은 시장 안정화를 위한 중요한 첫 번째 단계임에 틀림없지만 정부 재정 부담을 급격하게 증가시킬 것"이라고 문제점을 지적했다.

누리엘 루비니 뉴욕대 교수는 "구제금융안은 무모한 금융업자와 대출업자, 투자자들을 위한 조치"라며 "돈을 빌린 개인과 가계에는 직접적인 혜택 없이 납세자들에게 부담만 안길 것"이라고 비난했다.

은행소유 제한
대폭 완화(2008. 9. 29)

제조업도 33%까지 확보 가능

미국 금융감독 당국이 은행의 주식 소유제한 규정을 대폭 완화했다. 연방준비제도이사회(FRB)는 최근 은행의 지배주주로 인정받지 않으면서 취득할 수 있는 주식 소유 한도를 최대 33%로 확대했다.

이 가운데 의결권 있는 주식도 15%까지 소유할 수 있도록 했다. 기존에는 원칙적으로 지분의 10%를 초과하는 주식 소유자는 은행의 지배주주로 간주했다.

또 새로 마련한 규정에서는 의결권 있는 주식을 15% 이내로 갖고 있는 주주가 관계인을 2명까지 이사로 선임할 수 있도록 허용했다. 기존에는 1명만 가능했다. 아울러 종래에는 주식을 10% 이상 소유한 주주들이 경영진에 협의나 협박 등 경영에 영향을 미칠 수 있는 행위를 금지했으나 주주와 경영진 간의 논의가 가능하도록 허용했다.

FRB는 지난 19일 최근 시장에 몰아닥친 금융위기 극복을 위한 구제

금융 방안을 마련하면서 지금까지 고수하던 은행 주식 소유한도 제한을 풀어버린 것이다. 상당수 은행이 금융시장 불안 증폭 과정에서 손실 확대 등에 따른 자본 부족에 봉착하는가 하면 일부 예금인출 사태까지 맞으며 부실 우려가 확산되자 이 같은 결정을 내렸다는 분석이다. 은행에 사모펀드, 연기금 등 유동성이 풍부한 자본의 참여를 유도하려는 것으로 받아들여진다.

은행의 지배주주로 간주되면 국제결제은행(BIS) 자기자본비율 등 최저 자본 규제와 같은 은행 건전성 규제를 준수해야 하는 것은 물론 연방준비은행의 감독과 검사 대상이 된다. 이 때문에 지금까지 헤지펀드 등 사모펀드는 자신들의 투자자와 투자전략을 공개해야 하는 부담을 떠안기 싫어 은행의 지배주주가 되는 것을 꺼려왔다.

월가에서는 워런 버핏의 버크셔 해서웨이가 지난 22일 골드만삭스에 50억 달러 투자를 발표하면서 FRB의 이번 은행 주식 소유 완화 기준을 처음 적용받은 것으로 보고 있다.

골드만삭스와 모건스탠리의 은행지주회사로의 전환 허용도 이에 맞춘 조치였다. 골드만삭스를 살리기 위해 은행 소유 한도를 푼 것이라는 비판론도 나온다.

유통업체의 공룡인 월마트는 최근 몇 년 동안 유사 은행 인수라는 우회 방식으로 은행업 진출에 안간힘을 써왔지만 반대 여론에 밀려 포기한 바 있다. 이번 규정 완화로 사모펀드 등 금융자본 외에 월마트 같은

유통업체와 GE 등 제조업체들도 은행업 진출에 보다 적극성을 보일 것
으로 예상된다.

구제금융법안
의회 처리 줄다리기

구제금융안

하원서 부결(2009. 9. 30)

월가 패닉 '월요일의 충격'

증시, 사상 최대 777.68포인트 하락

미국 금융위기 타개를 위해 7,000억 달러 규모의 공적자금을 투입하는 것을 골자로 한 구제금융 관련 법안이 9월 29일 하원에서 부결됐다. 미국은 정치·경제·사회적으로 큰 충격에 휩싸였다.

하원의 법안처리 실패 여파로 이날 미 증시는 지난 2001년 9·11 사태 때의 684포인트 하락보다 더 많은 777.68포인트나 빠져 미 증시 사상 최대 폭락을 기록하는 등 금융시장이 패닉(공황상태)에 빠졌다.

조지 W. 부시 대통령은 긴급경제대책회의를 열고 후속대책 마련에 착수했으나 퇴임을 4개월도 안 남겨두고 중요법안 처리에 실패, 대(對)의회 관계에서 '식물 대통령'임을 드러내 앞으로 레임덕(권력누수현상)이 가속화되는 등 정국 운영에 어려움을 겪을 것으로 예상된다.

또 여당임에도 상당수 의원이 반대표를 던진 공화당은 물론 다수당인 민주당 지도부도 소속 의원들을 제대로 설득하지 못해 금융구제안 처리에 성공하지 못했다는 점에서 양당 지도부는 지도력의 '한계'를 보여 의회정치 공백에 대한 우려를 낳고 있다.

뿐만 아니라 민주당 버락 오바마, 공화당 존 매케인 후보도 선거일을 5주 앞두고 하원에서 법안처리에 실패함으로써 금융위기해결 대책 마련이 늦어져 경제상황이 더욱 악화될 경우 선거에 이기더라도 차기 정부 국정운영에 적잖은 부담을 떠안게 될 가능성을 배제할 수 없게 됐다.

미 하원은 전날 양당 지도부와 행정부가 금융구제안에 합의함에 따라 이날 본회의에서 관련 법안을 상정, 표결을 실시했으나 찬성 205표, 반대 228표로 과반수 동의를 얻는 데 실패했다.

공화당에선 의원 65명 만이 찬성표를 던졌고 3분의 2인 133명이 반대했으며, 민주당에선 140명이 찬성표를 던지고 95명이 반대한 것으로 집계돼 공화당 의원들의 압도적 반대가 법안 부결의 결정적 요인인 것으로 드러났다.

공화당의 마이크 펜스 의원은 "국민이 이번 구제금융 법안을 반대했으며 의회도 마찬가지로 거부했다"고 말했다.

그러나 민주당 소속인 바니 프랭크 하원 금융위원장은 "공화당이 이 법안을 무산시켰다"고 책임을 돌렸다.

낸시 펠로시 하원의장은 부결이 확정된 뒤 "우리에게 여전히 위기는 남아있다"면서 "오늘 일어난 일은 도저히 참을 수 없다. 우리는 앞으로 나아가야만 한다"고 말했다.

하원은 구제금융관련법안을 처리할 때까지 오는 11월 4일 선거에 대비하기 위한 휴회를 않기로 결정하고 일단 내달 2일 본회의를 다시 열어 수정안을 상정, 표결을 실시할 예정이다.

이에 따라 미 의회의 구제금융관련법안 처리는 빨라야 금주 후반에야 이뤄질 전망이다.

부시 대통령은 이날 법안이 부결된 뒤 긴급경제대책회의를 소집, 관계자들과 향후 대책에 대해 논의했다.

부시 대통령은 "표결 결과에 실망했다. 우리는 지금 큰 문제에 봉착해 있어 대규모 구제계획을 내놓았던 것"이라며 구제금융관련법안의 의회 통과를 위해 의회를 계속 압박하기 위한 방안을 강구할 것임을 다짐했다.

부시 대통령은 조만간 이번 부결사태를 수습하기 위한 추가 방안을 마련, 의회 지도자들과 다시 협의에 나설 예정이지만 임기 말의 대통령으로서 중요법안에 대한 의회의 동의를 얻는 데 실패, 정치력의 한계를 드러 냄으로써 향후 국정운영에 정치적으로 상당한 타격을 입게 됐다.

구제금융법안이 하원에서 부결되자 민주·공화 대통령 후보들도 충격을 감추지 못한 채 경제·사회적 영향을 최소화하기 위해 '불끄기'에 나섰다. 두 후보는 조속한 대안 마련을 촉구하면서도 법안이 부결된 책임을 상대방에게 전가하며 정치공방을 벌이기도 했다.

민주당 오바마 후보는 하원에서 구제금융법안이 부결됐지만 아직 구제금융법안이 완전히 끝난 게 아니라면서 금융시장 참여자들에 대해 침착성을 잃지 않아야 할 것이라고 촉구했다.

그는 또 구제금융법안이 여전히 의회를 통과할 가능성이 있다고 강조했다.

공화당 매케인 후보는 "우리 경제가 직면하고 있는 도전들은 우리 지도자들이 대책을 마련하는 데 실패하면 모든 노동자와 중소상공인 및 그 가족들에게 엄청난 영향을 미칠 수 있다"며 "의원들은 즉각 이 위기에 대처하도록 제자리로 돌아가야 한다"고 요구했다.

매케인은 그러면서 "애초에 오바마는 개입하기를 원치 않았고 이후 상황을 지켜보기만 했다"면서 "옆줄에서 그저 바라보고 있는 것은 지도력이 아니다"라고 오바마를 공격했다.

미국 국민들
"금융귀족 왜 돕나"(2008. 10. 1)
여당인 공화당 의원들도 반대

월요일의 반란이었다. 지난달 29일(현지시간) 미국 하원의 구제금융법안 부결 사태는 외형상 조지 W. 부시 행정부와 금융시장을 상대로 행한 시위였다.

그러나 사실은 '국민들의 뜻'을 내세운 의원들의 월스트리트 혼내주기와 길들이기였다. 의원들은 이메일과 전화를 통해 쏟아지는 지역 유권자들의 항의를 접한 뒤 구제금융안 찬성 의사를 상당수 접기 시작했다.

구제금융안 반대를 주창한 일반 유권자들의 논리는 3가지였다. 첫째, 금융시장 활황 때는 자기들만 잘 먹고 잘 살던 월스트리트 종사자들이 어려워졌다고 왜 혈세를 넣어야 하느냐는 것이다. 둘째, 월스트리트의 자

부결된 구제금융법안 주요 일지				
9월 19일	**20일**	**23일**	**24일**	**25일**
부시 대통령, 폴슨 장관 등과 대국민 성명	부시 대통령, 의회에 7,000억 달러 규모 구제금융안 공식 요청	부시 대통령, 유엔총회 연설에서 '의회의 구제금융법안 초리 확산'	부시 대통령, 대국민 성명 '구제금융 없으면 경기침체 온다' 주장	백악관에서 소집한 의회·행정부 구제금융안 협상 진통

본을 막후에서 장악하고 있는 유대인들에게 왜 일반 국민이 세금으로 보전해줘야 하느냐는 것이다. 셋째, 정부와 의회가 구제금융을 하지 않으면 금융시스템이 붕괴된다는 논리를 펴지만 이번 기회에 금융시스템과 종사자를 바꿔야 한다는 것이다.

금융시스템 개혁을 위해서는 그만큼 대가를 치르게 해야 한다는 것이다. 영국 BBC방송은 "미국 하원의원들이 백악관의 구제조치 승인 압력보다 유권자들의 부결 요구에 더 심각하게 시달렸다"고 전했다.

경제전문케이블 채널인 폭스비즈니스는 "반대표를 던진 의원 다수가 '구제금융법안이 설마 부결되겠느냐'는 생각에 자기는 유권자의 반발을 의식해 반대쪽에 투표를 한 것으로 분석된다"고 보도했다.

상원, 구제금융안 하원 앞서 표결(2008. 10. 2)

"시장부터 살리자" 하원통과 다리 놓기

미국 상원이 구제금융법안을 하원에 앞서 먼저 표결에 부치기로 했다. 의회의 법안 처리 관행상 파격적인 일이다.

미국 의회에서는 행정부로부터 제출된 법안이 법으로 효력을 발휘하려면 상하 양원을 각각 차례로 통과해야 한다. 이후 양원 합동조정위원

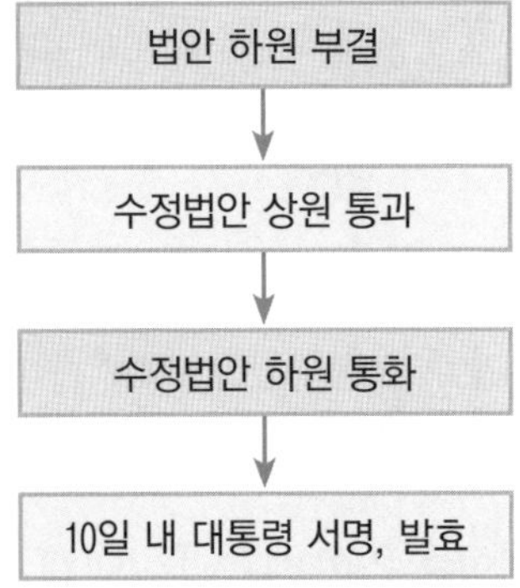

회에서 단일안을 만들어 조율한 뒤 다시 표결한다.

이번 구제금융법안 수정안은 상원에서 먼저 처리키로 한 만큼 하원에서도 크게 손대지 않고 통과시킬 가능성이 높아졌다.

이렇게 상하 양원에서 법안이 통과되면 백악관으로 보내져 대통령의 서명을 거쳐 발효된다. 대통령은 10일 내에 법안에 서명하거나 거부권을 행사할 수 있다. 이번 구제금융법안은 조지 W. 부시 대통령이 직접 나서 신속한 처리를 요구했기 때문에 백악관으로 보내지는 즉시 서명돼 집행을 시작할 것으로 예상된다.

250

수정된 구제금융법안 주요 내용

- 7,000억 달러 구제금융 단계 집행·가압류 위기 주택보유자도 구제
- 연방예금보험공삽예금보호한도 10만 달러에서 25만 달러로 상향
- 개인·기업 세금 감면 규모 1,000억 달러 이상으로 확대
- 재생에너지 생산 및 사용과 관련한 개인세와 사업세 일부 감면
- 연구개발(R&D)사업세 및 아동세 공제와 재해 피해민 세금 공제 확대

1일 저녁(현지시간) 이뤄질 상원 표결에서는 일단 수정된 새로운 구제금융법안을 통과시키는 방식을 취한다. 상원에 상정될 수정안의 구체적인 내용은 아직 알려지지 않고 있다. 하원에 재상정될 별도 수정안 역시 공개되지 않기는 마찬가지다.

AP통신은 새로 상정되는 구제금융법안에는 연방예금보험공사(FDIC)의 예금 보호 지급한도를 종전의 10만 달러에서 25만 달러로 상향 조정하는 내용이 포함될 것이라고 전했다. 일부 기업에 세금 감면 혜택을 부여하는 내용도 수정 법안에 반영된 것으로 보도했다.

상원의 이번 결정은 두 가지 의미를 갖는다. 먼저 하원에 비해 원로원 성격을 지닌 상원이 하원에서 부결시킨 구제금융법안을 얼마나 중요하게 간주하는지를 보여줌으로써 금융시장에 안정감을 주는 것이다.

지역구 유권자들에게 직접 노출돼 그들의 요구에 민감할 수밖에 없는 하원의원들에 비해 훨씬 넓은 지역구를 갖고 있는 상원의원들은 한층 대

의를 고려할 수 있기 때문이다. 무엇보다 한 차례 법안을 부결시킨 하원의원들에게 '금융시장부터 살려놓고 봐야 한다'는 명분을 내세워 입장을 바꿀 수 있도록 하는 핑계를 제공하는 측면이다.

AP통신은 이런 점을 반영해 2일로 잡혀 있는 하원의 재의결에서 1차 표결과 달리 동의를 얻어낼 가능성이 크다고 전망했다. 1차 표결 부결 사태 이후 일부 하원의원들은 '금융시장에 일대 혼란을 가져오도록 만들었다'는 비판에 시달린 것으로 전해졌다. 표결 전에는 자기들끼리만 잘 먹고 잘살았던 월스트리트의 금융 귀족들에게 국민 세금을 퍼부어 구제하는 데 반대한다는 의견이 넘쳐났지만 막상 부결에 따른 대혼란을 보면서 한층 목소리가 수그러들었다는 얘기다.

정치권 내에서는 이른바 '깅그리치 효과' 때문에 두 번째 시도에서는 처리될 것이라는 관측이 우세하다. 깅그리치 효과란 사태의 책임 소재를 따진다는 얘기다. 1994년 클린턴 행정부 시절 당시 하원 다수당이었던 공화당 소속 하원의장 뉴트 깅그리치는 새해 예산안에 동의해주지 않은 채 회기를 넘겨버렸다. 준예산조차 마련되지 못하자 연방정부는 문을 닫아걸고 공무원들이 출근하지 않는 초유의 사태가 발생했다. 일반 여론은 예산안 승인 반대를 주도한 깅그리치에게 책임의 화살을 돌렸다. 깅그리치는 곧바로 항복했지만 이후 그의 정치 생명은 사실상 끝나버렸다.

11월 4일 대통령 선거와 함께 하원의원 전원이 선거를 앞두고 있다는 점에서 이번 구제금융법안 표결 때 의원들은 민감하게 대응했다. 막상

법안을 부결시키고 난 뒤 시장의 혼란을 접하면서 이제 여론은 책임 문제에 관심을 두고 있다는 점을 의원들은 간파하고 있다.

낸시 펠로시 하원의장이나 양당 원내 지도부는 재부결 사태를 맞을 경우 자신들이 제2의 깅리치가 될 수도 있음을 의식하기 시작했다. 상원의 법안 선 표결이라는 바람 잡기에다 '깅그리치 효과'가 가미될 경우 이번 주에는 구제금융법안 통과를 둘러싼 진통의 터널을 마침내 통과할 수 있을 것으로 전망된다.

상원,
구제금융안을 구조하다(2008. 10. 3)

예금보호한도 증액 등 민심수습안 포함

하원 통과하면 대통령 서명 후 자금투입

'구제금융법안 구조 작업(Rescuing the Bailout)'

CNN은 1일(현지시간) 미국 상원에서 행정부가 제출한 구제금융법안 수정안 표결을 위한 의원들의 토론과 투표가 진행되는 과정을 이런 제목으로 보도했다.

CNN 방송에 앞서 워싱턴포스트의 1일자 1면 머리기사 제목도 '의원들이 구조계획을 수정했다'는 표현이었다. USA투데이 제목 역시 '상원 구제

금융을 구조하기 위해 움직이다'였다.

'구제(Bailout)'란 단어가 주는 부정적인 이미지 대신 미국 경제를 살리기 위한 법안이라는 취지에서 '구조(Rescue)'란 표현을 쓴 것이라는 주장이었다.

상원의 총대 메기

상원이 의회에서의 법안 처리 관행에서 파격적으로 벗어나 하원보다 먼저 법안 표결을 주도한 것은 미국 경제 살리기라는 대의명분 때문이었다.

지난달 29일 하원에서 행정부 제출 구제금융법안이 부결된 뒤 월스트리트에는 공포와 혼란이 몰아닥쳤다. 뉴욕증권거래소에서만 구제금융을 위해 필요했던 공적자금을 크게 웃도는 1조 2,000억 달러의 시가총액이 하루 동안 사라졌다. 사태의 심각성을 인지한 상원 지도부는 이런 공감대를 토대로 하원보다 먼저 법안 처리를 맡겠다고 결정했고 행정부와 금융시장은 적극적으로 환호했다. 1일 표결 결과 찬성 74, 반대 25라는 큰 차이로 법안이 가결된 데는 이런 분위기를 반영했기 때문으로 보인다.

상원의 구제금융법안이 하원에서 그대로 통과되면 조지 W. 부시 대통령의 서명을 거쳐 법적 효력을 발휘하게 된다. 이는 대공황 이후 미 역사상 최대 규모로 정부의 시장 개입이 시작되는 것을 의미한다. 그리고 미 재무부는 금융위기를 키워 온 모기지와 모기지 관련 부실 채권을 대대

적으로 정리해 금융시장의 불확실성을 크게 낮추고 시장을 정상화하는
작업에 본격 착수하게 된다.

국민 정서 달래기

상원에서 가결된 구제금융법안 수정안은 당초 행정부와 의회 지도부
간 합의했던 법안의 기본 골격을 유지했다. 7,000억 달러의 금융회사 부
실 자산 인수는 2단계에 걸쳐 공적자금을 투입해 진행하도록 했다.

이 밖에 공적자금이 투입된 금융회사의 경영진에 대해 거액의 보너스
와 보수 제한, 부실 채권 매입 대신 정부가 주식 지분을 확보하도록 한
조항도 그대로다. 대신 새롭게 예금자 보호, 세금 감면, 회계 기준에서 시
가평가제 유예 등 조항을 추가했다.

은행의 연쇄 도산에 따른 예금자들의 불안심리를 진정시키기 위해 예
금보호한도를 현행 10만 달러에서 25만 달러로 한시적으로 확대한 것은
이번 수정안의 핵심이다.

워싱턴뮤추얼과 와코비아 등 대형 은행들이 유동성 위기에 몰려 잇따
라 여타 대형 은행에 인수됨으로써 예금자들의 동요가 일자 이를 진정시
키기 위한 조치다. 예금보호한도를 증액하면 은행 입장에서는 유동성이
증가하는 효과도 생긴다. 거액 계좌를 보유한 부유층 유권자가 많은 지
역구 의원들 입장에서는 이 조항으로 인해 구제금융법안을 지지할 유인
이 생겼다는 분석도 있다.

중산층 세금 감면도 포함

아울러 중산층에 대한 세금 감면, 그리고 기업의 연구개발(R&D)비와 대체에너지 사용 등에 따른 세액 공제 혜택을 부여하는 내용이 포함됐다. 중산층 수백만 명이 1년간 대체최저세율(AMT) 유예를 통해 세금 감면 혜택을 볼 수 있도록 한 내용이다.

또 풍력, 태양광, 에탄올 등 대체에너지 사용과 전기자동차 구입 등에 따른 인센티브와 세금 감면 혜택이 제공된다. 예컨대 태양광발전용 패널을 구입할 경우 세금 공제를 받을 수 있다. 기업의 새로운 시장 개척이나 R&D 등에 대해서도 세액 공제를 적용해 감세 혜택이 돌아가도록 했다. 하지만 세금 감면과 기업 세액 공제를 추가하는 바람에 구제금융을 위한 7,000억 달러 외에 1,100억 달러에 달하는 재원을 더 투입해야 하는 부담이 생겼다.

이 바람에 일부 하원의원이 반발하고 나서 민심 달래기를 위한 새로운 조항이 하원의 재의결에 걸림돌로 작용할 가능성도 있어 보인다.

부시 대통령 서명 후 바로 발효…금융위기 해소 기대

미국 금융시장 위기 해소를 위해 마련된 구제금융법안이 3일 오전(현지시간) 하원에서도 통과됐다. 이에 따라 법안은 백악관으로 옮겨져 조지 W. 부시 미국 대통령의 서명을 거친 뒤 바로 발효될 수 있게 됐다.

하원은 이날 오전 9시부터 본회의를 열어 상원에서 지난 1일 의결된 구제금융 법안 수정안을 토의에 붙인 뒤 곧바로 표결에 들어가 찬성 263표, 반대 171표(잠정집계)로 통과시켰다.

따라서 미 정부는 7,000억 달러 규모의 공적자금을 들여 금융시장 안정에 본격 나설 수 있게 돼 금융위기 해소의 기대감을 한층 높이게 됐다. 지난 1일 저녁 상원이 수정안을 의결해 하원으로 보낸 이 법안은 미국뿐 아니라 세계 금융시장 위기 수습의 분수령이 된다는 점에서 촉각을 곤두세우게 만들었다. 상원에서의 바람잡기에도 불구하고 하원 가결 여부에 자신하지 못한 행정부와 의회 지도부는 표결 직전까지 하원 의원들에게 다각도로 설득 노력에 나섰다.

백악관은 하원에서의 법안 가결 유도를 위해 총력전을 펼쳤다. 부시 대통령은 1일과 2일 이틀 동안 36명의 하원 의원들에게 전화를 걸어 법안을 지지해 달라고 당부했다. 토니 프래토 백악관 부대변인은 2일 "구제금융 법안이 성공적으로 처리될 것으로 믿는다"며 낙관적인 입장을 표명하면서 의원들을 우회적으로 압박했다.

민주당 소속 낸시 펠로시 하원 의장은 "구제금융 법안을 통과시킬 만큼 표가 충분하지 않은 상태에서는 표결 계획을 잡지 않을 것"이라고 말해 의원들의 지지를 유도했다. 그는 "의회는 반드시 행동에 나서야 한다"며 "시장에 신뢰할 수 있는 강력한 메시지를 보내야만 한다"고 강조했다.

하원 법사위는 2일 오후 상원에서 넘어온 구제금융 법안을 심의했다. 하원 본회의 상정에 앞서 거쳐야 하는 절차다. 하원에서 재표결까지 도달하는 과정에서 민주·공화 의원 간 입장 변화가 교차됐다.

공화당 의원들은 상원에서 가결된 수정안에 대해 당초 반대했다가 찬성으로 돌아선 반면 민주당 의원들은 찬성에서 반대로 선회한 것이다. 수정된 구제금융 법안에 대해 반대하고 나선 그룹은 민주당 내 '블루독'으로 불리는 의원들이다. 사안에 따라 원칙론을 고수하고 보수적인 입장을 보이는 이들은 이번 수정안이 1,100억 달러에 달하는 세금 감면과 기업 세액 공제로 재정 지출을 대폭 늘리는 쪽으로 결정된 데 대해 강하게 반발했다.

구제금융법안 통과 이후 후속조치

구제금융

후속조치 어떻게?(2008. 10. 6)

자산관리회사 5~6개 선정…재무부 부실자산 매입

미국 금융위기 탈출을 위해 마련된 구제금융법안이 의회 표결과 대통령 서명으로 발효되면서 공적자금 투입을 위한 구체적인 후속 조치들이 준비되고 있다.

부실 자산 인수 집행과 관리는 재무부에 의해 직접 이뤄진다. 다만 인수작업을 실질적으로 담당하는 대행 기관으로 재무부는 자산관리 전문 금융회사 5~10개를 선정할 계획이다.

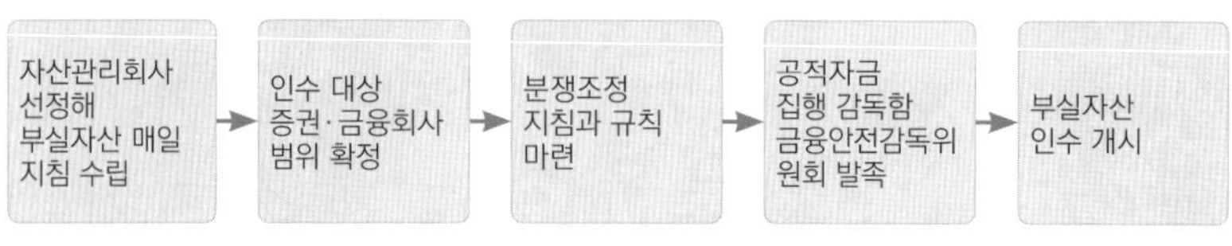

　재무부는 이들의 행동 지침이 될 부실 자산 가격 산정을 위한 평가와 매입 절차에 대한 세부 지침을 마련할 계획이다.

　현재까지는 금융회사에서 부실 자산을 팔 때 원래 산 가격보다 비싸게 팔 수 없도록 규정한 것 외에 어떤 지침도 없다. 이른바 역경매 방식이다. 부실화된 대출을 사들일 때 이 대출을 유동화증권으로 처분하기 어렵기 때문에 정부의 공적자금을 직접 투입해야 한다. 재무부는 그 대신 해당 금융회사 지분을 확보할 수 있다. 지분을 확보한 재무부는 이 금융회사를 다른 회사에 인수시키거나 자산만 따로 떼 내 매각할 수도 있다. 매입 대상 자산으로는 모기지 담보 관련 증권이 우선이다.

　여기에 자동차대출, 신용카드대출, 학자금융자 등 비모기지 관련 자산도 재무부 장관이 필요하다고 판단하면 사들일 수 있도록 했다. 이를 위해 구제금융 대상 금융회사를 은행, 저축은행, 신용조합 등으로 한정하지 않았다. 자동차파이낸스회사 등도 포함시켰다. 앞으로 집행 과정에서 발생할 수 있는 분쟁을 조정하기 위한 지침이나 규칙도 마련해야 한다.

의회는 아예 법안에 공적자금 집행을 감독하기 위한 금융안전감독위원회를 별도로 설치하도록 규정했다. 위원 7명으로 구성되는 위원회에는 청문회 개최 권한을 부여했다.

이 위원회가 공적자금 집행 과정을 종합적으로 평가하고 감독한다. 재무부 장관은 의회에 시장안정화 조치와 새로 체결하거나 경신한 협정 내용, 월간 거래명세 등을 담은 보고서를 주간 또는 월간으로 제출해야 한다. 또 정기적으로 의회에 내용을 보고해야 한다. 본격적인 인수에 앞서 시범적으로 프로그램을 가동해 검증 작업도 먼저 해봐야 한다. 이런 준비를 거친 뒤 부실 자산 인수 작업은 개시될 수 있다.

정부 관계자들은 이를 고려하면 본격적으로 시작하는 데 최소 4주일 정도는 지나야 가능할 것으로 보고 있다. 금융회사 부실 자산을 사들이는 것은 11월에 접어들어야 실현될 수 있을 것이라는 의미다.

FRB,
기업어음 직접 매입(2008. 10. 8)

미국·유럽 금리인하 공조 나설듯

미국 연방준비제도이사회(FRB)가 기업 단기자금 대출 시장 경색을 완

미국 FRB의 시장안정화 조치

6일	● 기간입찰대출(TAF)규모 연말까지 9,000억 달러로 2배 확대 ● 시중은행이 FRB에 예치한 지급준비금에 대해 이자 지급 결정
7일	● 기업어음(CP)을 특수목적회사(SPV)통해 매입해 기업에 자금 지원 ● 버냉키 FRB의장, 정책금리 인하 가능성 시사
8일	● 기준금리와 재할인 금리0.5P씩 인하

화하기 위해 기업어음(CP)을 직접 매입키로 했다고 7일 오전(현지시간) 발표했다.

FRB가 CP를 직접 매입하면 기업의 자금난이 크게 완화될 것으로 기대되며 금융시장 전반의 경색 현상에도 숨통이 트일 것으로 보인다.

CP는 기업들의 단기 운용자금 조달 수단이지만 최근 투자자들의 외면으로 신규발행은 물론 기존 물량 차환 발행도 어려워 기업들이 극심한 자금난에 시달려 왔다.

FRB는 CP매입용기금(CPFF)을 설치해 매입을 전담시키기로 했다. 미국 내 CP의 하루 거래규모는 1,000억 달러 정도다. 한때 누적 발행 규모가 2조 2,000억 달러까지 늘었지만 최근 신용경색 후 1조 6,000억 달러 수준으로 줄었다.

조지 W. 부시 미국 대통령은 7일 전화통화를 통해 고든 브라운 영국 총리, 니콜라 사르코지 프랑스 대통령, 실비오 베를루스코니 이탈리아 총리와 국제 경제위기 대처방안을 논의했다. 데이너 페리노 대변인은

"대통령은 우방 정상들과 경제문제의 해결책을 함께 모색하기 위한 공조 노력의 중요성과 미국이 시장안정을 위해 취하는 다양한 조치들에 대해 의견을 교환했다"고 말했다. FRB와 유럽중앙은행도 미국발 금융위기의 전 세계 확산을 막기 위한 총력전을 펼치고 있다.

유럽 주요국들은 은행예금 무제한 보장을 약속하고 유동성 위기에 빠진 금융회사에 과감한 구제금융을 단행했다. 6일 미국 주식시장에서 다우존스지수가 장중 1만선 아래로 내려앉자 헨리 폴슨 재무장관, 벤 버냉키 FRB 의장, 티모시 가이스너 뉴욕 연방준비은행 총재는 즉각 회동해 대책을 협의했다. 이어 곧바로 FRB가 '기간입찰대출(TAF)' 규모를 연말까지 종전의 2배로 9,000억 달러로 확대하기로 결정했다. 또 이날부터 은행이 FRB에 예치한 지급준비금에 대해 이자를 지급한다고 밝혔다. 은행의 지준에 이자를 지급하면 그만큼 은행에 자금 공급이 늘어나는 효과를 얻는다.

유럽연합(EU)은 예금자들의 불안을 잠재우기 위해 27개 회원국에 적용하는 예금 지급보장 한도를 종전의 2만 유로에서 5만 유로로 높이기로 합의했다고 AFP통신이 7일 보도했다. 하지만 시장에서는 각국 정부의 대응이 계속 뒷북을 치면서 신뢰 회복에 실패하고 있다고 비판하고 있다. 나아가 EU 회원국 간의 상충되는 이해 때문에 적절한 공동 보조를 취하지 못해 오히려 사태를 악화시키고 있다는 지적도 있다.

이제는 FRB-ECB(유럽중앙은행) 등이 공동 보조해 정책금리 인하라는 강력한 카드를 써야 한다는 지적이다.

로이터통신은 미 연방기금 선물 추이를 전하면서 FRB가 금리를 최대 0.75%포인트 인하할 수 있을 것이라는 기대가 나오고 있다고 전했다. 로이터통신은 금리정책에서 인하에 가장 신중한 입장을 취해온 리처드 피셔 댈러스 연방준비은행 총재도 "자금시장은 현재 준공포 상태"라고 말했다고 전했다. 금리 인하가 단행될 수 있음을 시사한 언급으로 받아들여진다.

한편 영국의 파이낸셜타임스는 FRB가 은행권에 무보증 대출을 제공하는 방안까지 검토하고 있다고 보도했다.

국제금융전문가
박윤식 조지워싱턴대 교수에 듣는다 (2008. 10. 10)
"시장의 패닉 해소하려면 美금리 제로까지 내려야"

"시장의 패닉을 해소하려면 제로(0) 금리로도 갈 수 있다. 지금 필요하면 얼마든지 금리를 더 내렸다가 위기를 해소한 뒤 다시 올리면 된다." 박윤식 미국 조지워싱턴대 국제금융학 교수는 매일경제신문과 한 인터뷰에서 이렇게 주장했다.

● 7개국 중앙은행의 동시 금리 인하가 제한적인 효과에 그쳤는데.

▶ 중앙은행들의 과감한 금리 인하 조치가 그나마 브레이크를 걸었다고 본다. 이번 금융 위기는 이미 몸집이 커져 있는 항공모함과 같은 상황이라 브레이크가 걸려도 상당한 시간을 필요로 한다.

박윤식 미국 조지워싱턴대 국제금융학 교수

● 각국 당국이 추가로 내놓을 대안은.

▶ 이제 각국 재무부가 공조해야 한다. 부실채권 매입이나 구제금융을 실시하는데 함께 나서줘야 한다. 로버트 졸릭 세계은행 총재가 G7을 넘어 G14로 회동 범위를 늘려야 한다고 주장했다. 은행 간 거래는 금융시장의 심장인데 지금은 심장이 멎은 것이나 마찬가지니 전기 쇼크에 가까운 조치로 대응해야 한다.

● 미국이 제로 금리로 갈 수 있을지.

▶ 지금은 패닉 상태이기 때문에 제로 금리니, 네거티브 금리니 금리

수준을 따질 때가 아니다. 오는 29일에 연방공개시장위원회(FOMC) 정례 회의에서 다시 0.25%포인트 정도 더 내릴 것이다. 그래도 연 1.25%다. 주 식시장의 안정이나 은행 간 거래가 회복되면 다시 금리를 올리면 된다.

● 미국 정부의 7,000억 달러 구제금융이 위기를 수습하기에 역부족 인가.

▶ 규모를 따지기 이전에 구제금융에 대해 시장 확신이 아직 생기지 않 았다는 점을 봐야 한다. 의회에서 법안이 통과된 것만이 전부가 아니다. 실행이 문제다. 지금의 위기는 신용과 신뢰의 위기다. 11월 4일 대통령 선 거 이후부터 집행과 시행이 가능할 수도 있다.

● 위기가 언제까지 갈 것으로 보나.

▶ 리먼브러더스를 초기에 잘 처리했으면 금융위기만으로 막을 수 있 었다. 미국 정부가 우유부단하게 대처하다가 더 악화시켰다. 전 세계적인 위기로 만들어버렸다. 금융위기가 전반적인 경제위기로 이미 갔다고 봐 야 한다. 내년 하반기에 주택시장이 회복될 수 있을 것이라는 전망은 이 제 안 통한다. 미국 대통령 선거 후 어떤 행정부가 들어서더라도 세금을 올린다는 정책은 꺼내기 힘들 것이다. 새 정부는 긴급 경제 처방부터 내 놓아야 할 것이다. 세금을 깎아주고, 정부의 지출을 늘려 경기를 활성화 시킬 수 있도록 노력해야 한다.

주요국 금리인하 공조뒤
남은 카드는…(2008. 10. 10)

미·EU 금리 추가인하 가능성, 부실은행 부분 국유화도 검토

들불처럼 번지는 세계 금융시장 위기를 진압하기 위한 각국 중앙은행들의 금리 인하 공조 카드도 통하지 않는 것인가.

지난 8일 전격적으로 발표된 7개국 중앙은행의 동시다발 금리 인하는 각국 주식시장을 안정시키지 못했다.

헨리 폴슨 미국 재무부 장관은 이날 오후 "금융시장 안정을 위해 국제적 공조가 절실하다"며 주요국 정책 당국 간 공조 지속을 내비쳤지만 시장에서는 의구심이 여전하다. 시장의 관심은 과연 어떤 추가 조치가 나올 수 있느냐다.

일단 주요국 중앙은행 추가 금리 인하부터 예상할 수 있다. 미국은 오

금융위기 해소 위해 남은 카드는

- 세계 각국 중앙은행 기준금리 추가 인하
- FRB가 금융회사·기업 보유 채권 담보 없이 직접 매입
- 미국 정부, 집값 대출금 밑도는 개인 모기지 직접 매입
- 미국, 부실 금융자산 민간 참여 매칭펀드 방식으로 매입
- 셀러파이낸싱: 부실 금융자산 민간 매입시 정부 지원

는 28~29일 열릴 연방공개시장위원회(FOMC) 정례회의에서 0.25~0.5%포인트 추가 인하가 점쳐지고 있다.

금리 인하로 일단 물꼬를 튼 이상 추가 조치는 얼마든지 가능한 상황이다. 현재보다 금리를 더 낮춘다면 앨런 그린스펀 전 FRB 의장 때 경험했던 연 1% 아래로도 내려갈 수 있다는 의미다.

문제는 이른바 '제로 금리'가 현실적으로 가능할 것인지다. 금융시장이 정상적으로 작동할 때는 저금리 체제가 단기 금융시장을 죽이는 결과를 낳는다는 점에서 반론에 부딪힌다.

그러나 이번 금융위기 과정에서 단기 금융시장은 극도로 위축돼 더 이상 고려할 필요가 없다. 미국 대표 기업 GE조차도 하루짜리 오버나이트 기업어음(CP)으로 자금을 충당할 정도다.

FRB는 금리 인하 하루 전날 3개월 만기 CP를 직접 매입하겠다는 고강도 처방을 내놓은 바 있다. 이론적으로는 제로 금리도 가능하다는 얘기다. 그렇지만 실제로 시장에서 연 0.0% 금리는 불가능하다는 것이 전문가들의 견해다.

둘째, 중앙은행이 금융회사와 기업 보유 채권을 담보 없이 직접 사들이는 방법이다. 영국 파이낸셜타임스는 전격적인 금리 인하가 발표되기 전 FRB 내부에서 이런 방안이 검토되고 있다고 보도했다. 중앙은행의 이런 유동성 공급은 사실상 밴 버냉키 FRB 의장이 언급했던 '제로 금리 시대를 만들어 놓고 헬리콥터에서 달러를 마구 뿌려대는 것' 같은 조치다.

셋째, 부동산시장 안정을 도모하자는 취지에서 압류 처분을 앞둔 개인 모기지 주택 대출을 정부가 사들여 떠안는 방안이다. 마틴 펠드스타인 하버드대 교수가 제기하는 방법이다.

공화당 존 매케인 대통령 후보도 이를 원용해 공적자금 3,000억 달러 정도를 투입하고 이를 실행하겠다는 공약을 내걸고 있다. 모기지 대출 13조 달러 가운데 문제가 있는 부분을 10%로만 잡아도 최대 1조 3,000억 달러면 된다. 집값 하락을 막고 주택 모기지 관련 증권(MBS) 부실 확대를 막는 이중 효과가 있다.

다만 모기지 대출을 받아간 개인 간 모럴 해저드(도덕적 해이) 문제가 반드시 제기된다는 점에서 정치적 구호로서 또는 대중적 인기를 위한 정책으로 취급받기 십상이다.

전문가들은 추가 조치는 주식시장을 안정시키는 데 초점을 둘 것이 아니라 금융사 간 자금 거래를 회복시키는 방안 마련에 주력해야 한다고 조언하고 있다. 이번 금융위기의 핵심은 금융사 유동성 부족이기 때문이다. 추가 조치 효과를 주식시장 주가지수 회복에만 연계시키는 근시안적 시각은 금물이라는 것이다.

은행에 자본 투입한 자본주의의 원조

은행에
자본투입·채무보증 나서(2008. 10. 14)

금융위기 탈출을 위해 미국 재무부와 중앙은행이 제시하는 일련의 수습책은 막혀 있는 금융사 간 자금 거래를 어떻게 하면 재개시킬 수 있느냐는 고민의 산물들이다.

위기의 근본적인 출발은 서브프라임 모기지 부실에서 찾을 수 있지만 단기적으로는 리먼브러더스 파산 조치 이후 빚어진 금융회사의 신뢰 상실과 이로 인한 유동성 부족에서 비롯된 사태이기 때문이다.

하지만 뾰족한 수를 찾기 어렵다는 데 헨리 폴슨 재무장관과 벤 버냉키 연방준비제도이사회(FRB) 의장의 고민이 있다. 7,000억 달러의 구제금융 방안은 턱없이 부족한 것 아니냐는 비판에 직면했다. 금융가에서는 중앙은행의 자금 지원과 구제금융을 합쳐 2조 달러 정도는 투입돼야 부실을 털어내고 정상적인 금융거래가 가능하다는 주장까지 나온다.

금융시장에서는 새로 나올 조치로 세 가지 정도를 예상하고 있다. 첫째는 은행에 대한 정부의 직접 자본 투입이다.

폴슨 재무장관은 지난 10일 선진 7개국(G7) 재무장관 및 중앙은행 총재회의 후 "여러 금융회사에 적용할 수 있는 표준 계획을 만들고 있다"고 이를 공식화했다. 다만 부실자산 인수를 위해 추진한 7,000억 달러의 구제금융방안 테두리에서 진행한다는 것이다. 그는 "은행 지분 매입은 '광범위한' 모기지 지분 매입의 일환으로 이뤄지는 것"이며 "정부는 주식을 매입해도 은행 경영에는 참여하지 않을 것"이라고 선을 그었다.

영국은 이미 500억 파운드의 공적 자금을 투입해 위기에 처한 은행들을 부분 국유화하는 방안을 발표하고 시행에 들어가 시장 안정을 유도하는 데 성공하고 있다.

둘째는 은행의 대외 채무에 대한 정부의 지급 보증이다. 프랑스 주도로 12일 열린 유로존 15개국 정상회의에서는 은행 간 거래에 대한 정부 지급 보증 방안을 내놓으면서 유럽 금융권과 경쟁이 가능하도록 하기 위해서는 이제 불가피한 선택이 된 측면도 있다. 7,000억 달러 규모 부실자산 매입과 은행 자본 매입에는 구체적인 시행 세칙 마련에 최소한 45일가량 준비 기간이 필요할 것으로 관측되고 있다. 은행의 대외 채무 보증 방안은 이런 준비 기간 공백을 메울 수 있는 카드로 받아들여진다.

셋째는 금융사 예금 전액 보장이라는 카드다. 은행뿐만 아니라 비은행 금융회사까지 포함하는 방안이다. 유럽에서는 독일, 오스트리아, 덴마크, 포르투갈 등이 이미 예금 전액 보장 방침을 밝힌 바 있다.

7,000억 달러의 구제금융법이 상원에서 먼저 통과될 때 기존 10만 달러를 25만 달러로 상향 조정했지만 이것으로 부족하다는 지적에 따라 미국도 전액 보장을 위한 법안을 다시 올리자는 것이다. 예금 보장이나 은행의 채무 지급 보증은 당장 돈이 들어가지 않지만 시장 신뢰를 회복시킬 수 있는 효과적인 방안으로 꼽히고 있다.

하지만 도덕적 해이와 형평성 논란에서 자유롭지 못하다는 단점이 있다. 일각에서는 최후 카드로 중앙은행이 금융회사의 보유 채권을 담보 없이 사주는 방안도 있다고 제시한다. 현재 중앙은행은 금융회사 보유 채권을 신용 등급에 따라 가격을 매겨 국채와 교환해주고 있다. 이런 방식에서 아예 등급에 상관없이 유동성을 제공하자는 것인 만큼 버냉키 의장이 표현한 '헬리콥터에서 돈을 뿌리는 것'이다.

영국의 파이낸셜타임스는 지난 8일 전격적인 금리 인하가 발표되기 전 FRB 내부에서 이런 방안이 검토되고 있다고 보도했다.

이 밖에 부동산시장 안정을 도모하자는 취지에서 압류 처분을 앞둔 개인 모기지 주택대출을 정부가 사들여 떠안는 방안도 있다. 마틴 펠드스타인 하버드대 교수가 제기하는 방법이다.

BOA 등
9개 은행에 2,500억 달러 투입(2008. 10. 15)

미국 정부가 2,500억 달러를 투입해 자본 확충에 어려움을 겪고 있는 은행들의 지분을 올해 말까지 사들이기로 했다. 또 은행 간 자금 거래에 대해 FDIC(예금보험공사)를 통해 3년간 지급 보증을 해주기로 했다.

미국의 이 같은 결정은 지난 12일 유로존 15개국이 총 2조 3,000억 달러에 달하는 은행 주식 매입 및 은행거래 지급 보증에 합의했기 때문이다. 이에 따라 잇단 위기 수습책에도 동요를 지속하던 금융시장이 실질적인 안정을 찾아갈 것으로 기대된다.

조지 W. 부시 미국 대통령과 헨리 폴슨 재무장관은 14일 오전 잇따라 발표한 성명을 통해 이 같은 금융시장 위기 수습 방안을 발표했다. 은행 지분 매입에 투입되는 자금은 7,000억 달러에 달하는 구제금융 재원의 일부다.

재무부는 일단 2,500억 달러를 활용해 은행 지분 매입에 나선 뒤 필요하면 1,000억 달러를 더 투입한다는 방침이다. 재무부는 일단 시범적으로 9개 대형은행의 지분을 먼저 사들이고 나머지 은행들로 대상을 확대하기로 했다.

9개 은행에는 시티그룹, 웰스파고, JP모건체이스, BOA, 모건스탠리 등이 포함된다. 금융기관 지분 가운데 의결권 없는 우선주를 매입함으로써 경영권은 행사하지 않는다는 원칙이다.

주요 국가 금융대책과
비교해보니(2008. 10. 20)

다급해진 미·유럽은 은행 국유화까지 단행

10·19 금융안정대책은 다른 국가에서 이미 발표한 방안들을 참고로

했다. 이에 각국들이 발표한 기존 대책과 큰 틀에서 차이가 없다. 국제적으로 공조가 이뤄지는 상황에서 일정 부분 당연한 수순이다. 하지만 기존 대책들이 품고 있는 문제점까지 그대로 답습하게 됐다는 점에서 향후 비슷한 부작용이 나타날 소지가 있다.

유동성 추가공급 대책이 핵심

'10·19대책'처럼 미국, 유로존 등에서 나온 시장 안정대책에서 핵심은 유동성 공급이었다.

미국은 재무부와 FRB(연방준비제도이사회)를 통해 총 1조 640억 달러의 유동성 공급계획을 발표했다. 유로존의 유동성 공급 계획은 미국보다도 많다. 전체 합산 규모가 1조 3,000억 유로를 넘어선다. 국가별로 영국은 3개 은행에 370억 파운드(약 78조 원)의 공적자금을 투입한다는 계획을 발표했다. 아시아에서도 일본이 지방 소형은행 유동성 위기 극복을 위해 공공자금 투입 확대 조치를 내놓은 것을 비롯해 사우디아라비아는 400억 달러 규모 유동성 공급 대책을 발표한 것이 대표적이다.

속속 뒤따르는 금리 인하

기준금리 인하는 유동성 공급을 보조하기 위해 동시 다발적으로 이뤄지고 있다. 미 FRB와 유럽중앙은행(ECB)을 비롯한 7개 중앙은행이 정책공조를 통해 동시에 금리를 인하한 것이다. 여기에는 영란은행, 캐나다중앙은행, 스위스중앙은행, 스웨덴중앙은행, 중국중앙은행이 동참해 0.25~0.5%포인트를 인하했다. 또 한국, 호주, 홍콩, 대만도 금리 인하 대열에 접어들었다.

국제공조 통한 외환시장 안정 대책

외환시장 안정 대책은 아시아를 중심으로 나오고 있다. 홍콩이 금융위기 극복을 위해 사용 가능한 외환보유액을 모두 사용하겠다는 의사를 밝힌 데 이어 필리핀과 인도네시아는 아시아 각국 공조를 강조하고 있다. 외환시장 안정은 선진 시장에도 발등의 불이다. 달러 확보에 비상이 걸렸기 때문이다. 미국은 이를 돕기 위해 유럽중앙은행, 영란은행, 스위스중앙은행, 일본은행 등과 공조해 세계 금융시장에 달러를 무제한 공급하겠다고 발표했다. 전 세계적인 달러 가뭄이 계속되면 위기가 계속될 수 있다는 판단에서다.

은행 간 거래·예금 보호 대책 줄이어

각종 보증 대책도 줄을 잇고 있다. 미국은 연방예금보험공사를 동원해 무보증 채권 등 위험도가 높은 자산에 대해 정부가 지급을 보장하는 조치도 발표했다. 유로존은 15개국 정상들이 회의를 개최해 은행 간 대출을 서로 보증하기로 약속했다. 여기에는 아직 유로에 가입하지 않은 영국도 참여해 위기의식을 드러냈다. 또 모든 은행 예금에 대해 지급보

글로벌 금융위기에 대한 유형별 대응

구분	내용
은행간 채무보증 (유로존 15개국 은행 간 거래 지급보증 합의)	영국: 2,500억 파운드
	독일: 4,000억 유로
	프랑스: 3,200억 유로
	스페인: 1,000억 유로
	네델란드: 2,000억 유로
	포르투갈: 200억 유로
	호주: 금융사의 차입에 대한 지급보증
예금지급 보장 (EU 27개국 한도 2만유로-5만유로로 상향)	미국: 한도 10만 달러 → 25만 달러
	영국: 한도 3만 500파운드 → 5만 파운드
	독일: 무제한 예금지급 보장
	아이슬란드: 무제한 예금지급 보장
	아일랜드: 국내은행 2년간 예금 보장
	헝가리: 무제한 예금지급 보장
	포르투갈, 덴마크, 그리스: 예금지급 보장
	호주: 향후 3년간 예금지급 보장
	뉴질랜드: 향후 2년간 예금지급 보장
	홍콩: 홍콩달러 예금 및 외화예금 보장
	싱가포르: 싱가포르달러와 외화예금 보장
은행 국유화 (유로존 15개국 국유화 합의)	미국: 부실 금융사 지분 매입(구제금융안)
	영국: HBOS, RBS 등에 474억 유로
	독일: 은행 자본 확충에 800억 유로
	프랑스: 은행 자본 확충에 400억 유로
통화스왑	FRB, ECB, SNB, BOJ, BOE 등 통화스왑 체결
금리 인하	미국, EU, 영국, 캐나다, 스웨덴, 스위스, 중국, 한국, 대만, 홍콩, 바레인

증 약속도 이뤄졌다. 이 밖에 27개국이 모여 예금보장한도를 2만 유로에서 5만 유로로 올렸으며 나라별로 부실은행을 국유화하는 조치를 내놓기도 했다.

이 같은 조치에는 아시아 각국도 동참하고 있다. 일본은 재무상이 필요한 경우 모든 은행 예금의 안전을 보장하겠다고 발표했고 홍콩, 싱가포르, 말레이시아, 대만, 마카오 등도 비슷한 대책을 발표했다.

추가 경기부양책으로 확대

민주당

2차 경기부양책 추진(2008. 10. 22)

최소 1,500억 달러⋯버냉키 FRB의장도 지지

벤 버냉키 미국 연방준비제도이사회(FRB) 의장이 의회에서 추진하고 있는 경기부양책에 대해 지지 의사를 밝히고 나섰다. 막대한 재정 적자로 추가 경기부양책에 대해 조지 W. 부시 행정부가 난색을 표하고 있는 상황에서 버냉키 의장이 이처럼 긍정적인 태도를 보이면서 선거를 2주일 앞둔 시점에서 추가 경기부양책 논쟁이 뜨거워질 전망이다.

2차 경기부양책은 의회 다수당을 차지하고 있는 민주당이 주도하는 반면 공화당은 반대 입장이다.

민주당 소속 내시 펠로시 하원의장은 추가 경기부양책 마련을 위해 지난 13일 관련 전문가회의를 개최한 바 있다. 미국 정부는 애초 7,000억 달러의 구제금융 가운데 우선적으로 2,500억 달러에 대해서는 즉각 집행하고 1,000억 달러는 대통령이 필요성을 입증할 경우 추가로 승인하도록 했다. 나머지 3,500억 달러는 의회 표결을 거쳐 승인이 가능하도록 했으며 만일 의회가 승인을 거부할 경우 대통령이 거부권을 행사할 수 있도록 했다.

이에 대해 펠로시 의장은 최대 3,000억 달러까지 책정했던 부양책 규모를 1,500억 달러 수준으로 낮춰 제시해 놓고 있다.

하지만 현 행정부가 반대를 고수하는 데다 지난달 말 의회를 통과한 금융위기 구제금융 관련법에 1,150억 달러의 세금 감면 및 기업 세액 공제를 담은 항목이 추가돼 2차 경기부양책 실현 가능성은 높지 않다는 분위기였다.

버냉키 의장은 20일(현지시간) "미국 경제가 몇 분기 동안 둔화 국면을 보일 가능성이 있으며 경기하강에 대한 위험이 상존하고 있다"며 "이런 시점에 의회가 재정지출을 통한 경기부양책을 고려하고 있는 것은 적절한 것으로 보인다"고 밝혔다. 그는 "의회의 경기부양책이 목표를 잘 설정해 시의 적절하게 시행돼야 한다"며 "장기적으로 재정적자에 미치는 영향이 제한될 수 있도록 해야 한다"고 지적했다.

벤 버냉키 미국 연방준비제도이사회(FRB) 의장

버냉키 의장은 특히 "부양책은 경기 하강의 주된 요인으로 작용하고 있는 신용경색을 푸는 데 도움이 되는 내용을 포함해야 한다"고 강조했다.

버냉키 의장의 이 같은 발언을 의식한 듯 그동안 완강하게 경기부양책에 반대해 오던 데이나 페리노 백악관 대변인도 다소 신축적인 태도를 보였다. 페리노 대변인은 이날 부시 대통령과 함께 루이지애나로 가는 길에 "의회가 검토 중인 경기부양책에 대해 열린 자세를 갖고 있지만 이를 수용할지 여부는 의회에서 어떤 내용 법안을 가지고 오느냐에 달렸다"고 말했다.

버냉키 의장의 이번 발언은 추가 경기부양책 자체에 대한 지지보다는 경기 전망을 그만큼 어둡게 보고 있다는 대목에서 더 주목을 끈다. 이달 28~29일 열릴 FRB 금리 결정 회의인 연방공개시장위원회(FOMC) 정례회의에서 금리 추가 인하를 기정사실화한 것으로 받아들여지기 때문이다. FRB의 이 같은 금리 추가 인하 가능성이 높아지면서 내년 중반까지 금리를 '제로'까지 낮출 수 있다는 전망도 나오고 있다.

FRB,
민간 CP와 CD도 매입 나서(2008. 10. 22)

미국 연방준비제도이사회(FRB)가 단기 자금시장 신용경색 해소를 위해 기업어음(CP)과 양도성예금증서(CD) 매입에 착수한다고 21일 발표했다.

FRB는 이날 성명을 통해 머니마켓투자펀드기구(MMIFF)라는 특별 기구를 설치, 이를 통해 만기 90일 이내 CP와 CD 매입을 진행한다고 밝혔다. CD는 달러 표시 증서에 한해서만 매입이 이뤄진다. CP는 기업이 단기 운전자금을 조달하기 위해 금융기관을 통해 발행하는 일종의 어음이며, CD는 시중은행들이 대출재원 마련을 위해 발행하는 예금증서다.

미 중앙은행이 기업에 대한 자금 지원 역할을 맡기로 한 것은 대공황 이후 처음 있는 일이며, 은행이 발행한 CD를 매입하는 것도 전례가 없는 일이다. FRB는 지금까지 시중은행에 대해서는 국채를 담보로 유동성을 공급해 왔으나 이번에는 국채 담보 외에 유동성 공급 수단으로 CD 매입이 추가된 것이다.

의회, 1,500억 달러
2차 경기부양책(2008. 11. 4)

부시 퇴임 전 추진

미국 대통령 선거가 마무리되고 나면 침체 국면에 빠져 있는 경제에 활력을 넣기 위한 2차 경기부양책이 강도 높게 추진될 것으로 보인다. 올해 초 이미 마련된 1,680억 달러의 1차 부양책에 이어 연내 최소한 1,500억 달러 전후 규모 추가 부양책이 이어지는 것이다.

의회 다수당을 이끌고 있는 낸시 펠로시 하원의장은 2일(현지시간) 대통령 선거 후 새 행정부가 들어서기 전까지 '레임덕 회기'에 2차 경기부양책을 의회에서 처리할 수 있음을 시사했다. 레임덕 회기란 의회 정규 회기 종료 후 현 행정부가 바뀌기 전에 현안 처리를 위해 마련되는 추가 회의 기간을 말한다.

2차 경기부양책은 민주당 주도 의회에서 여러 번 추진돼 왔지만 부시

미국2차 경기부양책 내용과 절차

규모	1,500억 달러 전후
추진 시기	대선 후 부시 행정부 임기 내
의회 비준	연말 레임덕 회기에서 처리
내용	실업 수당 확대, 저소득층 무료 급식 확대, 건설 분야 등 인프라스크럭처 투자 확대 통한 고용 창출 등

행정부가 재정적자 확대로 인한 부담을 내세우며 거부 의사를 보여 진전을 보지 못했다.

하원에서는 민주당 주도로 마련된 600억 달러 규모 2차 경기부양책이 이미 지난 9월 통과된 상태다. 상원에도 금액은 비슷하지만 내용에서 약간 차이를 보이는 비슷한 법안이 계류돼 있다. 두 법안이 각각 하원과 상원을 통과할 경우 양원 조정위원회를 거쳐야 행정부로 송부되지만 아직 초기 단계에 머물고 있는 셈이다.

내용은 1차 경기부양책에서 담고 있는 세금 환급이나 기업에 대한 세액 공제와 달리 주요 지역 인프라스트럭처 프로젝트 등 토목·건축 공사를 통한 고용 창출이 주를 이룬다. 펠로시 의장은 2차 경기부양책에 강한 의지를 갖고 이미 1,500억 달러 규모 법안을 추진하겠다는 뜻을 여러 차례 밝혔다. 지난달 13일에는 학계, 업계, 행정부 측 등 관련 전문가들을 불러 모아 대책회의를 하기도 했다.

펠로시 의장은 이날 회의 후 부양책을 최대 3,000억 달러까지 늘릴 필요가 있다고 주장해 부시 행정부 측을 당혹스럽게 만들었다. 골드만삭스는 자체 이코노미스트를 통해 2차 경기부양책이 효과를 내려면 3,000억 달러에서 최대 5,000억 달러는 돼야 한다고 권고하고 있다. 전문가들은 추가 부양책이 마련된다면 고용 창출을 위한 인프라 투자 외에 빈곤층 무료 급식(푸드 스탬프)과 실업수당 확대 등으로 내용을 확대해야 한다고 주장한다. 1차 부양책이 세금 환급에 초점을 둔만큼 일정 수준 이상 소득을 올리는 개인과 가구에만 효과가 있기 때문이다.

2차 경기부양책이 대선 후 레임덕 회기 때 처리될 경우 이와 함께 현안으로 남아 있는 한국, 콜롬비아, 파나마 등 3개국과 자유무역협정(FTA)이 의회에서 비준 처리될 가능성에 주목해야 한다. 민주당 주도 의회는 콜롬비아와 파나마에 대해서는 내용 수정 없이 처리할 수 있다는 견지다. 하지만 한국과 FTA에 대해서는 자동차 부문에서 불균형을 문제 삼아 사실상 내용 수정을 요구하고 있다. 자칫 한국을 제외하고 콜롬비아와 파나마만 처리되는 상황이 나타날 수도 있다.

이럴 경우 홀로 남은 한·미 FTA 처리가 오히려 홀가분해지느냐 아니면 더 불리해지느냐는 향후 미국 내 정치 구도 변화와 맞물려 결정될 수 있다는 분석이다. 오바마 후보가 집권하면 새 행정부 출범 전 과거 짐을 털어버리고 가는 것이 유리하다는 당내 일부 주장에 힘입어 한·미 FTA가 연내 처리될 실낱같은 가능성도 있다는 의미다.

오바마 차기 대통령 당선인
루빈·버핏과 경제논의(2008. 11. 8)

선거후 첫 회견서 경제 대책 발표…10일 부시와 회동

버락 오바마 미국 대통령 당선인이 7일 선거 후 열린 첫 회견에서 경제 관련 대책을 발표함으로써 '경제 대통령' 이미지를 확실하게 보여줬다.

취임 전까지 70여 일이 남아 있지만 금융위기가 좀처럼 수그러들지 않는 데다 실물경제도 점차 악화 국면으로 치닫는 등 위기감이 고조되고 있기 때문이다. 특히 당선 후 이틀 연속 뉴욕증시 다우지수가 큰 폭으로 하락하는가 하면 실물지표들도 곤두박질치는 등 급박하게 돌아가는 점도 고려됐다.

오바마는 7일 오후(현지시간) 시카고에서 열린 기자회견에서 금융위기 수습책과 함께 실물경제 회생을 유도하기 위한 2차 경기부양책 추진 의사를 밝혔다.

오바마 당선인은 대책 발표에 앞서 핵심 경제참모와 전문가들이 참석하는 긴급회의를 주재했다. 이 자리에는 금융계, 학계, 전직 관료, 선거캠프 참모 등이 대거 참석해 위기 수습을 위한 총력전에 나서겠다는 의지를 과시했다. 이 자리에는 워런 버핏 버크셔 해서웨이 회장, 로버트 루빈 전 재무장관, 로엘 캄포스 전 증권거래위원장, 상무장관을 지낸 윌리엄 데일리 JP모건체이스 미 중서부 담당 회장, 로저 퍼거슨 전 미 연방준비제도이사회(FRB) 부의장 등 재계 인사가 대거 참석했다.

오바마 당선인은 10일에는 백악관에서 조지 W. 부시 대통령과 단독 회동을 하고 금융위기 등 현안에 대해 협의할 예정이다. 6일부터는 중앙정보국(CIA) 등 16개 행정부 내 정보기관을 관장하는 국가정보국장실(ODNI)에서 일일 정보 브리핑을 받기 시작했다.

오바마 당선인은 오는 15일 열리는 G20 정상회의에는 현직 부시 대통령을 배려해 참석하지 않기로 했다. 다만 전 세계적인 금융위기 극복을 위한 G20 정상들의 노력과 정상회의에서 도출되는 합의사항에 지지를 보내겠다고 밝혔다.

은행부채·예금
지급보증 검토(2008. 11. 11)

G7 공조 강화…IMF도 신흥국에 긴급 금융지원

좀처럼 진정되지 않는 금융위기를 수습하기 위해 백악관, 재무부, 중앙은행, 의회가 추가적인 대책 마련에 고심하고 있다.

조지 W. 부시 미국 대통령은 11일 선진7개국(G7) 재무장관 및 국제통화기금(IMF)과 세계은행 총재들을 백악관으로 초청해 글로벌 금융위기 대처 방안을 협의할 예정이다.

민주당 소속 낸시 펠로시 하원 의장과 해리 리드 원내대표는 9일 아예 부시 대통령에게 G8 긴급 정상회담을 열어 금융위기 수습을 위한 국제 공조에 나서라고 촉구했다. 2차 경기부양책 추진도 공론화하고 나섰다.

펠로시 하원 의장은 이와 관련한 전문가 대책회의를 13일 개최할 계획이라고 밝혔다.

금융위기 해결 위한 주요 일정

- IMF, 신흥국 긴급금융지원 절차 가동(8일)
- 조지 W. 부시 미국 대통령, 긴급성명 발표(10일)
- G7 재무장관·중앙은행 총재 회의 개최(10일)
- G20 금융위기 대책 긴급회담 개최(13일)
- 美하원, 2차 경기부양책 대책회의(13일)
- 美재무부, 부실은행 주식 직접 매입(이달 말)

*현지시간 기준.

민주당이 주장하는 2차 경기부양책은 1,500억 달러 규모로 사회간접 자본에 대한 투자와 실업 급여 확대 등을 내용으로 하고 있다.

지난 2월 통과된 1차 경기부양책은 세금 환급과 기업 세액 공제를 내용으로 1,680억 달러 규모였다.

미국 정부는 수십억 달러 규모 은행 부채에 지급 보증을 서고 모든 은행 예금에 대해 한시적으로 지급을 보증하는 추가 대책을 검토 중이라고 월스트리트저널(WSJ)이 10일 인터넷판에서 보도했다. WSJ는 모든 은행 예금을 보증한다는 구상은 은행 등 금융회사로부터의 '현금 엑소더스' 현상을 더 이상 방관하지 않겠다는 미국 정부의 의지를 잘 보여주는 것이라고 분석했다.

미 정부가 은행 채무를 제한적이나마 지급 보증할 경우 은행 간 불신으로 인해 정부가 아무리 긴급자금을 투입해도 신용경색이 호전되지 않는 '돈맥 경화' 현상을 조금이나마 덜 수 있을 것으로 기대된다.

정부가 은행 부채 상환을 보증하는 방안은 고든 브라운 영국 총리가 미국 등 다른 주요 국가에 제안한 것으로 알려졌다. 최근 영국 정부는 최고 36개월 만기의 은행 부채를 2,500억 파운드 한도로 보증하겠다는 계획을 발표한 바 있다.

미 재무부는 은행에 자본을 직접 투입해 지분을 확보하는 방안도 검토하고 있다. 재무부는 구제금융법에 의해 부여받은 권한을 이용해 은행에 자본을 투입하고 그 대가로 보통주 또는 우선주를 확보할 예정이다. 다만 경영권에 관여하지 않겠다는 원칙이어서 국유화와는 다르다는 논리를 강조하고 있다. 한편 국제 공조 차원에서 IMF는 부도위기에 빠진 신흥국에 대한 긴급금융지원 시스템을 가동하기로 했다. 일본 정부는 일본·중국·중동 산유국 등의 외환 지불준비금을 활용해 신흥국에 자금을 지원하는 '긴급융자제도'를 IMF에 제안할 방침이다.

재정지출 확대해
경기 살린다(2008. 11. 10)

케인스주의 부활

'케인스주의 부활을 공론화하는 계기가 될 것이다.'

전문가들은 버락 오바마 대통령 당선인의 등장이 갖는 정책과 사고의 패러다임 변화를 이렇게 정리하고 있다.

지난 30년간 미국은 레이거노믹스라는 물결이 지배해왔다. 클린턴 행정부의 8년 정도가 예외였을 뿐이다. 레이거노믹스는 '시장 지상주의와 작은 정부' 논리였다. 풀어 말하자면 개인과 기업의 재산권 중시와 국가 권력의 시장 개입 최소화였다. 나아가 '탈규제와 국경 없는 시장'도 강조됐다. 이는 1970년대 이후 신자유주의라는 이데올로기로 포장됐다.

신자유주의의 이론적 배경은 이른바 '시카고 학파'에서 뒷받침됐다. 밀턴 프리드먼과 그 후예들을 중심으로 한 시카고대 경제학자들이다. 시카고 학파는 경제적 방임주의를 내세웠다. 미국은 이런 논리를 전 세계에 전파시켰다. 무차별적인 금융시장 개방에 대한 압박을 주저하지 않았고 이를 통해 경제 성장의 과실을 이뤄냈다고 자랑했다.

그러나 이번 금융위기에서 시장은 작동하지 않았음이 드러났다. 부시 행정부가 시장의 자율적인 치유와 작동을 기대하고 주저하는 사이 결국 위기를 키웠고 이는 늑장 대응이라는 비판으로 이어졌다. 신자유주의적 기조에 공화당의 전통적인 정부 개입 최소화 논리가 어우러진 결과였다.

민주당 오바마 대통령 당선인의 등장은 이런 신자유주의와 정부 개입 최소화 논리에 종지부를 찍는 분기점이다. 동시에 신자유주의 대신 케인스주의가 부활하고 있음을 대외에 공개적으로 인식시킨 상징이다.

케인스주의는 '보이지 않은 손'에 의한 시장의 자기 조정 능력에 한계가 있다는 전제 아래 정부가 재정지출 등을 통해 적극적으로 시장에 개입해야 한다는 논리다.

금융위기로 부시 행정부는 본의 아니게, 그리고 불가피하게 케인스주의를 받아들였다. 7,000억 달러에 달하는 구제금융과 정부의 은행 지분 매입 등 조치에서 30여 년간 이어져온 신자유주의 물결을 밀어내고 케인스주의가 이미 채택됐음을 보여준다.

오바마의 등장은 케인스주의를 전면에 더욱 부각시키고 공식화시키는 촉매제가 될 수 있다. 시장 개입에 대해 적극성을 보여 온 민주당의 경제 정책과도 직결된다.

하지만 자본주의 체제에서 시장은 정부에 우선해야 한다는 것이 학자들의 공통된 지적이다. 정부 개입은 또 다른 역작용을 가져오기 때문이다. 과도한 개입은 국민에게 사사건건 정부의 역할을 기대하게 만들고 이는 경제 주체의 무책임과 소극성을 유도할 수 있다. 오바마 행정부가 시장 개입에 적절한 논리와 기준을 만들지 않으면 신자유주의로 복귀가 머지않을지도 모를 일이다.

폴슨 재무,
구제금융방식 황급히 바꾼 이유는?(2008. 11. 14)

금융사 부실채권 인수 안 하고 카드·학자금 대출 우선

미국 정부가 금융위기 해소를 위해 마련한 구제금융 방안의 세부 실행 계획이 바뀌었다.

헨리 폴슨 재무장관은 지난 12일 열린 회견에서 "금융회사로부터 부실채권을 인수하는 계획을 폐기하는 대신 은행에 자본 투입을 계속하는 한편 소비자 금융 부문에 대한 지원에 나서겠다"고 발표했다. 당장 효과가 나타날 것으로 보이지 않는 부실채권 인수에 시간과 돈을 들이는 대신 금융회사에 직접 자본을 투입해 대출 여력을 늘려주고 신용위기가 심각한 소비자금융 부문의 급한 불을 끄겠다는 것이다.

구제금융 세부 실행 방안은 크게 두 가지다.

먼저 금융회사에 대한 자본 투입이다. 대상은 상업은행에만 그치지 않고 보험 등 다른 부문으로도 넓혀갈 가능성이 높다. 비은행 금융회사에도 자본을 투입하는 방안을 검토 중이다. 자동차할부금융회사나 신용카드회사들에 생긴 유동성 위기 때문이다. 아메리칸익스프레스카드는 실제로 정부에 구제금융을 신청했다. 비은행 금융사들은 예금을 취급하지 못하면서 대출채권 유동화를 자금을 조달하고 있으나 최근 채권시장 경색으로 자금난에 봉착했다.

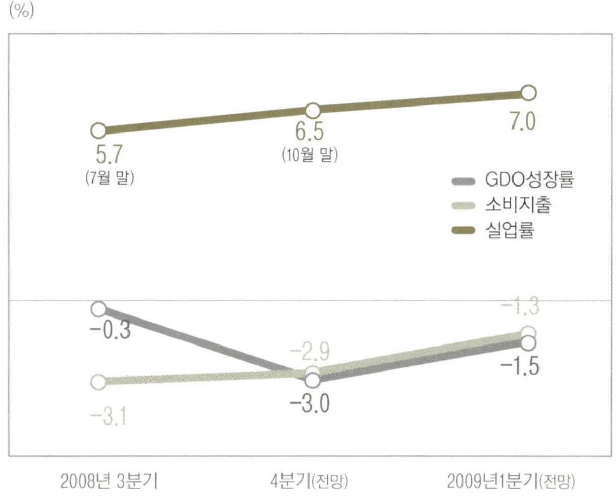

*전망치는 미 경제전문가 59명 대상 설문조사 결과.
출처: 블룸버그뉴스

둘째는 소비자 금융 부문에 대한 지원이다. 폴슨 장관은 신용카드 대출, 자동차 할부금융, 학자금 대출 등을 취급하는 비은행 금융회사들에 대해 공적자금을 지원하는 방안을 마련하겠다고 밝혔다. 가계 소비지출과 직결된 이 부분이 무너져 내리면 경기 침체 양상이 훨씬 더 심각해질 수 있다는 우려가 반영된 것으로 풀이된다.

미국 가계의 위기는 늘어나는 실업률과 소비 위축에서 확인된다. 11월 3~8일 실업수당을 신청한 사람의 수가 일주일 전보다 3만 2,000명 늘어난 51만 6,000명으로 2001년 9월 이후 최대를 기록했다고 13일 밝혔다.

반면 국내 소비지출이 줄어들고 국제 유가가 급락하면서 9월 무역적자는 8월 591억 달러보다 4.4% 줄어든 565억 달러로 집계됐다. 이는 최근 1년 새 가장 적은 적자 폭이다.

당초 재무부는 의회에 공적자금 7,000억 달러를 요청하면서 이 돈으로 금융회사들의 모기지 관련 부실채권을 매입하는 데 쓰겠다고 밝혔다. 주택시장 붕괴로 주택담보대출 연체가 심화되고 이로 인해 모기지 관련 채권 부실화로 금융회사들 신용경색이 초래됐기 때문에 부실채권 인수가 금융위기 수습의 핵심이라고 판단했다. 그러나 생각을 바꿨다. 상황도 변했다.

이 같은 변화의 근본적인 배경은 따로 있다. 부실자산 매입을 시작해도 금융회사별 부실채권 보유 실태를 조사하고 역경매 방식으로 인수하는 데 상당한 시일이 걸릴 수밖에 없다는 점이 확인됐다. 부실채권 인수 가격 산정이 간단하지 않은 데다 헐값에 채권을 인수했다가는 금융회사들 재무상태를 더 어렵게 만들 수 있다는 우려도 제기됐다.

폴슨 장관은 "최근 몇 주일에 걸쳐 금융회사들의 모기지 관련 부실채권 인수에 따른 효과를 정밀 조사한 결과 현시점에서 금융회사들 부실채권 매입에 공적자금을 투입하는 것이 가장 효율적인 방법은 아니라는 결론을 내렸다"고 밝혔다.

재무부는 공적자금 가운데 2,500억 달러로 은행에 직접 자본을 투입하는 방안을 추진한 결과 상당한 효과가 있다는 것을 알았다. 현재까지

금융회사 50여 곳이 총 1,720억 달러 자본 투입을 승인받았다. 은행으로
서는 자본금이 늘면 국제결제은행(BIS)의 자기자본비율이 올라가기 때문
에 재무건전성을 개선하고 본업에 다시 전념할 수 있는 상황을 맞는 셈
이다. 하지만 정부 정책 일관성 측면에서는 원칙을 잃었다는 점에서 시장
에서 좋은 평가를 받지 못할 것으로 보인다.

PART 4

헬리콥터에서
뿌리는 달러

리먼브러더스 사태 후 금융시장은 곤두박질쳤다.

미국 중앙은행인 FRB(연방준비제도이사회)는 전방위적으로 시장에 유동성을 공급했다. 기업어음(CP)을 시장에서 직접 사들이기로 하는가 하면 정부보증 모기지업체로부터 6,000억 달러 규모에 달하는 모기지 관련 채권이나 증권을 인수하겠다고 했다. 가계와 중소기업에도 2,000억 달러를 지원하기로 했다. 금융회사의 부실자산 매입에 5,000억 달러를 넣고, 가계와 기업, 모기지 업체 등에 별도로 1조 달러를 풀기로도 했다. 끝 모르는 나락으로 떨어지는 경제를 붙잡기 위해 중앙은행이 사실상 무제한의 통화 공급에 나선 꼴이었다.

이와 함께 정책금리인 연방기금금리를 0~0.25%로 끌어내려 제로금리 정책을 끌고 갔다.

중앙은행의 제로금리 정책 및 유동성 공급과 별도로 버락 오바마 행정부는 7,870억 달러 규모의 경기부양책을 마련했다. 2009년 초의 시점이다. 한 해 전 조지 W. 부시 행정부 때 이미 집행했던 1,680억 달러의 경기부양책에 이어 두 번째였다.

대출자들이 주택담보대출금을 못 갚아 집을 잃는 사태를 막겠다며 750억 달러를 투입해 대출금 상환 부담을 덜어주고, 모기지(주택담보대출) 매입을 위해 최대 2,000억 달러를 투입하는 주택 보유자 안정책도 내놨다.

이렇게 정부와 중앙은행이 돈을 풀어대는 형국을 벤 버냉키 FRB 의장은 '헬리콥터에서 돈 뿌리기'라고 표현했다.

2008년 하반기 이후 2009년까지 진행된 무차별적인 유동성 공급은 결국 미국 연방 정부의 재정 적자를 사상 최대 규모까지 늘려놓았다.

이런 발버둥에도 불구하고 2008년 4분기와 2009년 1분기의 미국 경제 성장률은 각각 마이너스 5.4%와 마이너스 6.4%를 기록했다. 두 분기로 이어지는 6개월 실적은 1957~1958년 이래 최악의 마이너스 성장률 기록이다.

급기야 금융당국은 은행들을 대상으로 '스트레스 테스트'를 실시한 뒤 기준에 미달한 10개 은행에 자본 확충을 강제하기에 이르렀다. 스트레스 테스트란 경제 여건이 더 악화될 경우를 가정해 은행들이 이를 감당할 만한 자본을 확보하고 있는지를 평가하는 작업이다.

금융시장 안정을 위한 안전장치는 국제적으로도 마련됐다. FRB는 2008년 9월 유럽중앙은행(ECB) 그리고 영국 및 스위스 중앙은행과 통화 스왑 협정을 이미 2007년 맺어뒀다. 2008년 9월에는 일본 중앙은행이 추가됐다. 이어 10월에는 뉴질랜드, 한국, 브라질, 멕시코, 싱가포르 등까지 더해 총 14개국을 '달러 우산 체제'의 일원으로 포함시켜놓았다.

통화스왑은 대상 국가에 대한 달러 공급을 통해 유일의 기축 통화 체제를 지속시키려는 전략이었다. 기축 통화로서의 달러에 대한 신뢰와 가치가 내리막길을 걷기 시작하자 취한 조치로, 흔들리는 미국의 처지를 보여준 또 다른 상징이었다.

달러 무제한 방출에 나선 FRB

FRB 8,000억 달러
자금지원 나선다(2008. 11. 27)

모기지에 6,000억 달러, 가계·중소기업에 2,000억 달러 투입

미국 연방준비제도이사회(FRB)가 주택보유자와 소비자, 중소기업 등이 직면한 금융위기를 해결하기 위해 8,000억 달러 규모 자금 지원에 나선다.

FRB가 정부 보증 모기지업체 패니매이와 프레디맥으로부터 6,000억 달러 규모 모지기 관련 채권과 증권을 인수할 것이라고 블룸버그뉴스가 25일 보도했다.

미국 금융당국 자금지원 현황

패니메이, 프레디맥 지원
● 2,000억 달러 자본금 확충(9월) ● 1,440억 달러 MBS매입(9월) ● 6,000억 달러 채권과 MBS추가 매입

소비자·중소기업 지원
● 2,000억 달러 학자금, 자동차할부금융, 신용카드, 중소기업 대출에 투입 ● 구제금융 자금 중 200억 달러 신용대출에 사용

소비자와 중소기업 대출 지원을 위한 2,000억 달러 지원 프로그램도 마련할 계획이다. 6,000억 달러의 모기지 업체 채권, 증권 인수 자금 중 1,000억 달러는 패니매이와 프레디맥, 연방주택대출은행의 채권을 직접 매입하고 나머지 5,000억 달러는 패니매이와 프레디맥 등이 보증하는 모기지담보부증권(MBS)을 매입하는데 사용될 예정이다.

FRB는 "이번 지원방안은 주택구입자들의 비용을 줄이고 주택구입 대출을 늘리기 위한 조치로 주택시장과 금융시장 안정화에 기여할 것"이라고 설명했다. 이번 모기지업체 지원은 지난 9월에 이어 두 번째 조치이다.

미국 금융당국은 지난 9월 패니매이와 프레디맥의 자본금 확충을 위해 2,000억 달러를 투입하고 패니매이와 프레디맥이 보증하는 MBS 매입에 1,440억 달러를 지원한 바 있다. 소비자와 중소기업의 신용경색 완화를 위해 투입되는 2,000억 달러는 학자금 자동차 신용카드와 중소기업 대출과 관련한 자산유동화증권(ABS)에 투자할 계획이다.

FRB는 "이번 채권과 증권 매입이 수분기에 걸쳐 이뤄질 것"이라고 밝혔다. 블룸버그는 ABS 매입과 관련해 FRB가 시장 붕괴가 계속되는 것을 피하기 위해 노력하고 있는 중이라고 설명했다. 미국 재무부도 의회 승인을 받은 7,000억 달러 구제금융 가운데 200억 달러를 신용대출 지원 프로그램에 지원하겠다고 밝혔다.

전문가들은 이번 조치가 지난 6년 전 벤 버냉키 현 FRB 의장이 구상한 금융시장 붕괴와 디플레이션을 방지하기 위한 정책의 시작으로 보고 있다. 윌리엄 풀 전 세인트루이스연방은행 총재는 "그들은 경색된 시장을 완화시키기 위해 자금을 쏟아 부으려 노력하는 중"이라고 설명했다.

버락 오바마 미국 대통령 당선자도 24일(현지시간) 미국 경제위기 해결을 위해 '신속하고(Swiftly) 대담하게(Boldly)' 경제회생 정책을 추진할 것을 약속했다.

오바마 당선자는 이날 시카고에서의 차기 행정부 경제팀 발표 기자회견에서 "경제팀은 오늘부터 당장 회생작업에 착수할 것"이며 "우리는 1분도 허비할 시간이 없다"고 말했다. 그는 "월스트리트의 위기는 메인스트리트의 가족과 비즈니스에 다시 한 번 허리띠를 졸라맬 것을 요구한다"며 국민적인 노력을 권고했다.

오바마 당선자는 또 메인스트리트를 겨냥한 경기부양책을 사용해 고용창출, 기반시설 구축, 도로와 학교 건설 등을 추진할 것이라고 덧붙였다. 그는 "미국의 경제가 현재 악순환의 덫에 빠졌다"고 진단하며 "미국 경제가 더 악화될 조짐을 보이고 있기 때문에 완전한 경기회복이 당장 일어나지는 않을 것"이라고 말했다. 오바마 당선자는 "우리는 당장의 위기를 극복하기 위한 경제회생 방안뿐 아니라 장기적인 경제성장을 위한 기초작업도 함께 해야 한다"며 "지금의 심각한 경제상황에서 우리는 주저하거나 지체해서는 안 된다"고 강조했다. 그는 또 파산 위기에 처한 미국 자동차산업과 관련해 "자동차산업이 매우 중요하기는 하지만 자동차 업체들이 장기적으로 변화할 것이라는 담보 없이 '백지수표(Blank Check)'를 내줄 수는 없다"고 단언했다.

경기 살아날 때까지
달러 무제한 푼다 (2008. 12. 18)

금리의 종언…미국 통화정책이 바뀐다

"대공황으로 가느니 차라리 거품이 낫다" 판단

이마저도 실패하면 방법이 없는 '배수진 카드'

'끝 모르는 침체의 나락으로 빠지는 경기 상황에 대처하기 위해 사실상 무제한의 통화 공급을 선언한 것이다.'

지난 15일부터 이틀 간 열린 미국 연방준비 제도이사회(FRB)의 금 리 결정 회의 후 나온 조치에 대해 전문가들 은 이렇게 평가했다. 경

기 급락을 막기 위해서는 FRB가 '어떤 조치든 취할 수 있다'는 의지를 분명히 보여줬다는 것이다.

구체적으로 보면 두 가지다.

우선 정책금리를 제로 수준으로 운용하는 것이다. 연방기금 금리를 0~0.25%에서 유지하겠다는 발표는 사실상 제로금리 시대로의 진입이다. 이미 실제 연방기금 금리가 거의 제로 수준까지 떨어진 상황에서 금리 인하 효과를 기대하기 어렵지만 신용경색 등 부정적 충격을 차단하겠다는 FRB의 의지가 시장에 전달되기를 기대하는 의도에서다.

둘째는 무제한의 돈 풀기다. FRB는 이를 '양적 완화(Quantitative Easing)' 정책으로 구체화했다. 이번 회의에서는 이를 공식적으로 선언했다. 양적 완화 정책이란 FRB가 발권력을 동원해 장단기 국채를 직접 매입하는 방식으로 나타난다. 금융시장이 안정될 때까지 자금을 공급하겠다는 것을 의미한다. FRB가 장기 국채를 매입하면 이 국채를 보유한 금융회사들은 FRB로부터 직접 자금을 수혈 받을 수 있다. 장기 국채 금리

가 떨어지면서 가계와 기업들이 낮은 금리로 자금을 조달할 수도 있다. FRB는 이미 금융위기 표면화 후 통화 공급을 확대해왔다. 사실상의 양적 완화 정책을 펴왔다는 의미다. 대표적으로 기업과 금융회사들이 발행한 기업어음(CP) 상환과 차환 발행이 차질을 빚자 CP를 직접 매입하겠다고 나섰다.

지난달 말에는 모기지증권 매입, 신용카드 외상구매, 자동차할부 금융 등의 지원에 8,000억 달러를 풀겠다고 밝혔다. 이런 조치에 비하면 장기 국채 매입을 검토하겠다는 발표는 보다 적극적이고 직접적이다. 양적 완화 정책의 과거 사례는 일본에서 찾을 수 있다. 1990년대 일본에서 거품경제가 붕괴된 후 중앙은행이 정책금리를 제로 수준까지 낮췄지만 디플레이션 상태에서 벗어나지 못하자 2001년부터 5년간 은행들이 보유한 장기 국채를 매입하는 방식으로 양적 완화 정책을 썼다. FRB가 장기 국채를 직접 매입하면 장부상으로는 자산이 크게 늘어난다. 채권을 매입하는 재원은 발권력을 통해 동원한다. FRB는 이를 위해 이날 발표한 성명에서 '대차대조표상의 자산 규모를 높은 수준에서 유지하겠다'고 미리 예고했다. FRB의 대차대조표 총자산은 최근 2조 달러를 넘어섰으며 내년에는 3조 달러에 이를 것으로 예상된다.

문제는 시장에서 채권가격이 왜곡되는 현상을 어떻게 막을 것이냐다. 과도하게 풀린 달러는 인플레이션과 달러가치 하락이라는 부작용도 수반한다. 다만 경기 침체라는 당면한 과제를 푼 다음에 고민해야 하는 문제일 수도 있다. 이런 점에서 '무제한의 돈 풀기' 정책은 중앙은행의 마지막 카드나 다름없다. 이렇게 해서도 경기 침체에서 벗어나지 못하면 시장에서 기대할 다음 조치는 사실상 없다는 점에서 벼랑 끝 전법이나 마찬가지다.

한편 CNN은 FRB의 무제한 돈 풀기 정책은 지난 10월 초 다우존스지수가 1만선 아래로 떨어지는 시점에 이미 준비돼 정지작업을 위한 사전 조치가 나오기 시작했다고 전했다. 대표적인 것이 당시 내놓았던 시중은행의 지급준비금에 이자를 지급하는 조치다. 이는 통화량이 과도하게 공급되더라도 향후 금리 정책을 쉽게 펴나가기 위한 안전장치였다는 분석이다.

미국 1조 달러·일본 10조 엔 재정적자 '폭탄'(2009. 1. 9)

구제금융·경기부양으로 급증, 예상치보다 2배가량 늘어날 듯

금융회사 제조업체 등에 대한 구제금융과 경기 침체 탈출을 위한 경기부양책이 미국에 매년 1조 달러를 웃도는 대규모 재정적자 폭탄을 야기할 것으로 전망되고 있다.

일본도 대규모 경기부양책으로 올해 재정적자가 10조 엔 수준에 달하

면서 재정구조 악화를 피하기 어려울 것으로 보인다.

미국 의회 산하 예산국(CBO)은 7일(현지시간) 2009회계연도 미국 재정 적자가 1조 1,860억 달러에 달할 것으로 예상된다는 전망치를 내놓았다. 워싱턴포스트도 이에 앞서 2009년 재정적자가 1조 달러에 육박하는 수준이 될 수 있다고 보도했다.

이런 염려를 반영해 버락 오바마 대통령 당선인은 지난 6일 앞으로 수년간 재정적자가 매년 1조 달러에 달할 수 있다고 말했다. 켄트 콘래드 상원 예산위원장은 2009년 한 해만이 아니라 앞으로 10년간은 매년 평균 1조 달러 재정적자를 보일 수 있다는 극단적인 예상까지 할 정도다. 미국 회계연도는 매년 10월부터 다음해 9월까지를 기준으로 한다. 따라서 2009회계연도 적자는 지난해 10월부터 재정자금 지출을 반영하는 수치다. 금융위기 수습을 위해 집행한 재정자금과 부시 행정부 감세로 인한 세수 감소 등이다.

유동성 위기에 빠졌던 양대 주택담보대출업체인 패니메이와 프레디맥을 국유화하는 과정에서만 2,380억 달러가 투입됐다. 하지만 7,000억 달러 규모인 금융회사 구제금융 지원 자금 가운데 일부만 반영된 수치다.

여기에 오바마 차기 행정부가 오는 20일 취임 이후 즉시 내놓을 것으로 알려진 7,750억 달러 규모 경기부양책에 필요한 재정지출도 넣지 않았다. 7,000억 달러 구제금융과 7,750억 달러 경기부양책만 추가한다 해도 올해 재정적자 규모는 의회 예산국 등에서 내놓은 전망치보다 최대 두

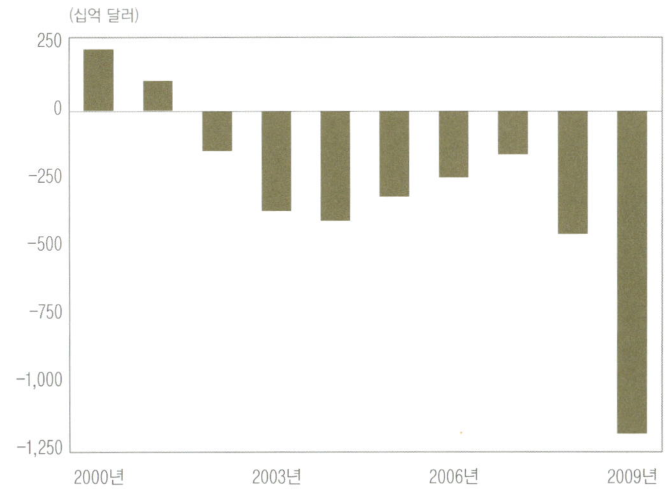

배까지 커질 수 있다는 얘기다.

의회 예산국이 내놓은 올해 재정적자 예상치 1조 1,860억 달러는 미국 국내총생산(GDP) 대비 8.3%에 해당한다. 연도별로 최대 재정적자 기록은 2008회계연도 4,550억 달러다. 2009회계연도 재정적자는 전년 대비 2.6배 늘어난 것이며 2차대전 이후 미국 경제에서 최대 규모를 기록하는 셈이다.

미국 총부채는 10조 6,000억 달러까지 늘어난 상태다.

한편 오바마 미 대통령 당선인이 7일 미 CNBC 방송과 인터뷰에서 차기 미국 행정부가 오는 4월 2일 주요 20개국(G20) 금융정상회의에 앞서 새로운 금융규제안을 제출할 것이라고 밝혔다.

내수 부양과 기업 지원을 위해 총 12조 엔(약 150조 원) 규모 재정지출을 실시할 예정인 일본도 당초 목표로 삼았던 '2011년 재정 흑자화'를 사실상 포기한 상태다. 일본 내각부는 2011년 기초 재정수지가 10조 엔대 적자를 낼 것으로 추산했다. 이는 일본 명목 국내총생산(GDP) 대비 약 2%에 해당하는 규모다.

일본은 지난해 기초 재정수지 적자 규모가 5조 2,000억 엔이었지만 극심한 경기 침체, 재정지출 확대 악순환 속에서 3년 만에 재정적자 규모가 2배 이상 늘어나게 된 셈이다. 일본 정부는 2006년 재정운용 중장기 계획을 내놓고 '2011년 재정 흑자화 원년'을 달성하기 위해 세입세출 개혁을 추진해온 바 있다. 이를 위해 공공사업비 삭감, 국채 발행 감소, 소비세율 인상 등을 단계적으로 실시할 방침이었지만 작년 하반기 글로벌 금융위기로 인해 재정건전화 계획을 전면 보류하게 된 셈이다.

아소 다로 일본 총리는 연초 기자회견에서 "재정건전화도 중요한 목표지만 경기 침체에서 벗어나는 게 더 시급한 과제"라고 밝혀 소비세율 인상 등 재정건전화 계획을 당분간 연기할 방침임을 시사했다.

올해 내각부가 편성한 예산안에 따르면 총 88조 엔 규모인 일반회계 세출(예상액) 가운데 세수 수입으로 충당이 가능한 재원은 46조 엔 정도에 불과한 것으로 추산됐다. 이는 극심한 경기 침체 여파로 법인세와 소득세 등이 대폭 줄어들면서 올해 세수 규모가 작년보다 13~14% 줄어든 46조 1,000억 엔대에 그칠 것으로 전망됐기 때문이다. 일본 세수 실적이 연간 50조 엔 이하로 떨어진 것은 2006년 이래 3년 만에 처음이다.

금융회사 몫
구제금융자금 가계·중소기업에 쓴다 (2009. 1. 14)
미집행분 3,500억 달러 활용해

버락 오바마 미국 대통령 당선인은 금융사 구제금융 자금 7,000억 달러 가운데 아직 집행되지 않은 2차분 3,500억 달러를 주택압류 위기에 처한 가계 지원과 학자금 대출, 중소기업 대출 등에 사용하기로 했다고 12일(현지시간) 밝혔다.

당초 계획했던 것처럼 대형 금융사 지원에 국한하지 않고 경기 침체에 따른 고통을 첨예하게 겪는 계층을 주된 수혜 대상으로 삼겠다는 것이다. 또 자금 집행 과정에서 투명성과 책임성도 대폭 강화하겠다는 입장이다.

오바마는 이날 조지 W. 부시 대통령의 백악관에 2차분 집행을 의회에 요청할 것을 정식으로 제안했으며 이에 대해 백악관은 즉각 의회에 3,500억 달러 자금 집행을 요청했다.

이와 관련해 로런스 서머스 국가경제위원회 의장 내정자는 의회 지도부에 전달한 서한에서 2차분 3,500억 달러 집행을 요청하면서 2차분에 대해서는 주택압류를 줄이기 위해 가계에 대한 직접적인 지원 등의 용도로 쓸 것임을 분명히 밝혔다.

또 자금 수혜자들에게 엄격한 조건을 부과해 자금 지원에 따른 책임성을 강화할 것이라고 강조했다. 지난해 10월 의회 승인을 받아 집행된 1차분은 최초에는 금융사 부실자산 매입에 투입될 예정이었으나 금융사 자본확충을 위한 용도로 사용됐다. 하지만 수혈받은 금융사에 대한 후속 감사가 제대로 이뤄지지 않는다는 지적이 나오면서 의회가 2차분 집행 승인을 거부하겠다는 의사를 보이고 있다. 의회는 2차분 자금 집행에 동의하는 조건으로 용도를 명확히 하고 모니터링과 사후 보고를 확실히 할 것을 요구하고 있다. 오바마의 이날 구제금융 자금 용도 수정 입장 발표는 이런 기류에서 나온 것이다.

7,870억 달러의
2차 경기부양책

하원 8,250억 달러
부양책 법안 마련(2009. 1. 17)

5,500억 달러 투자·2,750억 달러 세금 감면

미국 하원이 8,250억 달러 규모의 경기 부양책을 담은 법안을 마련했다.

버락 오바마 대통령 당선인이 취임 후 내놓겠다고 공언하고 있는 경기 부양책과 관련해 민주당 주도의 의회 차원에서 먼저 방안을 제시한 것이다.

하원 세출위원회는 향후 2년간 근로자와 기업에 대한 2,750억 달러 규

미국의 경기 부양책

1차 부양책 ➡ **2차 부양책**

1차 부양책
- 1,680억 달러(2008년 조지 W. 부시 행정부 때 이미 집행)

2차 부양책
- 8,190억 달러(2009년 1월28일 민주당 주도 하원에서 통과시킨 법안)

정부 지출 5,440억 달러
- 1,420억 달러 교육·환경 개선 사업 투입
- 900억 달러 도로, 교량, 상하수도 인프라스트럭처 투자

감세 2750억 달러
- 전체 근로자 95%에게 1인당 500달러, 부부 1,000달러

모의 세금 감면과 일자리 창출을 위한 투자 재원 5,500억 달러를 포함한 8,250억 달러의 경기부양 법안이 앞으로 2주 후에 의회에서 논의될 것이라고 15일(현지시간) 밝혔다.

공화당측은 오바마 차기 행정부와 민주당 주도의 의회가 대중 영합을 위한 인기주의 정책부터 펼친다며 반대 의사를 밝히고 있다. 하지만 낸시 펠로시 하원의장과 해리 리드 상원 원내대표는 취임 후 2월 중순께 오바마 대통령이 경기부양 법안에 서명할 수 있도록 할 것이라고 강조했다.

일각에서는 상원까지 이어지는 논의 과정을 거치면 부양책 규모가

9,000억 달러까지 오히려 늘어날 수 있다는 관측도 내놓고 있다. 이번 경기부양책의 세금 감면 방안은 가구당 1,000달러, 개인당 500달러까지 세금 감면 혜택을 주고 빈곤 근로계층과 자녀가 있는 가정에는 세제 혜택을 더 늘려주는 내용이다. 또 재생에너지와 고연비 자동차 개발, 도로와 학교시설 개선 사업 등에 대한 세제 혜택 제공도 담고 있다.

불황 국면에 채택되는 전통적인 부양책이 상당수다. 신규 실직자나 저소득층을 대상으로 하는 메디케이드 등 헬스케어 사업에 1,300억 달러가 배정됐다. 교육 사업에는 1,000억 달러가 투입된다. 주정부의 개별 예산 지원 삭감을 연방 정부가 일부 보전해준다. 저소득층에 대한 급식(푸드 스탬프)과 실업자 지원에도 수십억 달러의 신규 예산이 잡혔다. 고속도로 건설에는 300억 달러, 철도 건설 사업에 100억 달러, 공항 시설 개선에 30억 달러 등 사회간접자본 확충에도 430억 달러를 쏟아 붓는다.

저소득 계층에 대한 초고속인터넷망 확충과 보건 관련 데이터 전산화 등을 위해 260억 달러를 투입하는 방안도 있다. 또 디지털TV 공급 지원을 위해 6억 5,000만 달러도 배정됐다.

한편 상원은 15일 표결을 통해 3,500억 달러 규모의 2차분 금융구제 자금 집행을 승인했다. 지난해 10월초 7,000억 달러 규모의 금융구제 법안을 통과시키면서 1차로 집행된 3,500억 달러 이외의 자금이다.

버락 오바마 대통령 당선인은 지난 12일 조지 W. 부시 대통령에게 2차분의 집행을 의회에 요청해 줄 것을 촉구, 부시 대통령이 이를 받아들여 의회에 집행을 정식 요청했다. 오바마 행정부는 2차분 3,500억 달러 가운데 최대 1,000억 달러를 주택 모기지(담보대출) 부실에 따른 압류 위기에 빠진 가구 지원에 배정한다는 방침이다.

로런스 서머스 백악관 국가경제위원회 의장 내정자는 15일 의회 지도자들에게 보낸 서한을 통해 "모기지 부실 해결을 위해 500억~1,000억 달러가량의 재원을 배정할 방침"이라며 "부실자산구제계획(TARP) 자금의 나머지 절반 3,500억 달러를 이런 용도를 포함해 효율적으로 사용하겠다"고 설명했다.

이런 점을 의식한 듯 오바마 정부는 경기부양 관련 자금의 투명한 분배와 낭비적 사용을 없애기 위해 웹사이트까지 개설해 내역을 공개키로 하는 등 우호적인 국민 여론 조성을 통해 공화당 협력을 이끌어내는 데 다각적 노력을 펼칠 계획이다.

한편 일부 공화당 소속 주지사가 당론과 달리 경기부양안 통과를 압박하고 나서 관심을 모으고 있다. 대표적 인물은 세라 페일린 알래스카 주지사. 지난해 대선에서 공화당 부통령후보로 나섰던 페일린은 지난달 31일 워싱턴을 방문해 미치 매코넬 공화당 상원 원내대표를 포함한 공화당 상원의원들을 만나 알래스카 주정부가 경기부양책 혜택을 입을 수 있게 해달라고 요청했다. 전미주지사협회(NGA) 부회장 짐 더글러스 버몬트 주지사도 2일 워싱턴을 방문해 공화당 소속 상원의원들에게 경기부양책 승인을 촉구하기로 했다.

오바마
"신용경색 해소조치 곧 발표"(2009. 2. 2)
경기부양·개인 신용회생 대책 마련에 집중

"기업과 가계에 돈이 돌도록 금융 시스템을 다시 재가동시키겠다."

버락 오바마 미국 대통령이 지난달 31일 주례 연설에서 밝힌 내용이다. 그는 "곧 저의 재무장관인 팀 가이트너가 새로운 전략을 발표할 것"이라고 예고하며 미국 경제를 살리기 위해 기업 및 개인 채무자들의 신용경색 해소에 집중할 것임을 밝혔다.

'2차 경제위기 대책'이 전임 조지 W. 부시 대통령의 '1차 경제위기 대책'과 사뭇 다를 것이라는 점을 예상케 한다.

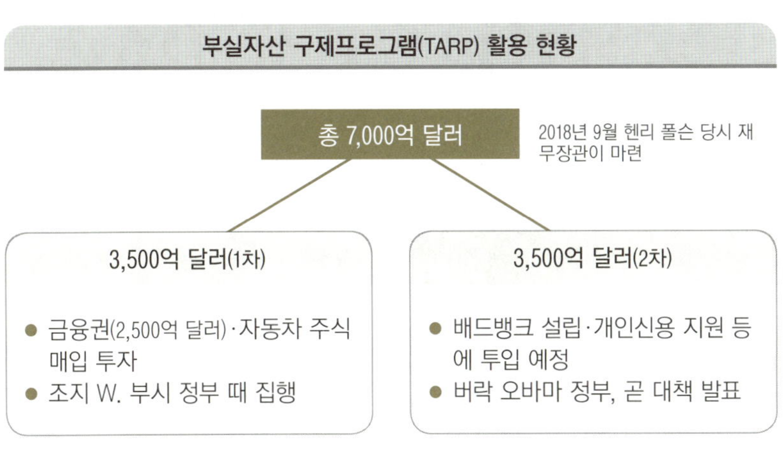

오바마 대통령은 "일자리 창출에 뛰어든 것처럼, 우리는 시장이 안정돼 있고, 신용이 경색돼 있지 않으며, 가족들이 그들의 집에서 머물 수 있음을 보장해야 한다"면서 "우리는 모기지 비용을 낮추고, 중소기업이 고용을 늘리도록 대출을 연장해줄 것"이라고 설명했다. 그러면서 그는 "우리는 과거에 보지 못했던 투명성과 철저한 감독, 명백한 책임성을 고수함으로써 국민의 세금이 어떻게 사용되고 있고, 성과를 달성하고 있는지 국민들이 알도록 할 것"이라고 말했다.

오바마 대통령의 이 같은 언급은 공화당 등 일부에서 오바마 정부와 민주당이 추진하고 있는 8,190억 달러 규모의 경기부양책을 '밑 빠진 독에 물 붓기'식의 땜질 처방이라고 비판하고 있는 것을 겨냥한 것으로 분석된다.

오바마는 조지 W. 부시 행정부 때 이미 마련한 금융회사 구제금융 자금(TARP) 7,000억 달러의 집행을 앞당길 계획이다. 7,000억 달러 구제금융은 지난해 9월 당시 헨리 폴슨 재무장관이 마련한 것으로 이미 절반 정도 집행됐다. 나머지 3,500억 달러는 배드뱅크 설립과 개인신용 지원 등에 투입할 예정이다.

파이낸셜타임스는 "새 행정부가 부실자산을 사들이는 '배드뱅크' 설립과 은행 장부상 부실자산에 대한 정부 보증을 추진하고 있다"고 전했다.

오바마 행정부가 금융권의 부실자산 처리에 대한 접근을 새롭게 하고 있다는 해석이 가능하다. 애초 구제금융을 금융권의 부실자산을 사들

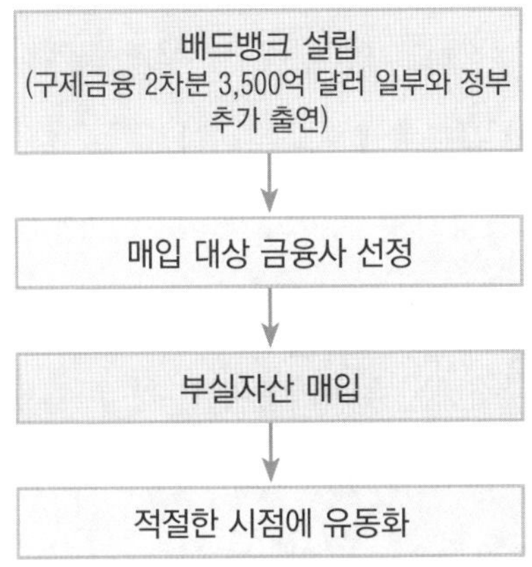

이는 데 쓸 계획이었던 부시 행정부는 부실자산 처리 문제를 전혀 강구하지 않았다. 씨티은행과 뱅크오브아메리카 등 몇 개 은행의 부실자산에 대한 정부보증을 약속했을 뿐이다.

가이트너 재무장관은 일단 금융회사 지원과 관련해 부실자산을 일부 매입하면서 향후 추가손실을 보증하는 방안을 함께 시행할 것이라고 월스트리트저널이 보도했다. 먼저 은행 부실을 털어내야 비로소 시장에 돈이 돌기 시작할 것이라는 게 배드뱅크 설립에 찬성하는 이들의 주장이다.

연방중앙은행(FRB)은 최근 금리를 현행 제로 수준으로 유지하는 한편 장기국채(TB)까지 매입할 용의가 있음을 강하게 시사하는 등 오바마의 정책 구상에 적극 동참하고 있다. 중앙은행의 국채 매입은 사실상 행정부에 '실탄'을 무한정 공급하겠다는 뜻이다.

그러나 오바마 정책에 대한 비판의 소리도 만만찮다. 고통이 따르는 구조조정 등 근본 치유는 외면한 채 단기 처방에 급급하고 있다는 것이다. 유동성을 공급하는 정책은 위기의 원천인 거품을 제거하기는커녕 꺼지려는 거품을 다시 조장할 수 있기 때문이다. 소비심리가 극도로 위축된 상태에서 경기진작 효과에 대한 의문도 일고 있다.

상원 경기부양책 수정안에 '바이 아메리카' 조항 논란(2009. 2. 6)

한국 등 13국은 조항 면제 받아 대미 철강수출 가능할 듯

미국이 9,000억 달러 경기부양을 위한 사회간접자본(SOC) 공사에는 반드시 미국산 철강과 제품만을 사용할 것을 명시한 '바이 아메리카' 조항이 완화돼 미국 상원을 통과했다고 로이터통신이 4일 보도했다.

이에 따라 캐나다, 멕시코, 한국 등 미국의 주요 무역 상대국들은 바이 아메리카 조항을 면제받는 쪽으로 결론 내려진 것으로 보인다. 앞으

'바이 아메리카' 조항에 대한 각국 대응

- 비판과 신중론
  - EU 및 캐나다, 부양책에 포함될 경우 WTO제소 불사
  - EU 경쟁담당 집행위원 "프랑스 정부의 부양책에서도 '바이 프랑스' 규정 포함시켜서는 안돼"
  - 버락 오바마 대통령 "미국이 자기만 돌보며 보호주의 메시지 주는 것은 잘못"

- 찬성과 옹호
  - 미국 철강업체 "미국 국민들은 지지, 미국 국익 위해 관철돼야"
  - '스틸 코커스' 소속 의원들 "바이 아메리카 조항이 부양책에서 빠지거나 약화되는 일 없을 것"

로 한국에서 미국으로 철강 수출이 예전처럼 가능할 것으로 기대된다. 그러나 중국, 인도 등은 미국에 철강 수출이 제한될 것으로 알려지면서 각국별 반발이 예상된다.

로이터통신에 따르면 미국 상원은 이날(현지시간) 경기부양책에 명기된 바이 아메리카 수정안을 구두 표결로 통과시켰다. 로이터통신은 "이 같은 조항이 하원과 협의에서 최종 확정되면 캐나다, 멕시코, 유럽연합(EU), 일본 등 미국의 주요 상대국들은 '바이 아메리카' 조항을 면제 받는다"고 보도했다.

지나친 보호무역주의라는 주변국들의 반발과 버락 오바마 미국 대통령의 염려 속에 이번 수정안이 마련된 것으로 분석된다. 오바마 대통령

은 지난 3일 미국 ABC뉴스와 인터뷰하면서 "(바이 아메리카 조항은) 실수라고 생각한다"면서 "이는 무역 분쟁의 원인이 될 수 있으며 지금과 같은 경기 침체기에 미국은 이를 감당할 수 없을 것"이라고 말했다. 당초 바이 아메리카 조항을 작성했던 바이런 도건 상원의원(민주·노스다코타주)은 성명을 통해 "미국의 일자리를 창출하면서도 국제교역협정을 준수한다는 오바마 대통령의 인식에 동의한다"며 해당 조항을 수정할 방침임을 밝혔다.

그러나 로이터는 "중국, 러시아, 인도, 브라질 등은 수정안 혜택을 받지 못할 것"이라고 내다봤다. 한국은 미국과 함께 세계무역기구(WTO) 정부조달협정 가입 13개국에 포함돼 있어 수정안 혜택을 볼 것으로 예상된다.

외교통상부 관계자는 "최근 국제관계를 포괄적으로 살펴봤을 때 바이 아메리카 조항은 수정이 불가피하다"며 "최종 수정안이 나오지 않았지만 한국도 정부조달협정 가입국이어서 완화된 조항의 혜택을 받을 것"이라고 전망했다. 바이 아메리카 조항은 본격적인 보호무역주의 시대를 알리는 전주곡이다. 미국 내 철강업계와 관련 당사자들이 바이 아메리카 조항을 고수하면서 시작된 보호무역주의가 전 세계로 확산될 조짐까지 보이고 있다.

바이 아메리카 조항에 반발하는 EU가 이번에는 니콜라 사르코지 프랑스 정부를 향해 미국과 유사한 '바이 프랑스'정책을 경고하고 나섰다.

넬리 크뢰스 EU 경쟁담당 집행위원은 "사르코지 프랑스 대통령이 경기부양책에서 자국 자동차업체에 60억 유로 구제금융을 지원하는 대가로 자국산 부품을 사용하도록 요구하는 것은 경쟁법 등 EU 규정 위반에 해당한다" 비난했다. 프랑스가 자국산 부품 우선 구매를 자동차업체에 강요하는 것은 프랑스식 '바이 아메리카'라는 지적이다.

크뢰스 집행위원은 "이런 보호무역주의 부활은 프랑스와 프랑스 자동차산업은 물론 회원국 어디에도 도움이 되지 않을 것"이라고 경고했다. 이에 대해 뤽 샤텔 프랑스 산업부 장관은 크뢰스 집행위원을 만나 정부의 부양책이 보호주의 정책이 아님을 강조했다. 프랑스 정부 대변인을 겸하고 있는 샤텔 장관은 "이번 부양책은 글로벌 금융위기로 가장 큰 타격을 입고 있는 자동차 분야를 지원하기 위한 것"이라면서 "정부는 EU의 관련 규정을 위반하지 않을 것"이라고 해명했다.

일본 정부는 미국의 보호무역주의 성향에 일침을 가했다. 아소 다로 총리는 4일 일본 중의원에 출석해 바이 아메리카 조항이 WTO 정신을 명백히 위반하는 것이라고 꼬집었다.

그는 지난주 열린 다보스 세계경제포럼에서도 바이 아메리카 정책에 대한 반감이 확산되고 있다고 밝혔다.

한편 바이 아메리카 조항에 대해 미국 안팎에서 보호주의라며 반발이 잇따르고 있지만 미국 내 철강기업들과 철강산업을 기반으로 한 지역구 출신 의회 의원들은 이 조항을 반드시 관철시키겠다는 의지를 보이고 있어 결과가 주목된다.

경기부양책에
극단적 보호주의로 치닫는 미 상원(2009. 2. 9)
구제금융 은행 외국인 채용 제한

미국 상원이 경제 회생을 위한 경기부양책 법안 심의 과정에서 극단적인 보호주의 경향으로 빠져들고 있다.

상원은 지난 6일 구제금융 지원을 받는 미국 은행에 외국인 고용을 제한하도록 하는 내용의 법률안을 통과시켰다. 무소속으로 스스로 사회주의자임을 내세우는 진보성향의 버니 샌더스(버몬트)의원과 공화당 소속의 찰스 그래슬리(아이오와) 의원이 발의한 법안이다.

경기부양책에 의해 시행되는 사회간접자본 시설에 소요되는 철강 제품을 미국산만으로 규정하는 '바이 아메리카' 조항으로 캐나다, EU 등 관련국의 강력한 반발을 불러일으킨 데 이은 또 하나의 보호주의 규정이 미국 경제 회생을 빌미로 마련된 셈이다.

지난 1930년대 대공황이후 사상 초유의 불황 국면에 빠져든 미국이 경제 회생을 위해 극단적인 보호주의로 치달으면서 각국에 자국 산업 보호와 지원을 촉발시키는 한편 자유 무역의 대세를 후퇴시키는 결과를 가져온다는 비판을 받고 있다.

이번 법안은 경기부양책 법
안의 부속 조항 형태로 제출돼
미리 통과됐다. 법안에서는 구
제금융을 받는 미국 은행에 우
선적으로 내국인 고용을 요구
하는 한편 내국인 해고를 하지
못하도록 못 박고 있다. 아울러

내국인의 일자리를 빼앗아 갈 우려가 있는 외국인 근로자의 채용을 막는
것이다. 전문직 취업비자(H-1B)를 가진 외국인 근로자를 말한다.

법안이 확정돼 시행될 경우 구제금융을 받는 300개 이상의 은행에 2년
간 한시적으로 적용된다. 이들 은행은 외국인 근로자 고용을 위해 H-1B
비자 발급을 미국 정부에 신청할 경우 신청 전후 각 3개월 동안에는 이
미 고용돼 있는 미국인 근로자를 해고하거나 재배치할 수 없도록 하고 있
다. 당초에는 H-1B 비자를 가진 외국인 근로자의 고용 자체를 1년간 전
면 금지했으나 법안 표결에 앞서 통과 가능성을 높이기 위해 내용을 다
소 완화했고 대신 적용 기간을 2년으로 늘렸다.

법안을 주도한 샌더스 상원의원은 "국민들의 세금을 지원받아 위기를
벗어난 은행들이 미국인을 거리로 내몰고 임금이 상대적으로 싼 외국인
근로자를 채용한다는 것은 받아들일 수 없는 일"이라고 법안 발의 배경

을 설명했다.

이 같은 법안에 대해 이민 관련 단체 등은 당장 강력히 반발하고 있다고 AP통신은 전했다. 미국이민변호사협회(AILA)는 성명을 통해 "극단적인 보호주의의 발로"라고 강력하게 비판하면서 "이런 법안은 오히려 경제성장을 저해할 뿐"이라고 주장했다. 협회는 "이런 법안은 능력 있는 외국인 근로자들의 접근을 막음으로써 결과적으로 미국에 더 많은 일자리를 늘릴 아이디어를 봉쇄하는 꼴"이라고 덧붙였다.

워싱턴에서 활동하는 싱크탱크인 전미정책재단(NFAP)의 스튜어트 앤더슨 이사장은 "능력 있는 사람들을 단지 미국에서 태어나지 않았다는 이유로 취업을 제한하는 것은 현명하지 못한 정책"이라고 말했다.

샌더스와 그래슬리 의원은 구제금융 지원을 받는 10여 개 은행들이 지난 6년 동안 노동부에 외국인 근로자 2만 1,800명의 취업비자를 신청했다는 조사 결과를 토대로 이 법안을 발의했다고 AP는 전했다. 이들 외국인 근로자의 평균 연봉은 9만 7,51달러였다. 하지만 미국 은행들은 원하는 만큼의 외국인 근로자를 고용하지는 못해왔다. 지난 2006년의 경우 5,000명의 취업 비자를 신청했지만 1,200명밖에 채용하지 못한 것으로 집계됐다.

새 구제금융방안
부실자산 5,000억 달러 매입(2009. 2. 11)
유동성지원 1조 달러로 확대

버락 오바마 새 행정부가 금융회사 부실자산 매입에 5,000억 달러, 가계와 기업의 모기지 및 학자금 대출 부실 해소를 위한 연방준비제도이사회(FRB)의 유동성 지원 1조 달러 등 총규모 1조 5,000억 달러에 달하는 구제금융책을 새로 내놓았다.

티머시 가이트너 미국 재무장관은 10일 오전(현지시간) 이 같은 내용의 '금융 안정 및 회생' 계획으로 새로 이름 붙여진 금융시장 구제금융방안을 직접 발표했다. 이번 방안은 전임 조지 W. 부시 행정부가 마련했던 부실자산구제계획(TARP)에 의한 7,000억 달러 가운데 2차 집행분 3,500억 달러를 포함해 금융시장 안정을 위한 구제금융에 새로운 자금을 투입하는 것이다.

오바마 행정부는 이날 상원에서 처리된 8,270억 달러의 경기부양책과 이번 금융시장 구제금융방안을 통해 금융시장 안정과 함께 경제회생을 위한 전환점을 만들겠다는 복안이다.

가이트너 장관이 밝힌 '금융 안정 및 회생' 계획에 따르면 금융회사 부실자산 매입에는 민간과 정부가 함께 참여하는 방식으로 최대 5,000억 달러가 투입된다. 이를 위해 민간·정부 공동 기금 형식으로 새로운 형태의 배드뱅크가 설립된다.

FRB는 가이트너 장관의 발표와는 별도로 이날 은행 등 금융회사의 신용경색 해소를 위한 긴급유동성 지원창구인 자산담보부증권대출창구(TALF)의 지원 규모를 2,000억 달러에서 1조 달러로 확대할 계획이라고 밝혔다. 모기지와 자동차, 학자금 대출 등 가계와 기업의 부실 대출 지원을 위한 은행들의 유동성 확보 창구를 1조 달러까지 열어두는 것이다.

공공·민간 공동펀드 만들어
금융 부실자산 매입(2009. 2. 11)

가이트너 재무 "금융시장 신용 회복 없인 경제성장 못해"

티머시 가이트너 미국 재무장관은 10일 오전(현지시간) "금융회사의 부실자산을 매입하기 위해 정부와 민간 기금이 함께 참여하는 공공·민간 투자펀드를 설립하겠다"고 밝혔다.

가이트너 장관은 이날 버락 오바마 행정부에서 마련한 새로운 금융회사 구제금융안을 발표하면서 "현재 금융시스템은 정상적인 작동을 향해 회복되지 않고 있다"며 "이를 위해 정부의 많은 자금이 투입돼야 한다"고 설명했다. 가이트너 장관은 새로운 구제금융 방안에서는 금융회사들이 지원금을 토대로 대출을 확대하도록 조건을 내세울 것이라고 분명히 정리했다. 민관 공동기금은 연방준비제도이사회(FRB), 연방예금보험공사(FDIC) 그리고 민간부문도 참여하는 공공·민간 투자펀드(Public Private Investment Fund)라고 소개했다.

가이트너 장관은 이어 "금융시장의 신용회복 없이는 경제성장을 이뤄내지 못한다"면서 "경제 회생을 위해서 가장 시급한 과제는 일자리 창출과 민간 투자 확대"라고 거듭 강조했다. 가이트너는 "국민들은 이번 금융위기 이후 월가 금융기업 경영진을 신뢰하지 않게 됐으며 나아가 지금까지 집행된 구제금융 지출에 대해서도 비관적으로 보고 있다"며 "이런 이유 때문에 금융회사를 지원하기 위한 새로운 프로그램을 내놓은 것"이라고 설명했다. 그는 "지금 발표하는 구제금융 방안은 돈이 더 들고, 리스크도 더 높으며 시간이 더 걸릴 수 있다"며 "우리는 실수도 하겠지만 변화하는 환경에 적응해야 할 것"이라고 말했다.

가이트너는 "상황이 악화되거나 회복이 더뎌질 수도 있지만 투명성과 신뢰의 원칙에 따라 미국 경제가 최대한 이른 시일 안에 회복할 수 있도록 할 것"이라고 강조했다.

워싱턴포스트는 가이트너 장관이 새로 내놓은 금융회사 구제금융 규모가 이미 마련된 부실자산구제계획(TARP) 7,000억 달러와 합쳐 전체 규모가 1조 5,000억 달러에 이를 수 있다고 보도했다.

신문은 가이트너 장관이 이번 새 방안을 발표할 때 부실자산구제계획(TARP)의 2차 집행분 3,500억 달러 외 추가 자금 요청을 하지는 않겠지만 부실자산 매입 등에 들어갈 민간자본 규모를 모두 합산하면 이 같은 액수가 된다고 설명했다. 가이트너팀은 금융회사 부실자산 매입에 최고 5,000억 달러의 공공 및 민간자본을 투입할 것으로 신문은 예상했다. 시장에서 민간 투자자들이 부실자산을 적극적으로 사들일 수 있도록 저금리 자금을 지원한다는 것이다. CNBC는 이를 공적자금과 민간 자본을 결합시켜 재원으로 삼는 새로운 형태의 배드뱅크라고 보도했다. 당초 정부가 금융회사의 부실자산을 직접 사들이는 배드뱅크와는 다른 내용이다.

신문은 FRB 주도로 자동차 대출, 학자금 대출 등 가계에서 안고 있는 부실 대출을 지원하는데도 정부의 구제금융자금 1,000억 달러가 들어가는 등 총 1조 달러가 투입될 예정이라고 전했다. 여기에다 정부가 개별적인 실태 파악을 거쳐 선정된 은행들에 직접 지원을 하면 정부의 경기부양대책에 들어가는 총비용은 더 늘어나게 된다.

경기부양안
7,890억 달러로 조정(2009. 2. 13)

400억 달러 축소 합의…감세 2,820억 달러 포함

금융시장 누적 지원금액 7조 8,000억 달러 달해

미국 경제 회생을 위한 버락 오바마 행정부 경기부양안이 7,890억 달러

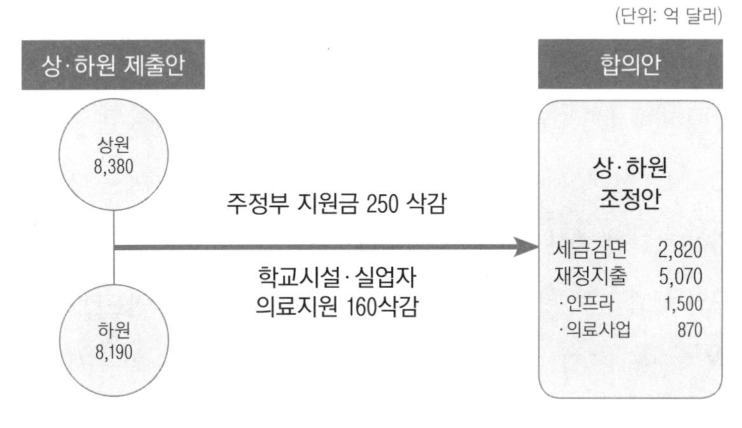

규모로 최종 확정됐다. 이번 경기부양안은 미국 역사에서 불황 타개를 위한 단일 재정지출 규모로는 제2차 세계대전 이후 최대 기록을 세우게 된다.

미국 상원과 하원은 조정위원회 협의를 거쳐 경기부양법안 단일안에 11일 합의했다. 양원은 12일 중 표결로 처리한 뒤 백악관으로 이송해 오바마 대통령 서명을 거쳐 즉각 발효될 수 있도록 한다는 방침이다.

오바마 대통령도 의회에서 법안이 넘어오는 대로 서명해 다음 주 대통령의 날부터 시작되는 의회 휴회 전에 경기부양법안이 발효되도록 하겠다는 목표를 이룰 수 있게 됐다. 상·하원 조정위 작업에는 백악관에서 람 이매뉴얼 비서실장, 피터 오재그 예산국장이 함께 참여했다.

상·하원 조정위는 당초 하원 8,190억 달러, 상원 8,380억 달러 규모로 각각 법안을 처리했던 점을 감안해 8,000억 달러 선에서 합의를 모색했으나 공화당 측과 민주당 내 중도파 의원들이 규모 삭감을 요구해 상원 법안에 비해 400억 달러까지 줄어들었다. 7,890억 달러 가운데 세금 감면이 2,820억 달러, 재정 지출이 5,070억 달러다. 세금 감면에는 오바마 대통령이 제안한 중산층 지원 방안 일환으로 개인당 400달러, 가계당 800달러씩 혜택을 주는 방안이 포함돼 있다. 이 밖에 사회 인프라스트럭처 확충 사업에 1,500억 달러, 저소득층과 노인층 의료보험 지원 사업인 메디케이드 비용에 870억 달러가 각각 투입된다. 재정 고갈에 허덕이고 있는 각 주정부 재정 확충을 위해 주지사들이 대거 로비에 나섰지만 주정부 지원 예산에서는 250억 달러가 삭감됐다. 또 학교시설 건설과 실업자 의료보험 지원 등에 책정했던 160억 달러도 끝내 반영되지 못했다.

한편 전날 티머시 가이트너 재무장관이 발표한 금융시장 안정을 위한 2조 달러 투입 계획을 합치면 2008년 이후 금융시장 안정을 위해 미국 정부와 중앙은행이 쏟아 부었거나 넣을 예정인 자금이 총 7조 8,000억 달러로 늘었다고 워싱턴포스트가 보도했다.

기관별로는 연방준비제도이사회(FRB) 3조 8,100억 달러, 연방예금보험공사(FDIC) 1조 2,200억 달러, 재무부 7,771억 달러, 3개 기관 공동지원 4,190억 달러 등이다.

이와 별도로 1차 경기부양책 때 집행된 1,240억 달러, 국책모기지업체인 패니메이와 프레디맥에 투입되는 2,000억 달러, 이번에 마련한 2차 경기부양책 7,890억 달러 등은 1조 5,000억 달러에 달한다.

이 가운데 이미 집행한 자금은 2조 4,909억 달러로 나머지는 지급보증 형태거나 추후 계획이 확정돼 집행할 예정인 자금이다.

▄▄▄▄ 버냉키 고향집도 경매 처분돼(2009. 2. 16)

미국 경제 정책의 쌍두마차인 벤 버냉키 연방준비제도이사회(FRB) 의장이 어린 시절을 보냈던 고향집이 경매 처분되는 비운을 겪은 것으로 밝혀졌다. 서브프라임 모기지 사태로 인해 촉발된 미국의 경기 침체가 통화 정책 수장의 옛 향수를 담고 있는 고향집마저 앗아간 꼴이다. 월스트리트저널(WSJ)은 14일 버냉키 의장이 태어나고 자란 사우스캐롤라이나 딜론시의 아담한 주택이 8만 3,000달러에 경매됐다고 전했다. 버냉키 가족은 이 집을 10여 년 전에 팔았고, 바로 직전에 살던 주인이 지난해 모기지 빚을 갚지 못하면서 은행에 차압돼 결국 경매로 넘어가게 된 것이다. FRB 의장을 배출한 딜론시는 버냉키가 지금 혼신을 다해 막아내려 하고 있는 경제위기의 한 복판에 서 있다. 담배와 직물산업의 쇠퇴로 침체의 늪에 빠져 있던 딜론시는 최근 경기 침체로 인해 공장들이 문을 닫고 실업률이 전국 평균의 두 배가 넘는 14.2%까지 치솟으면서 이른바 '주택 차압'의 파고가 중산층 이상의 가정에 까지 파급되고 있다는 것이다. 이 집의 전 주인도 이 경제위기의 희생자인 셈이다.

약사였던 버냉키의 할아버지 조나스는 지난 1941년 딜론의 메인스트리트에 재이비 드럭 이라는 가게를 차렸고, 버냉키의 아버지 필립과 삼촌 모티머가 이어 받은 뒤 지역사회의 존경받는 인사가 됐다고 신문은 전했다. 버냉키는 어린 시절 머리 좋고 부지런한 학생으로 유명했고, 하버드대에 가기 전까지 이 집에 거주하면서 딜론 고교 밴드부에서 색소폰 주자로 활동했다. 버냉키 의장은 신문과의 인터뷰에서 자신이 어린 시절을 보냈던 집이 경매에 넘겨져 팔렸다는 소식에 대한 공개적인 코멘트를 거절했다. 그는 대신 "신용시장이 다시 작동하고, 은행의 대출이 재개돼 모든 상품의 수요가 증가하도록 하는 것이 경기 회복의 일환이라고 믿는다"고 말했다고 신문은 덧붙였다.

오바마 경기부양법
덴버서 서명(2009. 2. 17)

7,870억 달러로 최종 결정…애리조나서 타운홀 미팅 계획

버락 오바마 미 대통령이 지난주 의회를 최종 통과한 7,870억 달러 (7,890억 달러에서 막판 다시 20억 달러 감액) 규모의 경기부양법에 대해 백악관이 아닌 콜로라도주 덴버시에서 16일(현지시간) 서명식을 가졌다.

대통령은 의회에서 법안이 최종 통과되면 백악관 집무실에서 서명을 하는 것이 관례다.

이번처럼 의회와의 오랜 줄다리기를 거친 중요 법안이라면 더욱 관계자들을 불러 중요 행사처럼 꾸며 서명식을 가져 언론의 관심을 유도한다. 그러나 경제 회생을 위한 우선적인 정책 집행의 상징으로 여겨지는 경기부양책 관련법 서명을 덴버라는 외곽에서 한 것은 오바마 대통령의 또 다른 정치적 상징조작이 담겨 있다는 관측이다.

로버트 깁스 백악관 대변인은 15일 CBS 방송의 일요 프로그램인 〈페이스 더 네이션〉에 출연해 "대통령은 수도 워싱턴DC를 벗어나 일반 국민들에게 이 법안에 어떤 혜택이 담겨있는지를 보여주려는 것"이라고 말했다. 덴버는 지난해 8월말 오바마 상원의원이 민주당의 대통령 후보로 공식 지명을 받은 곳이라는 상징성을 갖고 있다.

오바마 대통령은 공화당의 골탕 먹이기에 질질 끌려 다니며 온갖 흠집

을 낸 채 통과된 경기부양법을 특유의 국민을 향한 호소와 연설로 설득해 일반의 지지를 끌어내 효과를 극대화하려는 것으로 풀이된다.

경기부양법안 표결 때 하원에서는 공화당 의원 전원이 두 번이나 한명도 빼지 않고 당론 차원에서 반대표를 던졌다. 지난달 말 8,190억 달러짜리 자체 법안 표결 때나, 이번 13일 7,870억 달러 규모의 최종 조정안 표결 모두 마찬가지였다.

하원은 민주당이 절대 다수를 차지하고 있어 공화당 측의 당론 반대가 대세에 영향을 주지 못했지만 결코 그냥 넘길 일이 아니다. 상원에서 공화당 의원 가운데 3명이 찬성해줘 통과됐지만 완전히 이미지를 구겼다.

오바마 대통령은 덴버에서 서명식을 마친 뒤 이튿날 애리조나주 피닉스를 방문, 타운홀 미팅을 갖고 경기부양법 세일즈에 나선다. 애리조나주는 지난해 대선에서 오바마와 맞붙었던 공화당 존 매케인 상원의원의 정치적 근거지다. 매케인 의원이 이번 경기부양법 처리 과정에서 강도 높은 비판을 했던 점에서 애리조나 방문은 공화당을 상대로 한 대국민 설득 작전으로 보인다.

부실자산구제계획(TARP)

미국 정부가 발표한 금융권 부실자산구제계획(TARP)을 말한다. 파산위기에 처한 금융회사들에 7,000억 달러를 쏟아 부어 우선주 등을 매입해주기로 한 구제금융(Bail Out)의 연장이다. 이 돈으로 AIG(1,800억 달러)와 씨티그룹(450억 달러) 등 대형 은행 살리기에 활용했다. TARP 자금을 지원받은 은행 직원들이 거액의 보너스를 타가면서 여론을 들끓게 만들기도 했다. 루비니 뉴욕대 교수는 TARP에 대해 "정부의 구제금융은 좀비 은행만 양산해 낼 것"이라고 독설을 내뱉기도 했다. 월스트리트저널(WSJ)은 금융위기 후 신조어를 추린 '악마의 사전−금융편'이라는 기사를 게재하면서 TARP를 놓고 "엉망진창 된 현실을 숨기고 은행이나 장작 같이 썩기 쉬운 것들을 보호하기 위해 고안된 복합장치. 가격은 12.99달러부터 7,000억 달러까지"라고 비꼬았다.

주택 대출 지원에
중소기업 지원까지

주택차압 방지위해
2,750억 달러 지원(2009. 2. 20)

전문가들 "파격적 조치 불구 차압 완전차단엔 글쎄"

미국 정부가 주택가격 급락과 신용경색으로 주택담보대출금을 못 갚아 집을 잃는 사태를 차단하기 위해 총 750억 달러를 투입해 주택담보대출 상환부담을 덜어주고 모기지(주택담보대출) 매입을 위해 최대 2,000억 달러를 투입하는 것을 골자로 하는 주택시장 안정책을 내놨다.

이번 대책은 모기지 상환부담으로 어려움을 겪고 있는 수많은 주택소유자들에게 어느 정도 도움이 될 것으로 예상되나 압류사태를 완전히 차단하거나 주택경기가 급격히 회복시키기에는 여전히 미지수라는 분석이 지배적이다. 버락 오바마 대통령이 18일(현지시간) 애리조나 피닉스에서 직접 발표한 '주택보유자 안정화 대책(HSI)'은 주택가치가 떨어져 집을 팔아도 대출금을 갚을 수 없는 이른바 '깡통주택'을 소유한 주택보유자들에게 모기지 상환조건을 완화해주고 모기지 금리 인하를 유도하기 위해 국책모기지회사인 패니메이와 프레디맥이 보유한 부실 모기지를 최대 2,000억 달러까지 인수키로 하는 것을 주요 내용으로 하고 있다.

미 정부는 우선 높은 모기지 이자율을 내고 있지만 주택가격 하락으로 재융자를 받기 어려운 주택 소유자들에게 상환조건을 조정해 상환부담을 완화해주도록 했다.

지원 대상은 1가구 1주택의 실수요자로 모기지 규모가 주택가치보다 많아 차압위기에 처한 주택소유자들이다. 투기 목적으로 여러 주택을 구입해 대출금을 상환하지 못한 경우 지원 대상에서 제외된다.

미 정부는 모기지회사에 인센티브를 부여해 모기지 소유자들에게 상환조건을 완화해주도록 유도한다는 방침이다. 정부는 연방 기금을 통해 모기지회사가 가계의 주택 압류를 유예해 주면 해당 가구당 최대 6,000달러까지 지원한다. 모기지회사가 주택 담보 대출을 받은 가계에 대출금 상환 조건을 완화해주면 연방기금으로로부터 1,000달러를 지원받는다. 또 주택을 압류하지 않을 경우 1년에 1,000달러씩 3년간 3,000달러를 제공받는다.

이밖에 대출 상환 연체가 발생하지 않은 가계라도 상환 조건을 완화해 줄 경우 최대 2,000달러까지 연방기금에서 모기지 회사에 지원한다. 이렇게 주택 압류를 막기 위해 모기지 회사에 대출 상환 조건 완화를 조건으로 지원되는 자금은 총 750억 달러다. 이 재원은 지난해 의회가 승인한 부실자산구제계획(TARP) 2차분 3,500억 달러에서 조달된다.

이와 별도로 재무부는 국책모기지회사인 패니메이와 프레디맥이 보유한 부실 모기지를 최대 2,000억 달러까지 인수키로 했다. 모기지시장을 활성화해 모기지 금리를 낮추기 위해서다. 이번 조치는 당초 주택 전문가들이 예상했던 것보다 훨씬 더 공격적이고 재원이 많이 투여되는 것으로 평가받고 있다. 투입자금은 당초 시장에서 예상했던 500억 달러 규모를 크게 웃도는 것이다. 오바마 미 대통령은 "이번 계획이 모든 주택을 모두 구제하지는 않지만 집을 잃을 위기에 처한 수백만 가정에게 회생의 기회를 줄 것"이라고 말했다.

미 정부는 이번 조치가 시행되면 총 900만 명이 혜택을 볼 수 있을 것으로 예상하고 있다.

민주당 찰스 슈머(뉴욕주) 상원 의원은 "오바마 대통령의 이번 계획은 예상보다 크고 과감한 조치"라며 찬사를 보냈고 낸시 펠로시 하원의장도 "이번 계획은 주택차압을 줄이고 전국의 주택가격 폭락을 막을 수 있는 종합적인 전략"이라고 평가했다.

하지만 상당수 애널리스트들은 이번 조치로 주택차압의 물결을 완전히 차단하기 어렵다고 주장하고 있다. 이번조치로 어려움에 처한 주택소유자들에게 대출상환 기간과 이자율 그리고 원리금 부담을 줄여주는 방법으로 도움을 줄 수 있지만 모든 문제가 해결되는 것을 기대하기 어렵다는 설명이다. 전문가들은 상환부담을 완화 여부에 대한 칼자루를 쥐고 있는 모기지 대출 금융기관이나 모기지 서비스 회사들이 정부의 예상대로 모기지 소유자들에게 부담을 완화해줄 지 미지수라고 지적한다.

대출기관들은 대출금 상환 부담을 줄여주는 비용이 정부의 보조금과 주택차압에 따른 비용보다 클 경우 상환부담을 경감시켜주지 않을 수 있기 때문이다.

이와 함께 이번 조치는 주택을 잃을 위기에 처한 주택소유자들에게는 도움이 되지만 현재 주택담보대출을 받는 사람들에게는 혜택이 돌아가지 않는 점도 한계다.

무디스이코노미닷컴의 마크 잰디 수석 이코노미스트는 "주택가치가 대출금이하로 떨어진 1,400만 명의 주택소유자중 단지 100만 가구만이 혜택을 볼 수 있을 것"이라고 밝혔다.

상당수의 공화당 의원들도 이번 계획에 대한 효과에 의문을 제기하고 있다. 스콧 거렛(뉴저지) 공화당 상원의원은 "이번 조치는 미래의 차압 위기를 지연시키는 데 불과할 것"이라면서 "모기지 원리금을 제대로 낸 사람과 세를 들어 사는 사람들에게는 혜택이 전혀 없다"며 형평성 문제를 제기했다.

이번 계획은 법률 개정을 위해 의회의 통과가 필요하기 때문에 의원들의 의견이 매우 중요하다. 한편 신용평가기관인 무디스에 따르면 미국 내모기지 대출을 받은 5,200만 주택보유자 가운데 27%에 해당하는 1,380만이 부동산 가격 폭락으로 집값이 대출 원금을 밑도는 이른바 '깡통 주택' 보유자들인 것으로 추산되고 있다. 이날 상무부 발표에 따르면 올해 1월 미국의 신규주택 착공실적은 46만 6,000채(연율환산 기준)로 한 달 전에 비해 16.8%나 급감했으며 주택신축 허가신청 건수도 52만 1,000채로 전월에 비해 4.8% 감소해 주택경기가 극도로 부진한 양상을 나타냈다.

오바마,
재정적자 줄이기 안간힘(2009. 2. 24)

정부 지출 감축, 세수 확충

버락 오바마 미국 대통령은 23일(현지시간) 백악관에서 의미 있는 회의를 직접 주재했다.

GDP(국내총생산)의 10%를 웃돌 정도로 커진 재정 적자 현황을 파악하고 감축 대책을 모색하기 위한 자리다. 조 바이든 부통령을 비롯한 참모진 외에 상·하 양원 의원들, 경제학자들, 실물 경제계 관계자 등 130명이함께 했다. 공화당 대선 후보였던 존 매케인 상원의원의 경제 자문역을 맡았던 경제학자 마크 잔디 박사가 심각한 재정 구조 현황 분석 결과를 발표하고 격렬한 토론을 벌였다.

오바마 행정부는 경제 회생을 위한 7,870억 달러 규모의 경기부양책 확정 후 이제는 눈덩이처럼 커진 재정 적자 줄이기를 위한 전쟁에 나선 것이다. 그는 지난 21일 가진 주례 라디오 연설에서 "재정 적자를 줄이지 못하면 지속 성장을 이뤄낼 수 없다"고 단언했다.

올해 연방 정부의 재정적자는 사상 최대 규모인 1조 5,000억 달러를 훌쩍 웃돌 것으로 전망되고 있다. 2008 회계연도만 해도 4,550억 달러였으나 1년 새 기하급수로 늘었다.

부시 행정부가 넘겨준 적자만 1조 3,000억 달러다. 경기부양책에 따른 재정 지출이 반영되면 늘어나는 것은 시간 문제다. 오바마 대통령은 일단 임기인 2013년까지 적자를 지금의 절반 아래인 5,330억 달러 정도까지 줄인다는 목표를 정했다.

재정 적자를 줄이기 위한 방안으로 먼저 불요불급한 정부의 지출을 삭감하는 것이 먼저다. 현재 GDP 대비 26% 수준인 정부 지출 규모를 오는 2013년 22% 수준으로 낮출 계획이다.

올해에는 우선 이라크에서의 병력 철군 등을 통해 당초 1,900억 달러로 잡혀 있는 전비도 줄인다. 세수를 늘리는 방안도 중요한 수단이다.

부시 전 대통령이 추진해 2010년까지 부여하는 연소득 25만 달러 이상 가계에 대한 세금 감면 조치를 중단 시켜 세수를 늘린다는 것이다.

이들에게 부과하는 세율은 35%에서 다시 39%로 올라간다. 전 납세자에게 적용하는 조세부담율도 현재 16%에서 2013년 19%까지 올린다. 오바마 대통령은 이런 내용을 포함한 2010 회계연도 예산 요구안을 26일 의회에 제출할 예정이다.

중소기업 지원에
7억 3,000만 달러 투입(2009. 3. 17)

버락 오바마 미국 행정부가 중소기업 지원에 7억 3,000만 달러를 투입할 계획이다. 오바마 대통령은 16일(현지시간) 티머시 가이트너 재무장관과 함께 기자회견을 갖고 중소기업 지원 방침을 밝힐 계획이다.

재원은 지난달 의회의 동의를 얻은 경기부양자금 7,870억 달러에서 충당된다. 지원 규모와 관련해 AP통신은 7억 3,000만 달러라고 전했지만 블룸버그 통신은 3억 7,500만 달러라고 보도했다.

중소기업 지원 자금은 은행의 대출 수수료 감면, 대출 보증 확대 등을 위한 프로그램에 사용된다. 현재 미국 중소기업청(SBA)은 대출 금액 15만 달러 아래는 85%까지, 15만 달러 이상에 대해서는 75%까지 보증을 해주고 있다.

오바마 행정부는 이번 자금 지원을 통해 보증한도를 최대 90%까지 끌어올려 은행들이 위험 부담을 느끼지 않고 중소기업 대출에 더 적극적으로 나설 수 있도록 할 방침이다.

오바마 행정부는 또 대출시 수수료를 없애고 건물과 토지 등 주요 고정자산에 대해서는 장기 대출을 권장하는 프로그램 도입도 검토 중이라고 로이터통신은 전했다.

오바마 행정부의 이번 지원은 중소기업이 지난 10년간 창출된 일자리의 70%를 차지하고 있다는 점에서 중소기업이야말로 현재의 경기 침체로부터 회복을 이끌 원동력이 될 것이라는 판단에 따른 것이다.

또 금융기관 구제금융 자금이나 경기부양책에 따른 재정 지출이 소비자나 제조업보다 은행 지원에 집중되고 있다는 의회와 여론의 반발을 달래기 위한 측면도 있다.

크리스티나 로머 백악관 경제자문위원장은 "중소기업은 경제의 성장동력"이라며 "중소기업을 도울 수 있는 대책을 내놓겠다"고 밝혔다.

로런스 서머스 백악관 국가경제위원회 위원장도 "중소기업 지원 정책은 경제의 근본적인 문제를 고쳐서 경제 안정을 회복하기 위한 오바마 대통령의 경제살리기 노력의 일환"이라고 규정했다.

오바마 정부 경제 진단

온도차이(2009. 3. 17)

정치적 의도에 낙관론…아직 바닥 아니다 경계도 강해

미국의 경제 위기 극복을 위해 버락 오바마 행정부가 안간힘을 쏟고 있는 가운데 경제 상황 진단을 놓고 주요 인사들 간에 미묘한 온도 차이가 나타나고 있다.

오바마 대통령과 일부 측근 인사는 경제 회생에 대한 강한 의지를 불어 넣기 위해 낙관론을 개진하고 있다. 반면 백악관 경제 자문팀장은 보수적인 입장에서 신중론을 견지하고 있다. 정치적 행보와 무관한 중앙은행 수장은 중립적인 자세를 보이면서 회생을 위한 정부와 정치권의 적극

미국 경제 상황 진단

낙관론	신중론	중도론
버락 오바마 대통령 •위기속에도 투자 늘고 있다. •경제 시스템 안정적이다. **크리스티나 로머 위원장** •경제 펀더멘털 튼튼하다. •장기적 관점에서 흐름 보고 있다.	**로런스 서머스 위원장** •경제 바닥 누구도 자신할 수 없다. •실업자증가 멈출 것으로 보지 않는다.	**벤 버냉키 의장** •금융시장과 은행 안정돼야 경기 회복된다. •인내와 정치적 의지가 더 필요하다.

적인 자세를 촉구했다.

크리스티나 로머 경제자문위원장은 지난 15일(현지시간) NBC의 일요 프로그램 '언론과의 만남'에서 "미국 경제의 펀더멘털(기초)이 튼튼하다고 믿고 있다"며 "정부는 단기적인 지표의 등락이 아니라 장기적인 관점에서 경제 흐름을 살피고 있다"고 말했다. 로머 위원장은 "펀더멘털이 강하다는 뜻은 미국의 노동자들이 강건하고, 미국이 훌륭한 주식자본과 기술을 보유하고 있다는 점에서 그렇다"면서 "우리는 일시적으로 높은 실업률과 경제 성장률 급감 등 나쁜 상황에 있다"고 주장했다.

오바마 대통령도 지난 주말 루이스 이나시오 룰라 다 실바 브라질 대통령과 만난 자리에서 "미국 경제의 튼튼한 기초에 집중한다면 훌륭한 기업과 근로자 그리고 혁신과 역동성은 우리를 어려움에서 벗어나게 해줄 것"이라고 낙관적인 견해를 보였다.

오바마 대통령은 "미국의 경제위기 속에서도 실질적인 투자가 증가하고 있는 데는 이유가 있다"며 "이것은 경제시스템의 안정성뿐만 아니라 정치 시스템이 탁월하다는 것을 인정하는 것이라고 생각한다"고 역설했다. 오바마 대통령은 지난주 원자바오 중국 총리가 수백억 달러에 달하는 미국 내 중국 투자의 '안전성'에 대해 우려감을 표시하자 '미국을 믿어달라'는 메시지를 전달하기 위해 이 같은 긍정론을 강조했을 것이라는 관측이다.

하지만 치솟아 가는 실업률과 좀처럼 나아지지 않는 실물 경제를 감안

경제 회복에 대한 견해

의도된 낙관론	•오바마대통령·로머위원장 "투자·체력 양호"
냉정한 신중론	•서머스위원장 "경제 바닥 누구도 자신 못해"
현실적 중도론	•버냉키의장 "금융·은행 안정돼야 경기 회복"

한다면 경기 회복을 외치는 오바마 대통령의 '의도적 수사'는 현실과 동떨어진 언급이라는 비판이 나오고 있다.

미치 매코넬 상원 공화당 원내대표는 "오바마 팀이 정치적인 이득을 얻기 위해 경제 상황을 교묘하게 이용하고 있다"고 지적했다.

이런 분위기를 감안한 듯 오바마의 경제 자문팀장인 로런스 서머스 백악관 국가경제위원장은 15일 '미 경제가 바닥을 친 것 같다'는 일각의 낙관론에 제동을 걸었다.

서머스는 이날 ABC 일요 프로그램 〈디스 위크〉에 출연해 '침체의 바닥이 보인다'는 지적을 어떻게 생각하느냐는 질문에 "(아직) 누구도 그런 판단을 할 수 없다"며 "실업자가 월평균 60만 명가량 발생하고 있으며 이 추세가 곧 중단되리라고 보지 않는다"고 말했다. 서머스는 경기 회생 노력이 실질적인 효과를 내기까지 "시간이 걸릴 것"이라고 강조했다.

피터 오재그 백악관 예산실장도 최근 "기초 체력 면에서 미국 경제는 약하다"며 신중론을 제기한 바 있다.

뉴욕 타임스는 오바마 대통령의 경제 회복에 대한 낙관론 표명 후 서

347

머스의 발언이 나온 것은 과다한 기대를 견제하기 위한 포석으로 보인다고 풀이했다.

한편 벤 버냉키 연방준비제도이사회(FRB) 의장은 15일 CBS 일요프로그램 〈60분〉에 출연해 "금융시장과 은행이 안정되지 못하면 경기가 회복되지 않을 것"이라며 "정부의 계획이(실질적인 효과를 내려면) 인내가 필요하다"고 말했다. 버냉키는 경기회생 시점에 대해 금융시장이 안정될 경우라는 전제를 달며 "올해 침체가 끝나고 내년에는 경기가 회생될 수 있을 것"이라고 말했다.

그는 회생을 향한 정치적 의지가 중요하다는 점을 상기시키면서 "그것이 부족할 경우 회생을 기대할 수 없다"고 강조했다. 또한 그는 "우리는 글로벌 금융 붕괴에 매우 근접해 있었다고 느꼈다"면서 "정부가 구제금융 등 긴급 조치를 취하지 않았더라면 훨씬 더 나쁜 결과를 초래했을 것"이라고 주장했다.

혈세 지원받고
보너스 잔치

오바마

"AIG에 화가 나 말이 안 나와"(2009. 3. 18)

'혈세로 보너스 잔치' 비난여론 확산…추가 구제금융 보류될 수도

'납세자들의 혈세로 벌인 보너스 잔치는 절대로 용납될 수 없다.'

1,800억 달러 구제금융을 받아간 보험회사 아메리칸 인터내셔널 그룹 (AIG)의 거액 보너스 지급에 대해 미국 내 여론이 들끓고 있다.

AIG는 지난 15일 임직원에게 1억 6,500만 달러의 보너스 지급을 발표했다. 구제금융을 받기 전 이미 해놨던 약속이어서 이행하지 않으면 소송을 당하는 데다 유능한 직원을 잃을 수 없기 때문이라고 해명했다. 전

- ●오바마 행정부, AIG에 1,600억 달러 구제금융 지원
- ● AIG, 1억 6,500만달러 보너스 임직원에게 지급 발표
- ● AIG의 결정에 여론의 비난 고조
- ● 로린스 서머스 백악관 국가경제위원장"있을 수 없는 터무니 없는 일"이라고 비판
- ● AIG, 구제금융 지원자금 총 1,000달러 배분 금융회사 명단 공개
- ● 오바마 대통령 "모든 가능한 순단 동원해 보너스 지급을 막겠다"고 공언
- ● 쿠모모 뉴욕주 검찰총장, AIG에 보너스 수령 대상자 명단 제출 요구

체 지불금 4억 5,000만 달러의 일부에 불과하다는 설명까지 더해 국민의 공분을 샀다.

버락 오바마 대통령도 16일(현지시간) 비난 대열에 가세했다. 오바마 대통령은 "화가 나 말이 안 나올 지경"이라는 직설적인 표현까지 쓰면서 흥분했다. 그는 AIG의 보너스 지급 결정에 대해 "탐욕에 가득 찬 무분별한 행위"라며 "돈 문제가 아니라 기본 가치 문제"라고 질타했다.

공화당 소속 척 그레슬리 상원의원은 "AIG 임원들이 일본식으로 허리 숙이고 사죄하거나 아니면 물러나든가 자살해야 한다"고 독설을 퍼붓기도 했다. 들끓는 여론을 반영해 재무부는 AIG에 추가로 제공하려던 300억 달러의 구제금융 제공 계획을 보류하는 방안을 검토하기 시작했다.

AP통신은 로버트 깁스 백악관 대변인이 AIG에 추가로 제공할 300억

달러의 구제금융 계획이 변경될 수 있음을 시사했다고 전했다. 정부가 직접적으로 AIG의 보수 지급에 관여할 법적 권한이 없기 때문에 보너스 지급을 스스로 철회토록 하려는 압박조치다. 여하튼 공적자금을 받은 금융회사의 도덕적 해이에 대한 국민적 분노를 반영한 것이다.

오바마 대통령은 "티머시 가이트너 재무장관에게 모든 수단을 강구해 보너스 지급을 막는 방안을 찾으라고 지시했다"고 공개적으로 밝혔다. 오바마 대통령은 백악관에서 열린 중소기업 지원 대책을 발표하는 자리에서 본래 안건보다 AIG 보너스 지급 사태에 대해 더 많은 언급을 했다. 그는 주체할 수 없는 흥분을 감추려는 듯 헛기침까지 해가며 "화가 나서 말도 안 나온다"고까지 했다.

오바마 대통령은 "AIG의 파생상품 트레이더들이 자그마치 1억 6,500만 달러에 달하는 보너스를 어떻게 추가로 보장받게 됐는지 이해하기 어렵다"며 "회사를 살려준 납세자들에게 어떻게 이런 부당한 행위를 정당화하려고 하느냐"고 질타했다.

오바마 대통령은 "정부의 구제금융이나 수천만 달러의 보너스 없이도 매일 책임을 완수하기 위해 열심히 일하는 사람들이 이 나라 곳곳에 있다"며 "그들이 요구하는 것은 소도시의 중심가로부터 월스트리트, 워싱턴DC에 이르기까지 똑같은 규칙을 준수해야 한다는 점"이라고 지적했다.

깁스 대변인은 "오바마 대통령의 화난 언급은 보너스 수령자들의 분별 있는 행동을 촉구하기 위한 것"이라며 "당사자들은 보너스를 받기 전에 과연 타당한 일인지 오래 생각해볼 필요가 있다"고 부연했다.

| 패니메이·프레디맥도
| 혈세로 보너스(2009. 3. 20)

AIG·메릴린치·모건스탠리 이어

납세자들의 혈세로 잔치를 벌인 미국 보험회사 AIG의 보너스 지급 문제가 다른 금융사로도 확산돼 파장이 커질 것으로 보인다.

월스트리트저널(WSJ)은 18일자에서 정부 지원을 받고 국유화된 국책 모기지 보증업체 패니메이와 프레디맥도 임원들에게 '잔류 보너스'를 지급할 계획이라고 보도했다. 이른바 유능한 인력을 붙잡기 위해 지급하는 보너스다.

패니메이는 일부 경영진에게 47만 달러에서 최대 61만 달러까지 잔류 보너스를 지급할 계획이라고 신문은 전했다. 양사를 합쳐 1,080억 달러 손실을 낸 패니메이와 프레디맥은 작년 9월 정부에서 각각 자본 2,000억 달러를 지원받고 국유화됐다.

이들의 감독당국인 연방주택금융지원국(FHFA)은 양사가 핵심 직원들을 확보할 수 있게 잔류 보너스를 지급하도록 지난해 승인했으나 AIG 보

월가 구제금융사 보너스 파문

AIG	•지급 결정 보너스 철회 또는 취소 불가능, 수령자
패니메이, 프레디맥	•임직원에 잔류 보너스 개인당 47만~60만 달러 지급 계획
모건스탠리	•씨티그룹과 증권 부문 통합 과정 최대 30억 달러 잔류 보너스 지급 계획
메릴린치	•뱅크오브아메리카(BOA)에 피인수 후 36억 달러 연말 보너스 이미 지급

너스 문제가 불거지자 당황해하고 있다는 전언이다.

모건스탠리도 잔류 보너스 문제로 도마에 올랐다. 로이터통신은 로버트 메넨데스 상원의원(뉴저지주)이 티머시 가이트너 재무장관에게 편지를 보내 모건스탠리가 씨티그룹과 증권 부문을 통합한 데 이어 최대 30억 달러의 '잔류 보너스'를 지급할 계획이라면서 이것을 막도록 촉구했다고 전했다. 메넨데스 의원에 따르면 씨티그룹과 증권 부문을 통합하면서 지분 51%를 27억 달러에 확보한 모건스탠리는 이 합작사 산하 2만여 브로커 가운데 6,500여 명에게 특별 보너스를 지급할 계획이다.

이에 앞서 뱅크오브아메리카(BOA)에 인수된 메릴린치가 대규모 손실에도 36억 달러에 달하는 연말 보너스를 지급한 것 또한 여론의 거센 비난을 받았고 뉴욕 검찰은 이를 수사 중이다.

WSJ는 하원 감독·정부개혁위원회가 메릴린치의 보너스 지급에 대한 정보 제출을 요구했다고 전했다. 보너스를 받은 메릴린치 임직원 명단은 조만간 공개될 것으로 보인다. 뉴욕주 대법원이 18일 임직원 보수 정보는 거래상 비밀이라며 뉴욕 검찰의 보너스 수령 직원 명단 공개를 막아달라는 BOA 요청을 기각했기 때문이다.

여론의 거센 역풍에 봉착한 에드워드 리디 AIG 최고경영자(CEO)는 18일 열린 하원 금융소위 청문회에 나와 "보너스 10만 달러 이상을 받은 직원들에게 절반을 반납하도록 요청했다"며 "일부 직원들은 보너스 전액을 자진해서 반납하기로 결정했다"고 밝혔다. 리디 CEO는 "의회가 명단을 비밀로 유지하겠다고 약속하면 고액 보너스를 지급받은 직원들의 명단을 제출하겠다"고 말했다.

그러나 바니 프랭크 하원 금융위원장은 고액 보너스를 받은 직원들의 명단을 제출하라고 계속 요구하면서 비밀을 보장할 수 없으며 명단을 제출하지 않으면 이들을 소환하겠다고 압박했다.

한편 AIG가 정부에서 지원받은 1,730달러 구제금융 자금 중 900억 달러를 은행에 지급한 데 이어 이 중 수십억 달러는 헤지펀드로도 흘러들어간 상황이라고 WSJ가 보도했다.

이들 은행은 모기지 부도가 늘어나면 수익을 거두게 돼 있는 신용부도스왑(CDS)을 자신들의 헤지펀드 고객에게 팔고 자신들의 위험 부담을 회피하기 위해 부채담보부증권(CDO)을 만들어 이를 AIG 등 보험사들에 넘겼다는 것이다. 결국 모기지 부도가 늘어나면 은행들이 판매한 CDS로 인한 부담을 AIG가 떠안게 되는 구도다.

하원,
AIG 보너스 회수 법안 가결(2009. 3. 21)

구제금융 기업 보너스에 90% 세율

미국 하원이 구제금융을 받은 회사에서 임직원에 지급한 보너스에 최고 90%를 과세하는 법안을 통과시켰다. 전국을 들끓게 만든 보험회사 AIG의 보너스 잔치에 대해 의회 차원에서 이를 무효화 하려는 노력의 하나다.

당 차원에서는 반대 입장을 보인 공화당 소속 의원 가운데도 85명이 찬성표를 던졌다. 혈세로 잔치를 벌인데 대한 국민들의 분노를 무시하기 어려웠기 때문이다. 법안은 부실자산구제계획(TARP)에 따라 2009년 중 50억 달러 이상의 구제금융이 투입된 기업의 보너스에 대해 중과세하는 것으로 연 소득 25만 달러 이상 직원이 수령한 보너스에 대해 90%의 세율을 적용할 수 있는 규정을 담고 있다.

찰스 랭글 하원 세입위원장은 90% 세율 적용 후 나머지 10%는 주정부 및 지방정부에서 부과하는 세금으로 인해 사실상 보너스 전액이 세금으로 환수될 것이라고 설명했다.

하원을 통과한 법안은 문제의 AIG와 함께 패니메이, 프레디맥 등 국책 모기지업체들에도 적용될 것으로 보인다.

AP통신은 이미 지급된 보너스에 대해 사후에 법률을 적용하는 소급 문제에 대해 전문가들이 가능하다는 견해를 보이고 있다고 전했다. 하지

미국 하원 법안에 따른 보너스 중과세 대상 기업

(단위: 억 달러)

기업	정부 지원 금액
씨티그룹	500
뱅크오브아메리카	450
AIG	400
웰스파고	250
JP모건체이스	250
GM	143
모건스탠리	100
골드만삭스	100
pnc파이낸셜	76
us방코프	66
GMAC	50

출처: 뉴욕타임스

만 법적 논란을 둘러싼 공방이 불가피할 것으로 보인다.

공화당 지도부는 이 법안이 버락 오바마 행정부의 실정을 호도하기 위한 책략이며 법률적으로 문제 소지가 있다며 반대 목소리를 높지만 소속 의원들의 이탈을 막지는 못했다. 상원은 하원의 이번 법안과 별도로 방안을 검토 중이다.

상원의 법안은 공적자금의 수혜 규모에 상관없이 보너스를 받은 개인에 대해 35%, 보너스를 지급한 기업에 대해 35%의 세금을 부과하는 것을 골자로 하고 있다. 상하 양원에서 마련한 법안의 내용이 다를 경우 조정위원회에서 법안 절충작업을 벌여 재차 표결을 거쳐야 한다.

| 중과세 법안에 반론 고개 들어(2009. 3. 24)

구제금융 자금으로 보너스 잔치를 벌인 AIG 파문 후 연방 하원이 90%에 달하는 중과세로 보너스를 환수하려는 법안을 내놓자 이에 대한 반대 목소리가 조심스럽게 제기되고 있다.

일부 금융 기관에서는 무차별적 마녀사냥식 공세라며 하원의 법안 통과 직후부터 우려를 제기했다. 의회 내에서도 중과세 방안의 문제점을 지적하는 반론이 있었다. 이제는 미국 행정부 내에서도 이에 대해 신중하게 접근해야 한다는 주장이 공개적으로 나왔다.

조지프 바이든 부통령의 경제담당 고문을 맡고 있는 자레드 번스타인은 22일(현지시간) ABC방송의 일요프로그램인 〈디스 위크〉에서 "징벌의 수단으로 세금을 이용하는 것은 너무 나간 것일 수 있다"고 지적했다. 그는 "하원 법안은 특정한 일부 사람들을 국소적으로 처벌하기 위해 과세 수단을 이용했다"며 "이는 헌법 해석상 정당성 여부 논란을 낳을 수 있어 법적으로 너무 많이 나갔을 수 있다는 점을 대통령도 우려할 것으로 생각한다"고 말했다. 번스타인은 "이런 법안은 위험한 길이 될 수 있다"고 경고했다. 그는 "한 회사를 겨냥하는 대책이 아니라 좀 더 큰 그림을 그리는 데 초점을 맞춰야 한다"며 "AIG에서 발생한 일은 좀 더 큰 문제의 증상"이라고 주장했다.

AP통신은 하원에서의 중과세 법안에 대해 상원 내 공화당뿐 아니라 민주당 쪽 지도부들도 우려를 표시했다고 전했다.

조지타운대의 한 교수는 CNBC와의 인터뷰에서 "버락 오바마 대통령이 이번 법안에 대해 거부권을 행사해 논란의 불씨를 잠재우는 게 바람직하다"고 주장했다. 오바마 대통령은 아직 이 문제와 관련해 거부권을 행사할지 여부에 대해 일체 입장을 표명하지 않고 있다.

하원은 구제금융을 받은 AIG에서 1억 6,500만 달러 규모의 보너스를 지급해 국민적 공분을 일으키자 구제금융을 받은 회사들이 지급한 보너스에 대해 90%의 세율을 적용할 수 있는 법안을 지난 19일 가결했다. 상원도 비슷한 취지의 법안을 상정해 논의할 계획이지만 구체적인 방향은 아직 공개되지 않고 있다.

구제금융 받은 미국 기업들
로비자금 펑펑(2009. 4. 23)

GM, 매달 100만 달러씩 정부·정치권에 쏟아 부어

미국 정부로부터 국민 세금으로 구제 금융을 받은 기업들이 연방 정부와 의회를 상대로 로비자금을 펑펑 써댄 것으로 나타났다. 이들의 로비는 주로 경영진의 보너스 등 급여를 지키고 엄격해지는 금융관련 규제를 막기 위한 노력에 집중됐다.

AP통신은 의회에 제출된 재무부 보고서를 인용해 올해 1분기 중 정부에서 구제금융을 받아간 상위 10개 업체들이 정치권을 향한 로비 활동에 1,000만 달러를 지출했다고 보도했다.

또 워싱턴포스트는 상원의 비공개 문서를 인용해 최근 6개월 동안 구제금융을 받아간 기업들이 지출한 로비자금은 총 2,200만 달러에 달한다고 전했다. 워싱턴포스트가 전한 업체별 지출 내역에 따르면 자동차 업체 GM(제너럴모터스)이 구제금융을 받은 기업 가운데 로비 자금 지출 1위에 올랐다. 5월말까지 강도 높은 자구책을 마련하지 못할 경우 파산 신청 가능성마저 대두되고 있는 GM은 석달 동안 300만 달러를 로비에 사용해 매달 100만 달러씩을 로비 자금으로 쏟아 부었다. GM은 연방 정부로부터 134억 달러의 구제금융을 받았고 추가로 50억 달러의 운전자금을 지원받기로 한 상태다.

씨티그룹과 JP모건체이스는 각각 250만 달러씩의 로비 자금을 지출했다. 금융 현안을 둘러싸고 의회와 오바마 행정부 관계자들을 상대로 광범위하게 로비를 벌인 흔적이라고 워싱턴포스트는 표현했다.

AP통신은 임직원들의 보너스 잔치로 국민적 공분을 불러일으킨 보험회사 AIG도 1분기중 100만 달러 이상을 로비자금으로 썼다고 보도했다. 또 웰스파고가 70만 달러, 골드만삭스가 67만 달러, 뱅크오브아메리카(BoA) 66만 달러, 모건스탠리 54만 달러, 유에스뱅코프 17만 달러, PNC

파이낸셜서비스그룹 13만 달러를 지출했다. 10개 업체 가운데 7개 업체는 지난해 4분기보다 올해 1분기에 로비자금 지출을 더 늘린 것으로 파악됐다.

민간감시단체인 퍼블릭시티즌의 크레이그 홀먼은 "이들은 공적자금을 로비용으로 전용하지 않는다고 주장하지만, 구제금융을 받고서도 로비활동에 돈을 지출했다는 것은 결국 납세자들의 혈세를 로비활동에 쏟아부은 것과 다름없다"고 주장했다.

▬ AIG에 쏟아진 조롱

미국정부로부터 천문학적 지원금을 받은 미국 보험사 AIG가 직원 73명에게 최소 100만 달러(약 15억 원)이상의 보너스를 지급한 데 대해 일부 미국 네티즌들이 AIG를 조롱하는 다양한 패러디를 내놓고 있다. AIG의 회사명은 '아메리칸 인터내셔널 그룹(American International Group)이다. 그러나 UPI통신은 17일 'AIG가 뜻하는 것은 무엇(And now AIG means…?)'이라는 기사에서 AIG에 대해 가장 많이 등장하는 패러디는 '모든 투자자산이 사라졌다(All Investments Gone)'와 '탐욕스럽고 오만한 부당이득(Avarice Insolence Graft)' 등이라고 소개했다. 미국에서 가장 영향력 있는 블로그 중 하나로 꼽히는 '허핑턴포스트(Huffingtonpost.com)'에는 '미국은 잘 속는다(America Is Gullible)'는 자조 섞인 패러디가 실렸다. 자유주의 성향의 한 웹사이트에는 '미국의 보증 받은 사기꾼들(America's Insured Grifters)'이라는 풀이가 나오기도 했다. 유대인의 고대 언어 이디시(Yiddish)어에서 '고니프(Gonif)'가 도둑을 뜻한다는 점에 착안해 '모든 미국의 도둑들(All American Gonif)'이나 '미국의 보험 도둑들(American Insurance Gonif)'이라는 해석도 등장했다. 보수 성향의 다른 웹사이트에는 '그리고 사라져 버렸다(And It's Gone)' 같은 패러디 약어풀이도 나왔다. 또한 AIG의 모럴해저드를 비꼬아 '모든 진실성이 사라졌다(All Integrity Gone)'라는 패러디도 눈에 띄었다. AIG 뜻은 '제가 탐욕스럽지 않나요(Ain't I Greedy)'의 약칭이라는 지적도 있었다.

은행
부실자산 정리 작업

부실자산정리기금
1,000억 달러 조성키로(2009. 3. 23)

로머 미국 CEA위원장···부실자산 정리안 23일 발표

미국 재무부가 이르면 23일(현지시간) 은행 부실자산 정리와 관련한 구체적인 방안을 발표한다.

로이터통신은 연방준비제도이사회(FRB)와 연방예금보험공사(FDIC)로 하여금 이미 공식화한 7,000억 달러 규모 재원을 충당토록 하는 내용이 될 것이라고 전했다.

구제금융 자금으로 보너스 잔치를 벌인 AIG 사태 파문으로 의회로부

터 은행 부실자산 정리를 위한 추가 공적자금 집행을 승인받기 어려워
졌다는 판단에서다.

가이트너 장관은 이미 지난달 7,000억 달러를 투입해 금융회사의 부
실자산을 민간기업과 협력해 매입하는 대강의 계획을 발표한 바 있다.

이번에 내놓는 세부계획은 그 실천요강인 셈이다. 로이터통신은 세부
계획이 세 부문으로 구성된다고 보도했다.

첫째는 민·관 합동 구조조정펀드를 통해 개인투자자들의 부실자산 매
입을 지원하는 방안이다.

둘째는 FRB가 지난해 11월 마련한 유동성 지원 창구인 '기간물자산
담보대출창구' 규모를 늘리는 방안이다. 자동차대출, 학자금대출, 신용카
드대출 등이 대상이다.

셋째는 FDIC가 직접 은행 부실자산을 매입하는 방안이다. 한편 크
리스티나 로머 미 백악관 경제자문위원회(CEA) 위원장은 22일(현지시간)
CNN방송과 인터뷰에서 금융회사 정상화를 위한 부실자산정리기금으
로 1,000억 달러를 조성하는 방안을 검토하고 있다고 밝혔다.

그는 부실자산정리기금은 민간투자회사들과 미국중앙은행이 부실화
된 금융자산을 사들여 금융경색을 해소하고 대출이 정상적으로 이뤄지
도록 하는데 쓰일 것이라고 말했다.

로머 위원장은 또 이날 폭스뉴스 '선데이'에서 정부의 적극적인 경기부
양책 덕분에 1년 안에 경제가 침체에서 성장으로 돌아서는 모습을 보여

줄 것으로 매우 확신한다고 밝혔다.

하지만 그는 경제가 정상으로 돌아가는데 더 오랜 시간이 필요할 것이라고 말했다. 또 최근 폭발 직전에 도달한 AIG 보너스 파문에 대한 국민적 분노와 관련해 화를 내는 것은 괜찮지만 이에 대한 부작용을 경계해야 할 필요가 있다고 지적했다.

부실자산 해소에
개인 참여 추진(2009. 4. 11)

미국 재무부가 금융권 부실자산 해소 계획에 개인투자자들을 참여시키는 방안을 추진하고 있는 것으로 알려졌다.

금융회사들의 부실자산 해소를 위해 5,000억 달러에서 최대 1조 달러 규모로 조성하기로 한 민관 공동펀드에 대형 투자회사뿐 아니라 소액 투자자도 돈을 넣도록 해 부실을 해소하고 이익을 내면 혜택을 볼 수 있게 한다는 것이다.

뉴욕타임스는 9일 재무부의 이 같은 금융회사 부실자산 해소를 위한 민관 공동펀드에 개인투자자 참여 방안이 검토되고 있다며 이같이 보도했다. 제1차 세계대전 때 국민들에게 전시채권을 팔아 전비를 조달했던 것과 유사하다는 것이다.

신문은 민관 공동펀드가 뮤추얼펀드 성격으로 부실자산 매입 후 이득을 내면 이를 나눌 수 있도록 한다는 것이지만 이면에는 금융회사 부실자산 해소 방안이 월가의 대형 투자회사들만 혜택을 입게 하는 배타적인 성격이라는 비판을 잠재우기 위한 정치적 동기도 있다고 지적했다.

아울러 구제금융을 지원받았던 AIG 임직원 보너스 잔치로 국민적 분노가 달아올랐던 상황에서 금융회사 부실 해소를 위한 정부의 추가 정책에 대해 반발을 잠재우기 위한 것이라고도 분석했다.

하지만 모기지 관련 증권 등 부실자산을 사들이는 이 펀드에 개인들이 투자하는 것은 위험성이 크다는 점에서 우려를 낳고 있다고 신문은 분석했다.

반년 만에
재정적자 1조 달러(2009. 4. 13)

미국 2009 회계연도(2008.10.1~2009.9.30) 절반 만에 연방 정부의 재정적자가 1조 달러에 육박했다.

재정 적자가 이렇게 급격히 늘어난 것은 경기 침체로 세수가 많이 줄어든 데다 금융위기 해소 대책과 경기 부양책 등에 막대한 예산을 쏟아부었기 때문이다.

미 재무부는 지난해 10월부터 시작된 2009 회계연도의 상반기(3월말까지) 동안 재정 적자가 9,568억 달러로 집계됐다고 지난 10일 발표했다.

반년 만에 기록된 9,568억 달러의 재정 적자는 전년 동기에 비해 3배를 웃도는 규모다. 세수는 1년 전 같은 기간에 비해 13.6% 줄어든 9,899억 달러였다. 반면 정부 지출은 전년 동기 대비 33.4% 늘어난 1조 9,500만 달러로 급증했다.

재무부는 또 지난 3월에만 1,923억 달러의 재정 적자를 기록해 역대 월별 기록으로 사상 최대 규모를 기록했다고 밝혔다. 이번 3월의 적자는 전년 같은 기간에 비해 4배나 늘어난 수준이다. 3월 재정적자에는 정부가 출자한 양대 모기지 보증 기관인 패니메이와 프레디맥에 대한 지원 자금 460억 달러에다 연방 정부에서 지원하는 실업수당 106억 달러 지출이 포함돼 있다.

분석가들은 이런 요인 때문에 3월중 적자가 1,600억 달러 정도로 늘 것으로 예상했으나 훨씬 웃돈 셈이다. 의회 산하 예산국(CBO)은 2009 회계연도의 재정 적자가 1조 8,450억 달러까지 늘 것으로 전망했다.

반면 버락 오바마 대통령은 2009 회계연도 전체 재정 적자를 1조 7,500억 달러로 제시했고 2010년에는 1조 1,710억 달러로 줄일 수 있다고 주장했다.

국내총생산(GDP) 기준으로 2009년 경제성장률이 1.2%에 머물지만 2010년에는 3.2%로 반등할 것이라는 전제아래에서다.

궁극적으로는 자신의 임기 마지막해인 2013년까지 재정 적자를 절반까

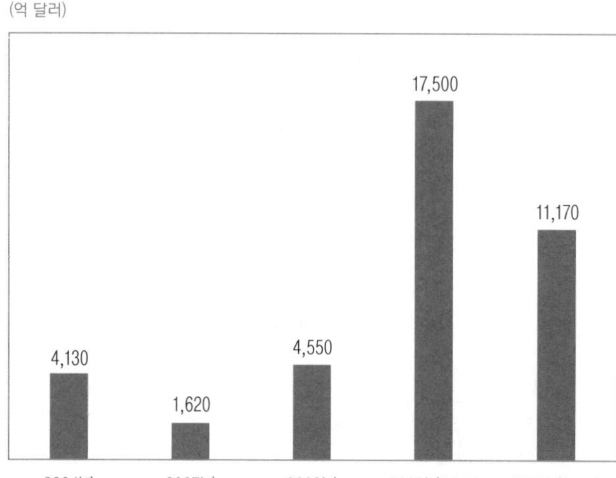

*전분기 대비

지 줄여 놓는다는 목표도 제시했다. 오바마 대통령은 2010 회계연도에 3조 5,000억 달러의 예산안을 편성해 의회에 제출해 놓은 상태다.

스트레스테스트로
은행 자본금 의무 확충

스트레스테스트로
신뢰 회복 노려(2009. 5. 8)

'은행들에 대해 실시한 스트레스 테스트 결과는 더 이상 지급 불능 사태에 빠질 금융회사가 없음을 보여줌으로써 시장을 안심시키는 효과를 기대하게 한다.'

미국 재무부와 연방준비제도이사회가 은행들의 재무건전성을 평가하는 스트레스 테스트 결과 발표를 전후해 블룸버그뉴스는 이렇게 정리했다.

로이터통신은 '테스트 결과가 시장에 충격을 주기보다는 신뢰감을 회복시키는 계기가 될 것이라고 평가되고 있다'고 전했다.

'스트레스 테스트'란 앞으로 경제여건이 악화될 경우를 가정해 금융회사들이 감당할 수 있는 자본을 확보하고 있는지를 평가하는 작업이다.

금융당국은 3개월간의 실사 결과를 당초 월요일인 4일 발표하려다 7일 오후로 다소 연기하면서 일부 내용을 미리 흘려 시장에 미칠 과도한 충격 완화를 유도했다. 7일 오후(현지시간) 공식 발표를 앞두고 AP, 블룸버그 등이 스트레스 테스트 대상 19개 은행 중 '빅 샷'에 대해 미리 결과를 전한 것도 그런 차원이다.

블룸버그에 따르면 12개 대형 금융회사 가운데 7개는 자본을 확충할 필요가 없다는 진단인 반면 5개는 총 665억~675억 달러의 자본 확충 명령을 받을 것으로 전해졌다.

뱅크오브아메리카(BOA)가 340억 달러 추가 자본 확충이 필요하다는 지적을 받아 최대 규모다. BOA는 이미 450억 달러의 구제금융 지원을 미국 정부에서 받고 있는 상태다. 웰스파고는 150억 달러의 자본을 더 늘려야 하는 것으로 나와 두 번째로 많았다. GMAC는 115억 달러, 씨티그룹은 50억 달러, 모건스탠리는 10억~20억 달러 자본이 추가적으로 필요한 것으로 나왔다.

반면 골드만삭스, 메트라이프, JP모건체이스, 뱅크오브뉴욕멜론, 아메리칸익스프레스, BB&T, 캐피털원파이낸셜 등은 추가적인 자본 확충이 필요 없는 것으로 분석됐다.

이에 앞서 AP는 아메리칸익스프레스, JP모건체이스, 뱅크오브뉴욕멜론 3개 은행은 자본 확충 대상에서 벗어난 반면 씨티그룹, BOA, 웰스파고 등은 자본 확충 요구를 받을 것이라고 보도했다.

월스트리트저널은 19개 테스트 대상 중 10개가 자본 확충 지시를 받을 것으로 보인다고 전했다. 이 신문은 한때 14개 은행을 자본 확충 필요 대상으로 판정했으나 막판에 4개가 제외되면서 10개로 줄어든 것으로 보도했다.

스트레스 테스트 결과에 따라 자본을 확충해야 할 은행들은 6월 8일까지 자본 확충 계획안을 제출하고 11월 9일까지 완료해야 한다. 자본 확충 계획에는 사업부 매각 및 분사, 신주 발행, 배당금 등이 포함되며 정부로부터 받은 공적자금 상환에 대한 세부적인 계획도 밝혀야 한다. 자산 매각 등의 과정은 연방예금보험공사(FDIC)와 협의해야 한다.

만약 정부로부터 받은 지원금을 조기 상환할 경우 정부의 지원 프로그램 없이도 자립할 수 있는 재무상태를 가지고 있음을 증명해야 한다. 특히 자본 확충을 요구받은 은행들은 2010년 말까지 기본자기자본비율(Tier 1)을 최소 6% 이상으로 끌어올려야 한다.

전문가들은 그동안 불확실한 요소로 시장에 불안감을 안겨준 스트레스 테스트 결과가 드러남에 따라 일단은 악재가 해소됐다는 반응이다.

윌리엄 아이작 전 연방예금보험공사 사장은 "3개월간 이어진 물고문 같았던 스트레스 테스트의 종료가 투자자들에게 안도감을 줄 것"이라고 말했다.

자본 확충이 필요한 것으로 드러난 은행들의 진로와 경영진의 앞날은 험난할 것으로 보인다. 지난 주주총회 때 추가 자본 확충이 필요 없다고 밝혔던 BOA의 케네스 루이스 CEO는 사퇴 압력에 시달리는 등 곤경에 빠질 것으로 보인다. 반면 골드만삭스, JP모건체이스 등 강자들은 신용 위기의 덫에서 완전히 벗어날 수 있는 호기를 얻게 됐다.

제이미 다이먼 JP모건체이스 CEO는 "금융시스템 회복에 몇 년이 걸릴 수도 있다"며 "하지만 그 과정에서 생긴 손실을 충분히 견뎌낼 수 있다"고 자신 있게 말했다.

10개 은행
총 750억 달러 자본 늘려야(2009. 5. 8)

11월 초까지…실패하면 공적자금 투입

재무부와 연방준비제도이사회(FRB)는 지난 2개월간 실시한 스트레스 테스트 대상 19개 금융 회사 가운데 10개를 자본 확충 대상으로 분류해 지난 7일(현지시간) 최종 발표했다.

스트레스 테스트란 경기 상황이 최악으로 치달을 경우를 가정해 금융 회사의 손실이 추가로 늘어날 것에 대비한 적정 자본 수준 점검 작

미국 주요 은행들의 스트레스 테스트 결과

(단위: 억 달러)

자본 추가 확충	기업
필요	BOA(340), 웰스파고(150), GMAC(115), 씨티그룹(50), 모건스탠리(10~20)
불필요	골드만삭스, JP모건체이스, 메트라이프, 아메리칸익스프레스, 뱅크오브뉴욕멜론, BB&T, 캐피털원파이낸셜

*괄호 안은 추가 확충해야할 자본금, 출처: 블룸버그

업이다.

테스트 결과 가장 많은 규모의 자본 확충을 요구받은 곳은 뱅크 오브 아메리카(BOA)로 339억 달러에 달했다. 이어 웰스파고 137억 달러, GMAC 115억 달러, 씨티그룹 55억 달러, 리전스 파이낸셜 25억 달러, 선트러스트뱅크스 22억 달러, 모건스탠리 18억 달러, 키코프 18억 달러, 피프스 서드뱅코프 11억 달러, PNC 파이낸셜서비스그룹 6억 달러 등으로 자본 확충 대상이 정해졌다. JP모건체이스, 골드만삭스, 메트라이프, US뱅코프, 뱅크오브뉴욕멜런, 스테이트스트리트, 캐피털원파이낸셜, BB&T, 아메리칸익스프레스 등 9개사는 자본 확충이 필요없는 것으로 결론 났다.

경기 상황이 최악으로 갈 경우 19개 금융 회사들은 올해와 내년에 걸쳐 총 5,992억 달러의 손실이 추가로 발생하는 것으로 측정됐다. 예상 손실 규모가 가장 큰 부분은 모기지 분야로 1,855억 달러로 추산됐고, 트레이딩 부문에서 993억 달러의 손실이 발생하는 것으로 추정됐다.

10개 은행 자본확충…
11월 9일이 '데드라인'(2009. 5. 9)
내달 8일까지 조달계획 제출해야

미국 금융 당국으로부터 자본 확충 명령을 받은 10개 은행은 자체 회생을 위해 시한을 정해 놓은 게임에 들어가야 한다.

10개 은행은 일단 다음달 8일까지 자체 계획을 제출해야 한다. 이 계획은 11월 9일까지 이행돼야 한다. 이 '데드라인'을 지키지 못하면 정부가 공적자금을 투입하며 개입한다. 주식 발행, 채권 발행, 자산 매각 등의 자체 노력이 먹혀들지 않으면 정부의 우산 아래 편입돼 이후 여러 대가를 치러야 한다는 의미다.

미국 정부는 지난해 하반기 금융위기 발생 후 7,000억 달러의 '부실채권정리프로그램(TARP)'에 의거해 상당 규모의 자금을 금융 회사 자본 확충에 쏟아 부어넣었다. TARP 자금 중 남은 건 1,100억 달러 정도에 불과하다.

BOA에는 450억 달러, 웰스파고 250억 달러, 모건스탠리 100억 달러 등의 공적자금이 이미 개별 은행마다 자본금으로 들어가 있다. 10개 은행 모두 해당된다. 정부는 이 돈을 넣은 대신 그에 해당하는 만큼의 우선주를 보유하고 있다. 주주로서 지분만큼의 권리 행사를 하지 않기 위해 의결권 없는 우선주를 택했다.

10개 은행이 자체 자본 확충에 실패하면 정부가 보유중인 우선주를 보통주로 전환하며 전면에 나설 수 있다. 의결권을 행사하고 경영에 간섭하는 것이다. 당연히 민간은행의 국유화 논란을 피하기 어렵다. 금융 회사들로서는 가능한 택하고 싶지 않은 길이다.

월스트리트저널은 이런 상황에 도달할 경우 금융 당국이 은행 국유화 논란을 비켜가기 위한 편법으로 새로운 방식의 우선주를 도입하는 방안을 검토하고 있다고 보도했다.

신문에 따르면 은행이 자체 자본 확충에 실패할 경우 정부 보유 우선주를 즉각 보통주로 전환시키지 않고 유예시키는 새로운 방식이다. 보통주 전환 여부는 당국과 은행 간 협의로 이뤄지며 최장 7년을 유보할 수 있도록 한다는 구상이다. 보통주로 전환되면 의결권이 부여됨으로써 국유화 비판을 피하기 어렵기 때문에 정부도 부담이라는 점에서 은행과 정부 모두 환영하는 카드라는 것이다. 정부는 별로 반갑지 않은 민간 은행 국유화 논란을 비켜갈 수 있으며 해당 은행들은 정부에 덜 예속되는 형식을 취할 수 있는 셈이다.

그렇지만 스트레스 테스트라는 과정 자체가 정부의 개입과 간섭에서 자유로울 수 없다는 비판이 만만치 않다.

파이낸셜 타임스는 이번 자본 확충 과정에서 금융 당국의 '보이지 않는 손'이 결국 심도 있게 개입할 것이라고 지적했다. 신문은 "미국 금융 당국이 은행의 일상적인 경영에는 상대적으로 덜 개입하는 방식을 취할 것"이라며 "그러나 필요할 경우에는 경영진 교체 등 원격 압력을 가하게 될 것"이라고 전망했다.

파이낸셜타임스는 "벤 버냉키 FRB 의장이 향후 월가에 대한 당국의 간섭이 강화될 것임을 분명히 했다"고 단정했다. 버냉키 의장은 "스트레스 테스트 결과는 의심할 여지없이 앞으로 금융 감독 기능을 개선시킬 것"이라고 말해 이런 의지를 강하게 보여줬다고 신문은 전했다.

생보사들 '구제금융 안 받겠다'(2009.5.18)

미국 생명보험회사들이 부실자산 구제 프로그램(TARP)을 통해 지급될 예정인 정부 구제금융을 사양하고 있다고 월스리트저널이 보도했다.

월스트리트저널은 구제금융 지급 사전승인 대상업체로 지정된 6개 생보사 가운데 하나인 아메리프라이즈가 '고맙지만 정부의 돈을 받지 않겠다'고 공식적으로 거부 의사를 밝혔다고 전했다. 또 푸르덴셜 파이낸셜도 구제금융을 거부할 것으로 예상된다는 것이다.

올스테이트와 프린시플 파이낸셜은 아직 입장을 결정하지 않고 있지만 미온적으로 반응하고 있다고 신문은 전했다. 하트퍼드 파이낸셜 서비스 그룹과 링컨 내셔널 코프 등 두 개 회사는 구제금융을 받는 쪽으로 입장을 정리하고 있다고 보도했다. 두 회사는 지난 2007년 말 이후 주가가 70% 이상 하락했다. 하트퍼드는 34억 달러, 링컨 내셔널 코프는 25억 달러를 각각 지원받는 것으로 전해졌다.

월저널은 '구제금융에 대한 생보사들의 다양한 반응은 정부 지원을 받을지 여부를 결정하는 게 얼마나 어려운지 보여주는 것'이라며 '아울러 지난해 11월 이들 기업이 지원을 요청했을 당시와 현재 상황이 많이 달라졌음을 반증하는 것'이라고 분석했다. 지난해 보험사들은 금융위기로 손실이 쌓이자 정부가 은행들을 구제한 것과 같은 방식으로 지원을 해 달라고 요청했다.

그러나 구제금융을 받으면 경영진 임금, 주요 정책 결정 등에서 정부의 엄격한 규제와 통제를 따라야 한다는 점을 감안해 구제금융 신청을 주저하고 있다.

전 세계가 골머리(2009. 6. 5)

금융위기 극복하려 헬기로 돈 뿌렸더니

미국 재정적자 4배 늘고 한국 국가부채비율 5.5%P↑

전 세계 정부가 나라살림, 재정건전성 확보를 놓고 고민에 빠졌다. 영국의 국가신용등급 전망이 재정적자 탓에 '부정적'으로 밀려났다.

벤 버냉키 미국 연방준비제도이사회(FRB) 의장은 "막대한 재정적자를 줄일 방안을 강구해야 한다"고 말했다. 이는 그간의 확장적인 재정정책에 기조 변화를 촉구한 것으로 시장에 파장이 클 것으로 평가된다.

파이낸셜타임스는 "미국 경제가 저점을 지났다"고 보도해 적자재정에서 균형·흑자재정으로 전환 가능성에 무게를 실었다. 국가부채비율이 국내총생산(GDP)의 200%에 육박한 일본도 상황이 절박하긴 마찬가지다.

한국 역시 올해 재정수지 악화 속도가 전 세계에서 가장 빠른 그룹에 속한다. 정부는 우리나라의 GDP 대비 국가부채비율이 30.1%(2008년)에서 35.6%로 5.5%포인트 급등할 것으로 이미 예상하고 있다. 그러나 정부는 경기회복 속도가 늦어질 경우를 감안해 내년 예산한도를 285조 원 규모로 편성해 일단 확장기조는 유지하고 있다.

문제는 이 같은 각국 정부의 재정정책 기조 변화가 일시에 일어날 경

우 재정확장과 반대방향의 부작용이 나타날 수 있다는 것이다. 당장 수출의존도가 높은 우리나라는 각국 정부의 공공발주 물량이 감소하는 상황에 대비해야 한다. 또 재정건전성 확보를 놓고 일종의 글로벌 경쟁이 벌어질 가능성도 배제할 수 없다. 이것 역시 글로벌 경제의 또 다른 위험 요인이 된다.

위기의 중심인 미국에선 3일 재정적자 해소로 정책방향을 선회해야 한다는 중앙은행 수장의 언급이 나왔다.

버냉키 FRB 의장은 "재정건전성을 담보하지 못하면 금융시장과 경제성장을 위협할 것"이라고 경고했다. 이번 발언은 FRB가 그간 금융시장 안정과 극심한 경기 침체 극복을 위해 실시했던 양적 완화와 확장적인 재정정책의 방향타를 돌려야 한다는 의미로 해석된다.

실제로 미국 정부는 2009년 회계연도 재정적자가 1조 8,000억 달러로 사상 최고치를 기록할 것으로 예상한다. 이는 미국 GDP의 9%에 달하며 작년 재정적자와 비교해도 4배에 달한다.

버냉키 의장은 "시장 신뢰도를 높이기 위해서는 정부 재정이 균형을 회복해야 한다"고 강조했다. 그의 언급은 막대한 재정적자와 이에 따른 국

G20 주요국가 재정수지 현황 및 전망

(단위: %)

국가	2009년	2010년
중국	-3.6	-3.6
프랑스	-6.2	-6.5
독일	-4.7	-6.1
인도	-10.2	-8.7
이탈리아	-5.4	-5.9
일본	-9.4	-9.6
한국	-3.2	-4.7
러시아	-6.2	-5
영국	-9.8	-10.9
미국	-9.1	-8.8
G20 평균	-6.6	-6.5

*국내총생산(GDP)대비
출처: IMF 재정지출보고서

채 발행 증가로 시장에 금리상승(채권값 하락) 압박이 가해지는 악영향을 좌시할 수 없다는 의미다.

영국은 재정 악화 우려로 신용등급마저 흔들리고 있다. 영국 싱크탱크인 폴리시익스체인지는 3일(현지시간) 보고서를 통해 "재정 지출을 줄이지 않으면 심각한 재정 악화 위험을 피하지 못할 것"이라고 경고했다.

폴리시익스체인지는 "나중에 지출을 줄이는 것보다 늘리지 않는 것이 더 쉬운 접근법"이라며 "영국 정부가 추진하고 있는 고소득자에 대한 세율 인상 등이 필요해 보인다"고 주장했다.

앞서 국제신용평가사 스탠더드앤드푸어스(S&P)는 지난달 21일 영국 신용등급이 AAA에서 떨어질 위험이 있다고 경고하며 전망을 '안정적'에서 '부정적'으로 낮췄다. S&P가 영국 신용등급 전망을 부정적으로 하향 조정한 것은 1978년 이후 31년 만에 처음이며 공공 부채 급증에 따른 재정 악화를 하향 원인으로 지적했다.

FRB,
"초저금리 당분간 유지"(2009. 6. 26)

경기 점진적인 회복 예상…인플레이션 압력 약해져

미국 중앙은행인 연방준비제도이사회(FRB)는 당분간 금리 인상 조치가 없을 것이라는 뜻을 강력히 천명했다. 또 경제 활동을 돕기 위해 연 0~0.25%인 현재 금리 수준을 그대로 유지하고 주택시장 지원과 민간 신용 개선을 위한 신용 완화 조치를 더 확대해 가겠다고 밝혔다.

FRB의 통화정책 결정기구인 연방공개시장위원회(FOMC)는 25일 이틀 동안의 회의를 마치면서 내놓은 발표문을 통해 이같이 발표했다. FOMC의 이날 성명은 크게 두 가지 메시지를 시장에 보냈다.

첫째, 당분간 금리 인상 조치는 없다는 점이다. 둘째는 미국 경제가 점진적으로 성장세를 유지할 것이라는 진단이다. FRB는 현재 제로 금리 수준을 유지하기로 결정하면서 제로 금리가 '상당 기간에 걸쳐 계속 이어져야 할 것으로 보인다'고 표현했다. 아울러 디플레이션 우려 완화를 분명히 지적하면서 인플레이션 압력이 낮아졌다고 지적했다.

지난 4월 회의 후 성명에서 언급했던 디플레이션 우려 표현은 이번에 아예 빠졌다. 금융시장에서는 경기 회복 속도가 예상 외로 빨라져 경기 과열을 걱정해야 하는 상황이 초래되지 않는 한 올해에 금리 인상으로 기조를 바꾸지는 않을 것으로 받아들이고 있다.

이번 회의를 앞두고 최근 몇 주 새 채권시장에서는 금리 인상 가능성이 대두되면서 국채 금리가 급등했다. 10년 만기 국채 금리가 연 4%까지 육박했을 정도다. 이날 발표문은 이런 시장 불확실성을 제거하는 데 기여했다. 경기 진단에 관해서는 아직 신중론 쪽에 가깝다.

FOMC는 "올해 4월 회의 이후 수집한 정보들은 경기위축 속도가 둔화되고 있음을 보여주며 금융시장 여건도 최근 몇 달 동안 전반적으로 개선됐다"고 일단 평가했다.

그러나 경기 진작을 위해 모든 수단을 동원할 것이라는 점을 강조해 경제 회복국면까지는 아직 멀었다는 쪽에 섰다.

미국 상무부는 5월 내구재 주문이 전달보다 1.8% 증가했다고 발표했다. 블룸버그뉴스가 집계한 전문가들의 예상치 -0.9%를 크게 넘어서는 것이어서 시장에 경기회복 기대감을 줬다. 반면 5월 신규 주택 판매실적은 34만 2,000채(연율 환산 기준)로 전월에 비해 0.6% 줄었다.

전문기관들이 예상했던 36만 채를 크게 밑도는 것이며 작년 같은 달에 비해서는 33%나 감소했다. 부동산시장 상승세 전환은 아직 이르다는 판단으로 이어진다. 무엇보다 5월 실업률이 9.4%로 지난 25년 이래 최고치에 이르는 등 고용지표가 전혀 개선되지 않고 있다는 점도 경기회복 기대에 찬물을 끼얹고 있다.

미국 경제 실업률이 복병?(2009. 7. 16)

불안정고용 포함 때는 16%, 소비에 치명타

미국 경제 회복세 여부에 대해 전망이 엇갈리는 가운데 실업률이 최대 복병으로 작용할 수 있다는 우려가 커지고 있다. 현재 미국 실업률은 9.6%지만 잠재적 실업자까지 포함하면 두 배 수준에 가깝다는 분석까지 나온다.

일부 제조업 부문에서 경기 위축세가 예상보다 빨리 둔화되는 듯한 지표에도 소비가 과연 살아날 것인지에 대해서는 자신하지 못하고 있다.

연방준비제도이사회(FRB)는 실업률이 올해 안에 두 자릿수를 돌파하면서 최고 10.1%까지 상승할 것으로 전망했다. 지난달 열렸던 연방공개시장위원회(FOMC) 의사록에서 나온 지적이다. FRB는 이 자료에서 올해 실업률 전망치를 9.8~10.1% 범위로 제시해 연내 10% 돌파 가능성을 처음으로 공식화했다.

지난 4월 FOMC 회의에 때 제시됐던 실업률 전망치는 9.2~9.6%였다. 2010년과 2011년 실업률 예상 범위는 각각 9.5~9.8%, 8.4~8.8%로 제시돼 올해 말을 고비로 실업률이 하향 곡선을 그릴 것으로 FRB는 전망했다.

경기 역시 올해 하반기 중 반등을 시작할 것으로 예상해 올 성장률 전망치를 당초 제시했던 -2.0~-1.3%에서 -1.5~-1.0%로 상향 조정했다.

내년 성장률 전망 역시 2.0~3.0%에서 2.1~3.3%로 소폭 올랐다. 올해 하반기 성장률이 플러스로 반전하겠지만 성장 속도는 매우 더딜 것이라는 전망이었다. 장기적으로도 고용시장과 성장률이 완전히 정상 궤도에 진입하기 위해서는 5~6년이 걸릴 수 있다고 FRB는 진단했다.

경기 회복 전망은 다소 장밋빛을 띠는 듯해도 고용 문제는 심각한 수준이다. 뉴욕타임스(NYT)는 언제든 실업자로 집계될 수 있는 불완전 고용자가 크게 늘어나면서 '보이지 않는 실업률'이 미국 경제에 장기적으로 고통을 줄 수 있다고 15일 보도했다.

엇갈리는 미국 경기 진단 지표

실업률	•6월 공식 통계 9.6%(잠재 실업자 포함 때는 16% 상회)
산업생산	•6월 지수 전월 대비 0.4% 감소해 8개월째 하락세
소매판매	•6월 지수 전월 대비 0.6% 증가해 1월 이후 최고 상승률(자동차부품과 휘발유 제외 때는 0.2% 감소해 4개월째 하락세)

풀타임으로 일하고 싶지만 파트타임으로 일할 수밖에 없는 근로자들과 취업을 포기한 근로자들이 실업률 통계에 잡히지 않고 있다는 지적이다. 이를 포함한 광의의 실업률은 16.5%에 달한다는 것. 광의의 실업률은 주마다 편차가 커서 오리건 캘리포니아 등 몇몇 주는 5명 중 한 명꼴로 불완전 고용 상태라는 진단이다.

NYT가 최근 주별 광의의 실업률을 분석한 결과 오리건주는 23.5%, 미시간과 로드아일랜드는 21.5%, 캘리포니아주도 20.3%를 기록하고 있다.

제조업이나 건설에 대한 의존도가 높은 테네시 네바다 등 몇 개 주들은 곧 20%를 넘어설 것으로 조사됐다. 불완전 고용 상태는 불과 1년여 전만 해도 현재 수치의 절반에도 못 미쳤다. 최근 경제 위기를 거치며 두 배 이상 증가한 것으로 보인다.

일반적으로 경기 후행 지표인 실업률은 계속 악화되고 있지만 제조업 경기는 예상보다 빨리 하강 속도가 둔화되고 있다. 경기 회복에 대한 기대를 높이는 지표로 해석된다.

FRB가 15일 내놓은 6월 중 산업생산은 전월에 비해 0.4% 감소하며 8개월째 하락세를 나타냈지만 5월 1.2% 감소에 비해서는 폭이 크게 둔화됐다. 2분기 전체로는 산업생산이 연율 환산 기준으로 11.6% 감소해 1분기 19.1% 감소보다 나아졌다.

그러나 제조업 경기가 본격적으로 살아나기 위해서는 소비가 뒷받침돼야 하기 때문에 높아지는 실업률 공포 속에 소비자들이 언제부터 다시 지갑을 열지가 경기 회복의 관건이다.

상무부가 발표한 6월 소매판매는 전달에 비해 0.6% 증가하며 지난 1월 이후 가장 높은 상승률을 기록했다. 다만 이런 증가세는 자동차 판매 촉진을 위한 인센티브 효과와 휘발유 가격이 크게 오른 데 따른 것이었다.

통화 스왑으로
안전장치 구축

한·미 300억 달러 규모
통화스왑 (2008. 10. 30)

달러 가뭄해갈·원화값 안정

한국과 미국 간에 약 300억 달러 규모의 '통화스왑 협정'이 체결된다. 29일 국제금융계와 기획재정부 등에 따르면 미국 연방준비제도이사회(FRB)는 30일 새벽(한국시간) 열리는 연방공개시장위원회(FOMC)에서 한국과 멕시코, 브라질 등에 대한 통화스왑 협정 체결에 관한 사항을 논의했다.

FRB가 한국에 적용하게 될 통화스왑 한도는 약 300억 달러 규모다.

국제금융계 관계자는 29일 "한국 정부가 이달 초부터 미국 재무부, FRB 등과 조율해왔던 통화스왑 협정 문제가 이날 FOMC에서 최종 결정된다"며 "다만 FRB가 최종 결정권한을 쥐고 있는 만큼 한국 측으로서는 결정을 기다리고 있다"고 말했다.

강만수 기획재정부 장관과 신제윤 재정부 대외차관보는 지난 11일 IMF(국제통화기금) 연차총회 참석차 미국 워싱턴에 방문했을 때부터 통화스왑 협정 문제를 조율했던 것으로 알려졌다.

당시 강 장관은 G20 재무장관 회의와 IMF총회 등을 통해 글로벌 금융위기 극복을 위한 국제공조 강화를 역설하며, 선진국끼리만 맺어져 있는 통화스왑 협정에 한국을 비롯한 신흥국도 포함시켜야 한다고 주장했다.

한·미 간 통화스왑 협정이 발효될 경우 최근 급등락을 보이며 약세 기조에 있는 원화가치 방어에도 도움을 받을 수 있고 외화 유동성도 확보할 수 있을 것으로 보인다.

한국이 달러 유동성 부족에 빠지게 되면 한국은행이 FRB에 원화를 맡기고, 달러를 빌려와 유동성 위기를 넘길 수 있게 된다. 한국의 달러 유동성 위기를 진정시키기 위해 미국 정부가 일정 한도 내에서 달러를 찍어낼 수 있다는 의미다.

이번 협정이 체결되면 한국의 국가신인도 개선에 큰 도움이 될 전망이다. 미국 정부가 제공하는 외화 유동성 보호 프로그램에 가입한 셈이 되기 때문이다. 한국 정부로서는 IMF가 마련 중인 '신흥국 단기 유동성 지원 프로그램'보다 훨씬 독립적이고 안정적인 보호장치를 마련한 셈이다.

미 FRB는 신흥국 중에서도 거점 역할을 하는 '주요 신흥국가(Main Emerging Country)'를 새로운 통화스왑 파트너로 선정했다는 후문이다. 세계 13위(GDP 기준)의 경제 규모로 신흥국 중에서도 금융개방 정도가 높은 한국이 이 같은 자격요건을 충족한 것이다.

미 FRB는 앞서 29일(한국시간) 뉴질랜드와 150억 달러 규모의 통화스왑 계약을 맺었다. 국제금융계에서는 미 FRB가 뉴질랜드와 유사한 기준을 적용한다고 가정하면 한국의 경우 대략 300억 달러에 달하는 한도를 받을 수 있다.

미국 통화스왑
거래 배경은(2008. 10. 31)

기축 통화 체제 유지 위해 달러 공급

미국 중앙은행인 연방준비제도이사회(FRB)가 유럽중앙은행(ECB) 그리고 영국 및 스위스 중앙은행과 통화스왑 협정을 맺은 것은 이미 지난해 9월이었다.

올 하반기 일본 중앙은행이 추가됐다. 리먼브러더스 파산 조치 후 금융위기가 본격화된 전후 시점에는 호주, 캐나다 외에 유럽 국가들인 덴

미국과 스왑라인 체결 맺은 국가

국가	규모	최종 체결일
EU·영국·스위스	무제한	10.13
일본	무제한	10.14
뉴질랜드	150억 달러	10.28
캐나다·호주·스웨덴	300억 달러	9.29
덴마크·노르웨이	150억 달러	9.29

마크, 스웨덴, 노르웨이 등까지 확대됐다.

이번에 대상에 추가된 뉴질랜드, 한국, 브라질, 멕시코, 싱가포르 등까지 합치면 14개국이 '달러 우산 체제'의 일원으로 포함됐다.

대상 국가의 중앙은행에 달러가 부족할 경우 언제든 미국 중앙은행이 공급해준다는 약속인 만큼 외환위기 사태를 막을 수 있는 원천적인 장치를 갖춘 것이나 다름없다.

엄연하게 별개 국가임에도 통화 스왑 협정을 근거로 미국 중앙은행의 발권력이 대상국에게 영향력을 미친다는 점에서 '팍스 달러리즘'의 재확인이다.

달러를 매개로 하는 국제 사회에서 미국의 지배력을 여지없이 보여준 셈이다. 미국이 통화스왑 거래를 통해 주요국을 '달러 우산' 아래로 끌어들인 것은 3가지 배경이 작용했다.

첫째 14개국에 대한 달러 공급을 통해 유일의 기축 통화 체제를 지속

미국 해외 현지 통화 스왑
(2009년 4월)

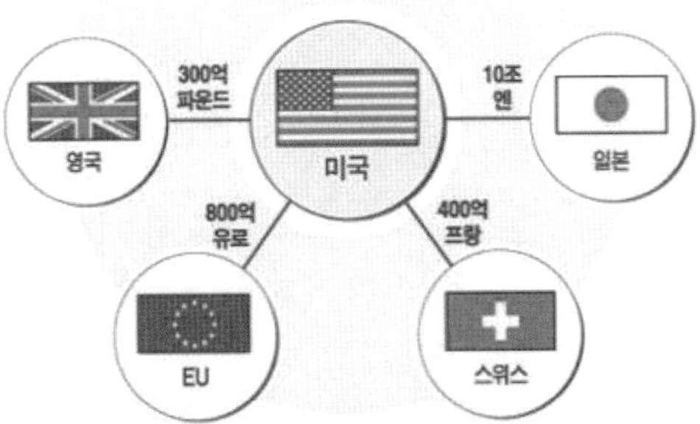

중국 통화스왑 계약

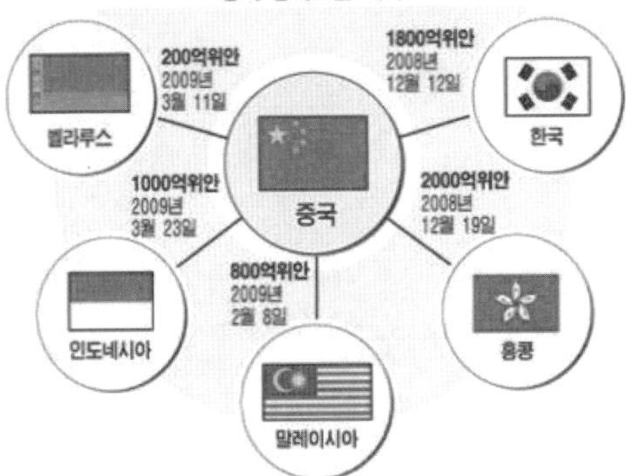

일본 통화 스왑

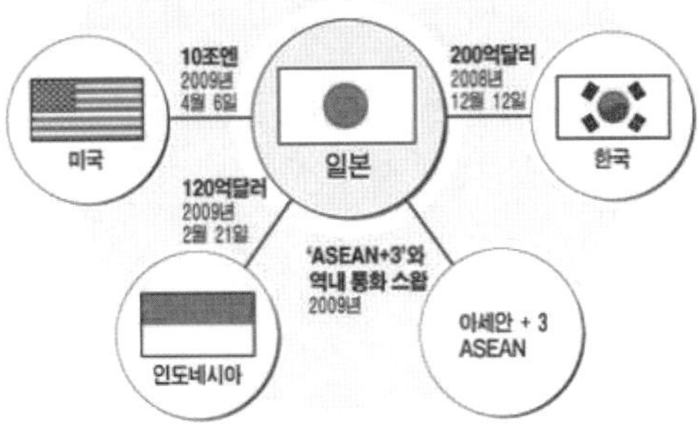

시키려는 전략이다. 지난해 중반이후 미국의 서브프라임 모기지 부실 사태가 표면화되면서 미국 경제 자체가 흔들리자 기축 통화로서의 달러에 대한 신뢰와 가치는 내리막길을 걷기 시작했다.

지난해 통화스왑 협정을 체결한 ECB, 영국, 스위스 등 3개국의 경우 달러 표시 자산 보유 규모나 통화 정책 등에서 이미 미국과 한배를 탄 처지였다. 올해 추가된 일본까지 합치면 세계 금융시장에서 최대의 달러 보유국이자 수요국들이다. 세계 최대의 외환보유액을 갖고 있는 중국은 통제 경제 제도를 유지하고 있어 공식적인 '달러 우산'에 편입되지 않았다.

둘째 통화스왑 거래를 매개로 14개국을 '공범'으로 만들어 놓음으로써 금리 정책을 비롯한 일련의 시장 대응 조치에서 미국을 따라오지 않을 수 없게 만드는 효과를 겨냥했다.

이번 금융위기에서 미국을 포함한 7개국 중앙은행은 금리 인하에 공조를 취하면서 이미 공동 운명체임을 보여준 바 있다. 주요국들이 금리 인하 기조를 택하면 주변국들은 따라가지 않을 수 없는 것이 지금의 국제 금융시장 시스템이다. 미국에 의해 왕따 취급을 당하고 있는 중국도 주요국의 금리 인하에 보조를 맞춰 동참했을 정도였다.

셋째 서브프라임 모기지 부실 사태 이후 확연하게 줄어들고 있는 해외로부터 미국으로의 달러 유입 감소 추세에 대한 대응책이다. 서브프라임 모기지 부실이 불거진 뒤 월가의 자본 확충에 아시아와 중동의 국부펀드(SWF)를 비롯한 자금이 몰려들었지만 전체적으로 보면 미국으로의 달러 유입은 확연하게 줄어들기 시작했다. 금융위기가 본격화된 뒤부터는 안전성에 대한 불신까지 가세해 더 가속됐다. 미국은 ECB, 영국, 일본, 스위스에 대해서는 무제한으로 달러를 공급키로 했다.

나머지 국가에 대해서는 150억~300억 달러의 한도를 설정했지만 필요하면 언제든 늘려준다는 입장이다. 이들에게 공급되는 달러는 결국 미국 국채 등 달러 표시 자산 매입이나 금융 회사에 대한 자본 투입 등의 형태로 미국에 환류된다. 미국이 다른 나라에 공급하는 달러의 80% 가량은 고스란히 미국으로 다시 들어오는 것으로 추산되고 있다.

미국이 14개국을 선택해 맺은 통화스왑 협정은 대상국들의 달러 부족을 해결해주는 안전장치로 출발하지만 뒤집어보면 미국의 필요에 의해 나온 카드인 셈이다.

하루짜리 연명 한국계 은행들
美서 3개월 채권 발행(2008. 11. 1)
한국 위험도 크게 낮아져

한국은행이 미국과 통화스왑에 나서기로 한 후 월가 금융회사들이 한국 위험도가 크게 낮아진 것으로 평가하고 있는 가운데 그동안 하루짜리 자금으로 연명해오던 한국계 금융회사들이 기간물 발행에 성공했다.

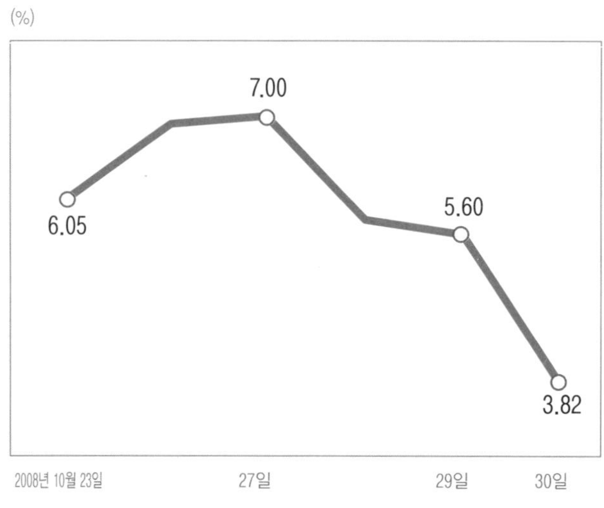

*5년물 기준
출처: 블룸버그

이에 따라 한국 금융회사에 대한 신뢰가 회복되고 국내 기업들의 자금 조달 여건이 급속히 개선될 것으로 기대되고 있다.

국제 금융계에 따르면 뉴욕시장에서 우리 신한 국민 등 한국계 금융 회사 3곳이 지난달 30일(현지시간) 28~90일짜리 기간물로 1억 7,500만 달러를 조달했다.

한국계 금융회사가 국제 금융시장에서 하루짜리가 아닌 기간물 조달을 재개하기는 금융위기가 본격적으로 불거진 이후 3개월여 만에 처음이다.

한국계 금융회사들은 금융위기가 본격화된 이후 하루짜리 오버나이트 자금으로 연명하면서 매일 외화 자금 확보에 어려움을 겪어왔다. 오버나이트 자금은 리보+1,000bp의 가산 금리를 부담할 정도였다.

씨티그룹과 골드만삭스 등 월가 금융회사들은 한국의 위험도가 크게 떨어졌다고 평가했다. 씨티그룹은 30일 이런 달러 유동성 지원 조치는 한국의 부도 위험을 현격하게 낮출 것이고 한국 금융시장 안정에 상당히 기여할 것이라며 한국의 건전한 펀더멘털과 충분한 유동성 지원 등을 감안할 때 부도 가능성은 이제 사실상 '제로'가 됐다고 진단했다.

한국의 부도위험을 나타내는 CDS 프리미엄은 주 초반 700bp(7%)까지 상승했으나 30일에는 300bp 후반대로 급락해 한국에 대한 위험도가 낮아지고 신뢰가 회복되고 있음을 나타냈다.

▆▆▆▆▆ 통화스왑 협정

자국 통화와 상대국 통화를 맞바꿔 예치함으로써 통화가치의 안정을 도모하기 위한 협정을 말한다. 통상 중앙은행 간에 협정을 체결하며 변제할 때에는 서로 예치했던 때의 환시세를 적용하게 된다.

IMF도 신흥시장에 통화 공급

IMF 신흥시장
통화스와프 창구 조기 개설(2008. 10. 25)

국제통화기금(IMF)이 신흥시장 국가들을 대상으로 달러 통화 스와프 거래 창구를 개설할 계획이다.

신흥시장 국가들의 단기적인 달러 유동성 공급 부족을 해결해주기 위한 방안으로 최근 금융시장의 급박함을 감안해 당초 일정을 앞당겨 다음 달 초 가동할 수 있도록 한다는 방침으로 알려졌다.

IMF의 달러 통화 스와프는 대상 국가가 자국 통화를 예치하고 대신 달러를 빌려가는 것이다. 통화스와프 거래는 각국 중앙은행 간에 이뤄지며 주로 달러를 매개로 각국의 통화를 맡기는 방식이다.

미국 중앙은행은 금융위기가 고조되면서 유럽중앙은행(ECB), 일본, 스위스, 영국, 캐나다 등 10개국 중앙은행에 총 6,200억 달러의 통화 스와프 한도를 먼저 열어줬다.

특히 7,000억 달러의 구제금융 법안이 의회에서 부결돼 불안감이 급격히 커졌던 지난달 29일에는 한국과 브라질, 싱가포르, 멕시코 등 4개국에 3,300억 달러의 통화 스왑 한도를 증액하기도 했다.

미국이 개별 국가별로 부여한 통화스왑거래 한도는 ECB 2,400억 달러, 일본 1,200억 달러, 영국 800억 달러, 스위스 600억 달러, 캐나다 300억 달러,호주 300억 달러, 스웨덴 300억 달러, 덴마크 150억 달러, 노르웨이 150억 달러 등이다. 이후 다시 일본, 영국, 스위스, ECB에 대해 내년 4월까지 통화 스와프 상한을 없애 각국 중앙은행 요구가 있으면 무한정 달러를 공급하기로 했다.

IMF의 이번 조치는 이처럼 미국과 주요 선진국들 중앙은행끼리는 통화 스와프 거래 협정이 이뤄져 있는 반면 신흥시장 국가들은 제외시켜 놓아 무방비 상태에 있다는 점을 고려한 것이다.

IMF에 달러 통화스와프 거래 창구가 개설되면 신흥시장 국가들도 미국과 통화 스와프 협정을 체결한 선진국들처럼 단기적으로 달러 유동성 부족 문제가 발생했을 때 IMF로부터 자국의 통화를 달러와 교환해가 불을 끌 수 있다.

이에 따라 신흥시장 국가들도 단기적인 달러 유동성 부족에 따른 외채 상환 등 어려움에서 쉽게 벗어날 수 있을 것으로 보인다. IMF는 통화 스와프 거래 운용 규모나 대상 국가를 구체적으로 밝히지는 않았다. IMF가 갖고 있는 재원은 2,100억 달러 정도에 이르지만 통화 스와프 거래는 이 같은 재원과 상관없이 이뤄질 수 있다는 설명이다.

WSJ
"IMF 우선승인국에 한국 고려"(2008.10.25)
한국 정부 "사실과 달라"

월스트리트저널(WSJ)은 24일 국제통화기금(IMF)이 경상수지 적자가 크지 않은 신흥국들을 '우선승인국(Pre-approve)'으로 지정해 자금지원을 용이하게 해줄 것이라고 보도했다.

WSJ는 우선승인국으로는 IMF가 한국, 멕시코, 브라질 등 국가들을 고려하고 있다는 사실을 설명했다. 우선승인국 대상은 경제 펀더멘털은 양호하나 외화 유동성에 문제가 있는 국가를 중심으로 선정한다는 것이 IMF의 방침이다. WSJ는 IMF가 한국을 우선승인국 대상으로 검토하고 있다는 식으로 보도하면서 한국의 외화 유동성에 문제가 있다는 것을 간접적으로 지적한 것이다. 기획재정부는 기본적으로 이 보도가 전혀 사실과 다르다는 입장이다.

이에 대해 최종구 기획재정부 국제금융국장은 "IMF가 이런 계획을 검토하고 있는 것은 맞지만 한국은 검토대상이 전혀 아니다"며 "IMF는 우리 외환 보유액 상황에 대해 잘 인지하고 있고 한국의 외화사정이 건전하다고 발표한 적이 있다"고 말했다.

최 국장은 "이 보도내용에 대해서는 IMF에서 직접 해명할 것"이라고 덧붙였다. 현재 IMF는 이번 지원 프로그램을 어떤 국가에 적용할지 공식적인 입장이 없다는 것이 재정부의 설명이다. 최 국장은 "한국은 이번 프로그램을 신청할 의사가 전혀 없다"고 단언했다.

재정부는 외신들이 사실과 다른 내용을 근거로 한국 흔들기에 나서는 것에 대해서 보다 적극적으로 대응해 나가겠다는 방침이다. 최 국장은 "부정확한 사실을 한 외신에서 쓰면 이를 인용해 다른 언론에서 받아쓰면서 증폭이 되고 있는 것"이라며 "앞으로 외신들에 대한 대응을 보다 철저히 하겠다"고 설명했다. 정부에서는 현재 국정홍보처를 통해서 외신에 나오는 한국 기사에 대해 실시간 모니터링을 하고 있다.

재정부 관계자는 "모니터링을 좀 더 강화하면서 외신에 대한 보다 적극적인 대처 방안에 대해 강구 중"이라고 설명했다.

리처드 머레이 IMF 이사
"한국 환란때보다 튼튼"(2008. 10. 27)

2008년 10월 과연 한국 경제는 안전한가. 글로벌 금융위기의 소용돌이가 거세지면서 한국 경제에 대한 의구심이 일부 외국언론을 중심으로 잇따라 제기되고 있다.

그러나 대다수 국내외 전문가들의 의견은 "한국에 1997년 말 외환위기 같은 위기는 없다"는 것이다. 1997년 말 외환위기 당시 극심한 어려움을 경험한 시장참여자들이 과민반응을 하고 있다는 지적도 나오고 있다.

리처드 머레이 국제통화기금(IMF) 상임이사는 24일(현지시간) "현재 한국의 경제는 1997년 외환위기 당시와는 현저하게 다르다"며 "정부의 정책과 자유화 측면에서 눈에 띄게 달라졌고, 외환보유액도 그때보다 훨씬 많다. 경제가 훨씬 더 튼튼하다"고 평가했다.

머레이 상임이사는 최근 월스트리트저널 보도와 관련한 해명을 통해 "IMF가 신흥시장 국가들의 단기적인 달러 유동성 부족문제 해결에 도움을 주려고 새로운 달러 통화스왑 창구를 개설하는 방안을 검토하고 있다"며 "하지만 한국이나 브라질 멕시코 등 특정 국가를 염두에 두고 검토하는 것은 결코 아니다"고 설명했다.

국내 전문가들도 "어려운 시기를 거치겠지만 1997년 말 외환위기와 같은 '난파' 가능성은 없다"고 단언하고 있다. 지금 한국의 경제상황은 외

1997년 외환위기와 현 경제상황 비교

국가 대외 건전성

1997년	구분	2008년 9월
20.4	외환보유액(십억 달러)	239.1
−8.2	경상수지(십억 달러)	−13~14*
174.2	총외채(십억 달러)	419.7
63.7	단기외채(십억 달러)	175.6
312.5	외환보유 대비 단기외채 비율(%)	68.1

*총외채, 단기외채, 외채비율은 2008년 6월 기준, *는 예상치

은행

1997년	구분	2008년 6월 말
7.04%	BIS 자기자본비율	11.95%
−0.93%	총자산순이익률(ROA)	1.08%(2007년 기준)

기업

1997년	구분	2008년 6월 말
115.00%	이자보상비율	630.5%
424.64%	부채비율	96.4%
5.60%	매출액영업이익률	7.6%

출처: 한국은행, 금융연구원 등

환위기 때와는 비교도 되지 않을 만큼 양호하다는 설명이다. 김현욱 한국개발연구원(KDI) 연구위원은 "세계 6위 외환보유액, 개선된 기업의 재무구조 등 현재 상황은 과거 외환위기와는 전혀 다르다"며 "건전한 재정 등 정책 운용 여지도 충분해 위기에 신속히 대응할 수 있다"고 말했다.

IMF,
새 신용 공여제 도입(2009. 3. 26)

구제금융 오명 안 쓰고 IMF 돈 빌려 쓸 수 있다

국제통화기금(IMF)이 단기 유동성 위기에 직면한 국가들에게 손쉽게 돈을 빌려 줄 수 있는 새로운 외화 대출 제도를 도입했다.

이제 IMF에서 지원을 받아도 구제금융 신청국이라는 오명을 쓰지 않고, 실제 유동성 위기가 현실화되기 이전에도 대출을 요청할 수 있어 사전 예방적 대응도 가능해질 수 있다.

IMF는 24일(현지시간) 집행이사회를 열어 기존의 '단기 유동성 지원 창구(SLF)'를 대체한 '신축적 신용공여제도(FCL)' 도입을 승인했다고 밝혔다.

새로운 대출 제도는 예방적 차원에서 제공되는 신용라인이다.IMF가 경제의 기초 체질과 정책의 건전성, 정책 이행 실적에 대해 양호하다는 판단을 내린 회원국들에게 제공한다.

대출기간을 크게 확대하는 한편 빌릴 수 있는 돈의 액수와 인출시기에 대한 제한을 두지 않기로 했다. 회원국이 원하는 시기에 필요한 만큼의 자금 지원 신청을 할 수 있다는 뜻이다.

자금을 필요로 하는 국가가 IMF 지원 재원 한도 안에서 필요한 만큼을 빌릴 수 있게 해 사실상 대출 한도를 없앴고 대출 기간도 최초 6개월 또는 1년으로 하되 최대 3년 3개월에서 5년까지 연장을 할 수 있다.

IMF는 새로운 대출 제도의 경우 최종 승인이 이뤄지기 전까지는 모든 내용을 철저하게 비밀에 부치기로 함으로써 대출 신청 국가가 오히려 외환투기세력의 공격 대상이 돼 더 큰 경제 위기를 겪는 일이 없도록 내부 지침을 만들었다.

특히 대출 신청 후 사후 심사에 의해서가 아니라 평소 연례 협의 등을 근거로 사전 심사에 의해 회원국에 대출 신청 자격을 부여하기 때문에 경제위기가 완전히 현실화되기 이전에라도 대출지원을 신청할 수 있도록 길을 열어뒀다.

IMF는 지난해 10월 말 단기 유동성 지원 창구를 개설했다. 달러 통화 스와프와 비슷한 것으로 한국, 멕시코 등 주요 신흥국가들을 대상으로 개설됐지만 구제금융으로 오인될 수 있다는 비판적인 시각으로 인해 유명무실해져 지금까지 단 한 건의 신청도 없었다.

IMF는 새로운 대출 제도를 위해 다음달 2일 열리는 G20 정상회의에서 재원 확충 방안 합의를 적극적으로 이끌어낼 방침이다. IMF 재원 확충에는 일본이 1,000억 달러를 빌려주기로 결정했고, 유럽연합(EU)도 750억 유로(약 1,000억 달러) 지원을 약속한 상태다. 미국도 같은 규모를 빌려주겠다는 입장을 시사해놓고 있다.

PART 5

새로운
국제 질서 찾기

글로벌 금융위기에서 벗어나기 위해 각국은 국제 공조에 나섰다.

경제 선진국 모임을 자임하던 G7 국가들이 쥐고 있던 주도권은 구석으로 밀렸다. 위기의 진원이 선진국이었다는 점도 작용했다. 대신 개도국과 선진국이 적절하게 섞여 있는 G20이 그 자리를 이어받았다.

G20은 지난 1998년 아시아 외환위기후 각국 재무장관과 중앙은행 총재들의 연석회의를 위해 만들어진 국가 모임이었다.

첫 G20 정상회의는 2008년 11월 미국 워싱턴DC에서 열렸다. 글로벌 금융위기 후 새로운 국제 질서를 모색하기 위한 회의라는 점에서 일부에서는 '신 브레튼우즈 체제'라고 의미를 부여하기도 했다. 1945년 제2차 세계대전 후 달러 중심의 새 금융 질서를 구축했던 브레튼우즈 체제와 비교한 것이다.

물꼬를 튼 G20 정상회의는 2009년 4월 영국 런던에서 두 번째 회의로 이어졌다. 또 7월에는 미국 피츠버그에서 세 번째 회의도 열렸다. 한국은 2011년 7월 캐나다에 이어 11월 열리는 G20 정상회의를 서울로 유치하는 데 성공했다.

G20 정상회의를 열었지만 각국의 입장은 하나로 모아지지 않았다.

하지만 글로벌 금융위기 극복을 위한 과제는 쌓여 있었다. 경기 부양을 위해 나라마다 부양책을 마련하는데 대열을 맞춰야 했다. 금융 규제를 개혁하고 위기 재발을 막기 위한 차단책도 강구해야 했다. 국제통화기금(IMF)이나 세계은행 같은 국제 금융 기구를 개편해 실질적인 조정자 역할을 하도록 만들기 위한 노력도 경주됐다.

세 차례의 정상회의에서 많은 원칙을 합의했지만 위기 후 새로운 국제 질서를 위한 세부 내용을 채우는 작업은 진행형이다. 2010년 11월 서울에서 열리는 G20 정상회의에서도 보완 사항을 더 논의해야 한다.

서울 정상회의에서는 금융 규제 개혁과 국제 금융 기구 개편이라는 과제 외에도 외화 유동성 공급 메커니즘 개선과 개도국의 빈곤 해소라는 두 주제에서 기존 회의와는 다른 내용을 이끌어내야 한다.

금융 규제 개혁은 글로벌 금융시스템의 건전성 유지를 위한 실천계획을 수립하는 데서 출발한다. 그동안 금융 규제 개혁 논의는 개별 금융기관의 위험 관리에 초점을 맞춰왔다.

외화 공급 유동성 메커니즘 개선은 글로벌 금융 안전망 구축과 관련이 있다. 신흥국들은 2000년 이후 외환보유액을 크게 늘렸음에도 불구하고 금융위기에서 외화 유동성 부족에 봉착했다. 국제공조를 통해 안정적으로 외화 유동성을 공급하는 메커니즘 구축이 신흥국으로서는 중대한 과제다.

개발도상국 빈곤 해소문제는 선·후진국 간 경제 격차를 비롯한 '글로벌 임밸런스(국제적 불균형)'의 해결 방안과 연계돼 있다. 개발도상국과 선진국간의 중간에 자리를 잡고 있는 한국이 개최국이자 의장국인 만큼 선·후진국 간 동반성장이라는 과제에서 우리의 역할을 보여줄 수 있다. 한걸음 나가 한국식 발전모델을 전파할 기회도 될 수 있다.

선진국 사이에
먼저 논의된 국제 공조

7개국 동시

금리인하(2008. 10. 9)

G7회담 앞두고 공황심리 차단 노려

각국 정부가 잇따라 내놓은 사전 조치에도 불구하고 동요를 이어가는 금융시장에 주요국 중앙은행의 전격적인 금리 인하 공조라는 긴급 처방이 내려졌다.

8일 오전 7시(미국 동부 시간 기준)를 기해 전격 발표된 금리 인하에는 미국, 유럽연합(EU), 캐나다, 영국, 스위스, 스웨덴, 중국 등 7개국 중앙은행이 참여했다. 일본은행은 기준금리를 동결했지만 7개국 조치에 뜻을 같이한다는 성명을 발표했다.

금융시장 수습을 위해 각국 정부가 취한 잇단 사전 조치에 시장은 '백약이 무효'라는 반응을 보이자 최종 대부자인 중앙은행이 나서 사실상 마지막 카드를 쓴 것이다.

미국과 EU 회원국 등이 공적자금을 동원한 구제금융, 예금 보호 한도 확대 등 조치를 내놓았지만 시장은 좀처럼 수습되지 않았다. 지금까지 나온 카드들이 응급 처방이라면 각국 중앙은행 공동 보조를 통한 동시 다발적 금리 인하는 고단위 최후 처방이라고도 볼 수 있다.

각국 중앙은행 간 공조를 통한 금리 인하 요구는 시장에서 제기된 지 오래다. 특히 10일 IMF 연례 총회에 맞춰 열릴 선진7개국(G7) 재무장관·중앙은행 총재 연석 회의에서 세계 금융시장 위기 수습을 위한 방안 제시를 앞두고 있는 상황에서 그전에 효과적인 조치가 나와야 한다는 목소리였다.

미국·유럽·아시아로 이어지는 주식시장 속락 행진은 서로 맞물리면서 악순환 고리를 형성하고 있었다.

지난 6일 뉴욕 주식시장에서 다우존스평균지수가 1만선 아래로 주저앉은 뒤 7일에도 속락하고 유럽과 아시아시장이 허물어지자 각국 금융 당국은 더 이상 금리 인하를 늦출 수 없다는 판단을 했다.

벤 버냉키 미국 연방준비제도이사회(FRB) 의장은 7일(현지시간) 마침내 금융위기와 경기 침체 늪에서 벗어나기 위해 금리 인하를 긍정적으로 검토할 수 있다는 견해를 밝혔다. 버냉키 의장은 이날 기업경제학회 연설을 통해 "경제성장 전망이 더 나빠졌고 경기 하강 위험이 증가한 반면 인플레이션 전망은 개선됐다"며 "이런 경제 상황 진전에 비춰볼 때 현 통화 정책이 적절한지를 재고해볼 필요가 있다"고 말했다.

이날 버냉키 의장 발언은 그동안 시장 요구에도 좀처럼 움직이지 않았던 데 비하면 큰 변화였다.

이달 28~29일로 예정된 연방공개시장위원회(FOMC) 회의까지 기다리지 않고 앞당겨 금리 인하를 발표할 수도 있다는 기대감으로 연결됐다. 그는 "금융위기가 심각해지면서 경제 성장 부진이 길어지고 하강 위험도 더 증가할 수 있다"고 진단했다. 금리를 인하하더라도 과감하게 큰 폭으로 내릴 가능성을 내비친 것이라고 해석됐다.

각국 중앙은행의 과감한 금리 인하 조치는 시장 참여자들에게 긍정적인 신호를 줄 수 있다. 미국뿐만 아니라 주요국 중앙은행 간 공조를 통한 동시 인하 조치라는 점에서 세계 금융시장에 팽배한 불안감을 덜어줄 수 있다는 기대다.

FRB는 서브프라임 모기지 부실 사태로 신용경색 위기가 본격화한 작년 9월부터 지난 4월까지 7차례에 걸쳐 금리를 3.25%포인트 인하한 뒤 경기 하강 위험과 함께 인플레이션 염려를 제기하면서 그동안 중립적 자세를 견지했다. 하지만 중앙은행 금리 인하 조치가 나온 뒤에도 시장 반응은 그렇게 뜨겁지 않았다. 뉴욕 주식시장에서 주가지수는 하락세로 출발했다가 등락을 거듭하는 등 혼조를 보였다.

사실 이번 금융위기는 시장 신뢰 위기에서 촉발된 사태인 만큼 금리 인하가 올바른 처방이 아닐 수 있다는 반론도 만만치 않다.

과거 수년간에 걸친 저금리가 부동산 경기 거품을 낳았고 이런저런 증폭 과정을 거쳐 결국 금융위기로 발전했다는 '저금리 원죄론'이 아직 남아 있는 상황에서 추가 금리 인하는 일본식 장기 침체만 가져오고 마는 것 아니냐는 논리다.

경제학자이자 중앙은행 역사전문가인 앨런 멜처 카네기멜론대 교수는 "지금과 같은 경제위기는 금리 인하로는 해결되지 않고 위기를 더 악화시킬 소지가 다분히 있다"고 지적한 바 있다.

G20 재무장관
공동조치 합의 못해(2008. 10. 13)

세계금융위기 공조원칙만 합의…미·유럽·신흥국 이해 엇갈려

글로벌 금융위기 극복을 위한 '처방전' 마련이 난항을 겪고 있다.

미국 워싱턴DC에서 열리고 있는 국제통화기금(IMF) 연례총회에 맞춰 G7(선진 7개국), G20(선진국+신흥국) 재무장관회의를 잇따라 하고 방안을 논의했지만 '모든 정책적 노력을 다한다'는 선언적 성명만 내놓는 데 그

쳤다.

금융위기 수습 핵심인 국제 공조를 위한 구체적인 방안 도출에는 이르지 못하고 있는 상황이다.

선진국과 신흥시장국, 유럽과 미주·아시아 국가 간 이해관계가 첨예하게 엇갈리면서 각국이 자기 나라에 유리한 대응책만 고집하고 있기 때문이다. G7·G20 재무장관회의 등을 통해 외형상 공조를 표명하지만 구체적인 방안에서는 이해 충돌이 심각하다.

한국을 비롯한 G20 재무장관·중앙은행 총재들은 11일(현지시간) 오후 워싱턴DC에서 긴급 회의를 열고 금융위기 극복 방안을 협의했다.

이날 회의에는 조시 부시 미국 대통령이 예정에 없이 참석해 금융위기 극복을 위한 선진국·신흥시장국 공조를 요청했다.

부시 대통령은 "현재 겪고 있는 금융위기는 미국 국민의 일상생활과 관련된 문제이자 전 세계가 안고 있는 문제"라며 "미국은 모든 조치를 다 취할 것"이라고 말했다. G20은 이날 회의 후 성명을 내고 "금융시장이 안정되고 잘 기능하고 있다는 확신을 주기 위해 모든 경제적, 재정적 수단들을 사용하기로 다짐했다"고 밝혔다. 그러나 이번 회의는 국가별로 한층 뚜렷해진 인식 차이를 확인하는 자리이기도 했다.

'뱅크런(예금인출 사태)'에 직면한 영국, 프랑스 등은 은행 간 자금거래에 전면적인 정부보증을 추진 중인 것으로 알려지고 있다.

하지만 상업은행에 자금이 몰리고 있는 미국의 반응은 냉랭하다. 최대 진앙인 미국은 오히려 국제적 손실 분담을 강조해 반발을 사고 있다.

이에 비해 한국, 아르헨티나, 터키 등 신흥시장국들은 이제까지 선진국 간에 이뤄지고 있는 통화스왑 대상에 신흥시장국을 포함시켜야 한다고 주장했다.

12일(파리 현지시간) 예정된 유럽 정상회담에서도 은행에 대한 공적자금 투입이 주요 의제가 될 것으로 예상된다. 정상회담에 앞서 니콜라 사르코지 프랑스 대통령은 앙겔라 메르켈 독일 총리와 11일 만나 범유럽 차원의 공동 대책을 촉구한 바 있다. 각국의 초강도 조치가 쏟아져 나오는 가운데 세계 금융시장이 이번 주 공황 상태에서 벗어날지 주목된다.

G7, 5개항 선언문 발표…
말로만 위기 공조(2008. 10. 13)

나라마다 상황 달라 구체대책 합의 진통

미국과 유럽 국가들은 이번 금융위기 수습을 위해 이미 3장의 카드를 뽑아 들었다.

1단계는 어려움을 겪는 금융회사에 정부와 중앙은행이 나서 유동성을 공급해주는 것이다. 2단계는 금융회사들이 보유하고 있는 부실 채권을 매입해주는 조치다. 3단계는 공적자금을 투입해 진행하는 자본구조 개편작업(Recapitalization)과 국유화(Nationalization)다.

국가마다 진행 속도와 규모에서 차이가 있지만 이런 일련의 카드들이 시장의 불길을 끄기에는 역부족이었다.

미국 재무부가 내놓은 7,000억 달러 규모의 금융회사 부실자산 인수 구제금융은 의회에서 법까지 통과됐지만 약발을 인정받지 못한다. 국제 금융시장에서는 기존의 카드를 넘어설 후속 조치에 눈길을 돌리고 있다.

금융회사의 부실 자산 인수를 위한 구제금융 방안 이후 미국은 금융 회사 예금 전액 보장 다음에 뽑아들 카드를 검토하고 있다. 은행뿐 아니라 비은행 금융회사까지 포함할 수도 있다.

유럽에서는 독일, 오스트리아, 덴마크, 포르투갈 등이 이미 예금 전액 보장 방침을 밝힌 바 있다. 미국 정부는 여기서 한 발 더 나아가 은행권이 안고 있는 대외 채무까지 지급보증해주는 방안도 검토 중인 것으로 알려졌다.

영국과 프랑스는 은행 간 거래에 대한 정부의 지급보증 방안을 실제로 내놓았다. 그러나 이 같은 방안이 현실화할지에 대해서는 아무도 확신하지 못하고 있다. 각 나라가 처한 상황이 다른 만큼 대응책의 내용과 강도에 대해서도 이견이 크기 때문이다.

IMF 연례 총회가 열리고 있는 워싱턴DC에서 10일과 11일 잇따라 개최된 G7(선진7국), G20(선진국+신흥국) 재무장관 회의에서 금융위기 수습을 위한 방안을 논의했지만 구체적인 해법을 끌어내지 못한 것은 이런 배경이다.

G7 재무장관 및 중앙은행 총재들은 10일 회동에서 5개항의 선언문에 합의하고 "모든 조치를 취하겠다"고 강조했지만 어떤 조치냐에 대해서는 답을 주지 않았다.

11일 열린 G20 재무장관 회의에서도 적극적인 해결 의지는 보였으나 손에 쥔 카드는 없었다. 예금 보장이나 채무 지급보증은 당장 돈이 들어가지 않지만 시장의 신뢰를 회복시킬 수 있는 효과적인 방안으로 꼽힌다. 하지만 도덕적 해이와 형평성 논란에서 자유롭지 못하다는 단점이 있다.

이번 IMF 연례 총회에서나 G7·G20 재무장관 회의에서 국제 공조 도출은 어느 사안보다 중요한 화두로 떠오르고 있지만 정작 도출에는 실패하고 있다. 이에 따라 금융위기 수습에 재정 부담이 갈수록 가중되고 있는 미국 정부가 궁지에 몰리고 있다. 한국을 포함한 신흥국들도 위기 해법에서 선진국들과의 힘겨루기를 하고 있다. 아울러 선진국과 신흥국의 정책 공조를 위해 G20의 역할을 한층 강화시켜 나간다는 것이다.

G7 국가 간에 주로 이뤄져온 통화스왑 거래를 G20을 포함한 신흥국으로 확대해야 한다는 강만수 기획재정부 장관의 주장은 이런 취지에서 나온 것이다.

실제로 국제적인 정책 공조 효과를 높이려면 한국 등 신흥국의 협조가 반드시 필요하다는 인식이 높아지고 있다. 또 G13·G14보다는 기존의 G20을 제대로 활용하는 것이 훨씬 효율적이라는 설명이다.

EU·G8 정상회담
신 금융체제 논의(2008. 10. 17)
금융위기 확산 차단·재발방지 위한 국제공조 강화

세계 자본주의 시장을 근본에서 흔든 이번 금융위기와 같은 사태가 재발하지 않도록 하기 위한 '새로운 자본주의 체제' 구축 필요성이 제기되면서 움직임이 구체화하고 있다.

1944년 제2차 세계대전 종전을 앞두고 전쟁 후유증을 줄이려 마련한 브레턴우즈 체제 같은 시스템을 다시 마련하자는 것이다.

금융위기 수습책을 협의하기 위해 열리는 잇단 정상회담은 새로운 자본주의 체제를 모색하는 협의공간으로 활용될 전망이다.

- 사르코지 프랑스 대통령, 금융위기 정상회담 제의
- 브라운 영국 총리, 신브레턴우즈 체제 구축 주장
- 이명박 대통령, 새로운 국제기구 필요성 역설
- EU 정상회담(15~16일)에서 금융위기 수습책 협의
- 미국·프랑스·EU집행위 정상 18일 회동
- G8 정상회담(11월 중)새 금융 체제 방향 논의
- 아시안권역 금융위기 대처기금 구축 협의 재개

15일부터 이틀간 벨기에 브뤼셀에서 열리고 있는 유럽연합(EU) 정상회담은 그 첫 물꼬를 트는 구실을 하고 있다.

27개 EU 회원국 정상들은 각국이 개별적으로 발표한 금융위기 수습용 구제금융 계획을 승인하는 한편 새 자본주의 체제를 논의했다.

파이낸셜타임스(FT)는 이번 EU 정상회담에 대해 "이번 회동이 '제2 브레턴우즈 체제'를 구축하기 위한 발판 구실을 할 것으로 보인다"고 분석했다. 18일에는 미국 캠프 데이비드에서 조지 W. 부시 미국 대통령과 니콜라 사르코지 프랑스 대통령, 조제 마누엘 바호주 EU 집행위원장이 만나 금융위기 대응책을 논의할 예정이다. 한걸음 더 나아가 이 문제를 논의하기 위해 다음달 중 G8(선진7개국+러시아) 정상회담이 열린다.

백악관은 15일 8개국을 대표한 공동성명을 통해 "21세기가 직면한 도전을 극복하기 위한 개혁 방안을 협의하기 위해 G8 정상들이 조만간 적

절한 시점에 만나기로 했다"고 공식 발표했다.

사르코지 대통령은 "새로운 자본주의로 가는 문제를 논의하기 위한 (G8)회동이 다음 달 아마도 뉴욕에서 열리게 될 것"이라고 설명했다. 그는 "시스템을 고치는 데는 누구도 배제해선 안 된다"며 "G8 회동에 중국, 인도 등 신흥경제국도 동참해야 할 것"이라고 강조했다.

사르코지 대통령은 이번 금융위기 초기부터 국제 간 공조를 위한 당사국 정상회담 개최 필요성을 역설했다.

신브레턴우즈 체제를 처음 역설한 주인공은 고든 브라운 영국 총리다. 이번 금융위기에 대한 가장 정확한 진단과 신속한 처방으로 주목을 끈 브라운 총리는 "금융위기 재발을 막기 위한 세계적인 경보 시스템을 갖춰야 한다"며 "사후관리와 규제를 담당할 국제기구나 체제를 갖출 필요가 있다"고 주창했다.

그는 이번 EU 정상회의에서 "현재 전 세계에 30여 개로 나뉘어 기능하고 있는 국제금융기구를 정리해 IMF와 금융안정화포럼(FSF)이 핵심적인 기능을 수행하도록 만드는 게 바람직하다"고 구체적인 방안까지 제시했다.

브라운 총리는 G8 회동 계획에 대해 "이 자리에서 제2 브레턴우즈 체제가 구축되기 위한 발판이 마련돼야 한다"고 강조했다.

G20 정상회의로 구현된
신 브레턴우즈 체제

금융위기 대처 주요국
정상회의 미국서 열기로(2008. 10. 20)

전 세계적인 금융위기에 공동 대처하기 위한 주요 선진국·신흥국 정상회의가 다음 달 중 미국에서 열릴 것으로 보인다.

조지 W. 부시 미국 대통령과 니콜라 사르코지 프랑스 대통령, 호세 마누엘 바로소 EU 집행위원회 위원장은 18일(현지시간) 미국 메릴랜드주에 있는 캠프 데이비드 대통령 별장에서 회동한 뒤 공동 성명을 통해 국제 정상회의 개최를 공식 제안했다.

반기문 유엔 사무총장도 이날 글로벌 금융위기를 논의할 주요국 정상회의를 12월 초 뉴욕의 유엔 본부에서 열자고 제안했다.

반 총장은 이날 오전 캐나다 퀘백에서 사르코지 대통령과 회동한 뒤 이 같은 입장을 밝혔다. 그는 이번 금융위기 사태 초기부터 뉴욕서 선진국 정상회의를 열자는 입장을 개진했던 사르코지 대통령의 제안을 지지한다며 이렇게 밝혔다.

미국-프랑스-EU 정상은 공동 성명에서 "미국 대선 직후 미국에서 정상회의를 개최하는 방안에 대한 각국 정상의 의견을 타진할 것"이라고 명시했다. 또 "정상회의에서는 현재의 위기 대처 방안을 검토하는 한편 재발 방지를 위해 필요한 개혁의 원칙에 대해 합의점을 마련할 것"이라며 "금융위기 해소를 위한 정상회의는 미래 국제 사회의 번영을 보장할 것"이라고 밝혔다.

부시 대통령은 "가까운 장래에 이 회의를 개최할 수 있기를 원한다"며 "이 같은 위기가 재발하지 않도록 대책을 논의하기 위해서다"고 말했다. 그는 선진국뿐 아니라 신흥국 지도자들도 이번 회의에 포함돼야 한다고 말했다.

사르코지 대통령은 당초 정상회의를 제안할 때 G8(선진7국+러시아)외에 중국과 인도 등 신흥국가도 포함시켜야 한다고 주장한 바 있다.

이에 따라 이번 각국 정상들에 의해 받아들여질 경우 다음 달 중 선진국과 신흥국을 아우르는 금융위기 관련 정상회의가 열리게 된다.

이번 금융위기 발발후 G7과 G20 국가의 재무장관들은 IMF(국제통화기금) 연례 총회 기간 중 회동한 바 있으나 정상회의는 열리지 않았다. 다만 EU 정상들은 지난 15~16일 브뤼셀에서 회원국 정상 회의를 열어 금융위기 대처 공조 방안을 마련했다.

금융위기 첫 범세계적
해결책 모색(2008. 10. 22)
선진국·신흥국 간 이견 조율이 관건

사상 초유의 글로벌 금융위기 해결책을 모색하기 위한 G20 정상회담에 전 세계 이목이 집중되고 있다.

당초 미국과 유럽 일부 국가가 주도하는 '금융위기 정상회의'를 앞두고 참여를 위한 각국의 물밑 줄다리기가 뜨거웠다.

국제 금융시장을 혼란에 빠뜨린 사상 초유의 위기 수습을 내세운 정상회의는 새로운 체제로 가기 위한 디딤돌이자 국제사회에 자국의 영향력을 과시하는 장이기 때문이다.

그러나 'G15 정상회의'가 될 것이라는 예측과는 달리 'G20 정상회의'가 개최돼 한국은 물론 중국, 인도, 브라질 등 '이머징 마켓' 국가들도 참여하게 되는 등 그 규모가 커졌다.

G20는 G7(선진 7개국)과 한국을 비롯한 러시아 중국, 인도, 브라질 등

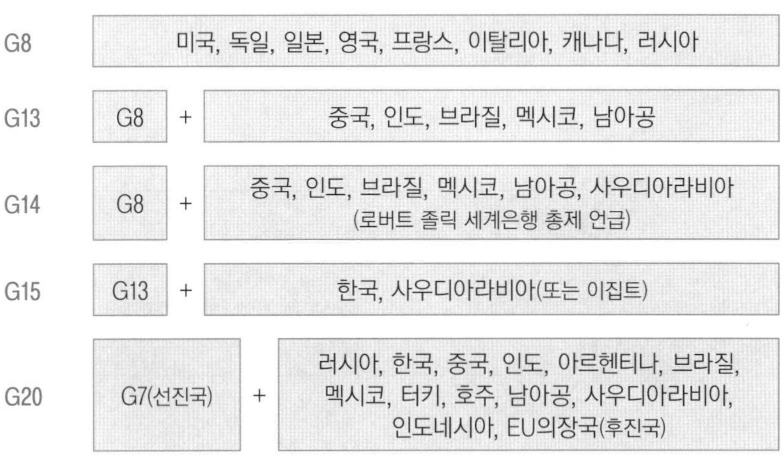

신흥시장국이 포함된다.

이번 정상회의는 G7, G15의 틀을 벗어나 G20가 모두 참여하는 최초 정상회의라는 점에서 의미가 크다. '새로운 체제 구축, 선진국과 신흥국 간 공조'를 외치며 외교전에 주력해온 이들의 노력이 어느 정도 빛을 보는 셈이다.

데이나 페리노 백악관 대변인은 "(회담에 참석할) 세계 정상들은 최근의 금융위기를 타개할 해결책에 대해 되짚어 볼 계획"이라며 "위기 재발을 방지할 해결책을 내기 위해 머리를 맞댈 것"이라고 밝혔다.

이번 첫 금융위기 정상회담을 앞두고 이를 준비하기 위한 실무그룹이 만들어질 것이라고 페리노 대변인은 설명했다. 이번 정상회담 장소는 아직 확정이 되지 않았지만 정상회담에 앞서 백악관에서 만찬이 있을 것으로 알려졌다.

G20 정상회담에 참여한 세계 리더들은 회담 후에는 구체적인 개혁안을 마련하기 위한 정상회담을 열 계획이다. 하지만 이번 금융위기의 진원지인 미국이 국제 금융시장에서 주도권을 놓지 않기 위해 안간힘을 쓰는 와중에도 프랑스를 비롯한 유럽 국가들은 미국에 대한 견제를 은근슬쩍 꾀하고 있다.

이미 유럽의 정상들은 연내에 정상회의를 열어 경제문제를 논의할 것을 강력히 주장해 왔으며 사르코지 프랑스 대통령은 뉴욕에서 회의를 개최할 것을 요구했다.

정상회의를 처음 제안한 사르코지 대통령은 당초 G7에 러시아를 합친 G8에 중국, 인도를 언급해왔다.

이에 조지 W. 부시 미국 대통령은 지난 18일 공식발표에서 G8 외에 신흥국들도 포함시키자고 밝혔다. 미국은 브라질과 멕시코를, 유럽 국가들은 남아프리카공화국을 추가하자는 쪽으로 의견이 갈렸다. 양쪽 모두 자국과 유대관계가 긴밀한 국가를 끌어들이고 싶어했기 때문이다.

한국의 경우 G20 재무장관 회의에는 참가해왔기 때문에 이번 세계 경제지도자들의 모임에 들게 됐다.

정상회의와 별도로 헨리 폴슨 미국 재무장관은 "각국 정부가 금융위기 극복을 위해 개별적으로, 그리고 국제사회 공동으로 이뤄지는 노력을 계속해야 한다"고 국제공조 필요성을 거듭 강조했다.

폴슨 장관은 21일(현지시간) 뉴욕 미·중관계위원회 회동 연설에서 "각국 정부가 신용확대와 감독체계 강화를 위해 개별적인 조치를 취하는 것도 중요하지만 국제사회의 공동노력에도 협력해야 한다"며 이렇게 말했다.

이번 정상회의에서는 일단 각국 금융위기 수습을 위한 개별 조치에 대한 점검이 주된 현안으로 다뤄질 것으로 보인다.

하지만 더 중요한 안건은 국제 금융시장 번영을 이끌어낼 제도적인 안전장치를 어떻게 만들 것이냐다. 이번과 같은 위기 재발을 막기 위한 개혁조치도 모색될 것이다.

정상 간 회동인 만큼 구체적인 세부사항까지 접근하기는 힘들겠지만 원칙적인 합의나 공동성명을 끌어낼 수 있을 것이라고 AP통신은 전망했다. 물론 적지 않은 갈등도 예상된다. 선진국과 신흥국 간 집단적 이해 상충이다.

이번 위기의 진원은 미국과 선진국들이라는 점에서 신흥국들에는 예상치 않은 불똥이 튄 셈이다.

더 큰 문제는 선진국 내부 충돌이다. 크리스천 사이언스 모니터는 "국제 금융시장에서 주도권을 유지하려는 미국과 이번 위기를 계기로 다극체제의 새 국제 금융질서를 마련하려는 유럽 국가 간 마찰이 예상된다"

고 지적했다.

G20정상
11월 15일 회동(2008. 10. 23)
한국 등 신흥국 포함…워싱턴서 금융위기 논의

11월 15일 한국 등 G20 재무장관회의 참가국 지도자 등이 참여하는 다자간 정상회의가 개최된다. 백악관은 22일 국제금융위기와 위기재발 방지 대책을 논의하기 위한 G20 정상회의를 개최할 예정이라고 공식적으로 밝혔다.

데이나 페리노 백악관 대변인은 이날 "부시 대통령이 오늘 G20 정상들을 다음달 15일 워싱턴에서 열리는 금융시장과 국제경제 문제를 논의하기 위한 다자 정상회의에 초청할 것"이라고 말했다.

이번 정상회의에는 반기문 유엔 사무총장, 도미니크 스트로스칸 국제통화기금(IMF) 총재와 로버트 졸릭 세계은행 총재 등도 초대됐다.

페리노 대변인은 G20 정상회의 계획을 발표하면서 '계속 이어질' 정상회의라는 표현을 썼다. 정상회의 자체에 '일련의(Series)'라는 수식어도 붙였다. 급조된 회의지만 한 번에 그치는 일회성이 아니라는 점을 강조하려는 의도로 받아들여진다.

G20 금융위기 정상회담

일시	2008년 11월 15일
장소	미국 워싱턴
형식	부시 미국 대통령 초청
주요 의제	• 전 세계 금융위기 해결 공조(중앙은행 유동성 공급) • 국제금융부문 금융권 규제 원칙 확립 • 신브레턴우즈체제 구축 등 자본주의 수호 노력
참가국	• G7(미국, 영국, 프랑스, 독일, 이탈리아, 일본, 캐나다)+러시아, 한국, 중국, 아르헨티나, 호주, 브라질, 인도, 인도네시아, 멕시코, 사우디아라비아, 남아프리카공화국, 터키, 유럽연합 의장국(실질적으로 EU 집행위원장 참석)

미국 처지에서는 정상회의 연속성을 위해 다음달 4일 대선에서 승리하는 차기 대통령 참석 여지를 열어뒀다. 올해에 한 차례 더 정상회의 개최가 합의된다면 내년 1월 중순 퇴임을 목전에 둔 조지 W. 부시 대통령으로는 힘을 받기 어렵기 때문이다.

회의 개최에 안간힘을 쓴 미국으로서는 새로운 국제 금융체제 판을 짜는 데 여전히 주도권을 유지하려는 포석으로도 해석된다.

미국과 유럽 등 G7(경제선진 7개국) 국가에 의해 주도된 금융위기 관련 정상회의가 성사되기까지는 짧은 기간이었지만 치열한 힘겨루기가 펼쳐졌다. 미국은 이번 금융위기 진원지임에도 여전히 새로운 세계 금융질서에서 리더십을 갖기를 원한다.

차기 대통령 당선자의 참석을 열어둔 것은 정상회의의 위상을 실질적으로 끌어올리겠다는 배려다.

토니 프래토 백악관 부대변인은 이날 이번 G20 회의에서 이명박 대통령의 역할에 대해 적잖은 기대감을 표시했다. 프래토 부대변인은 이날 브리핑에서 이 대통령의 다자정상회의 역할과 관련해 "이 대통령은 기업에서 경력을 쌓았고 이 문제(경제와 금융)들을 매우 잘 이해하고 대단한 통찰력이 있다"고 밝혔다.

참석 범위가 G20 국가로 정해지고 IMF 총재, 세계은행 총재, 유엔 사무총장, 금융안정화포럼(FSF) 의장 등도 초청되면서 정상회의는 명실상부하게 새로운 국제 금융질서 논의의 대표성을 얻게 됐다.

20개국(EU 집행위원장 포함) 정상이 갑자기 모이는 자리인 만큼 준비를 위한 시일이 촉박한 것도 사실이다. 초유의 위기 후 세계를 대표하는 20개국 정상이 회동하는 것만으로도 의미를 부여할 수 있으나 국제 금융시장은 그럴 만큼 여유롭지 않다.

정상회의를 가장 먼저 제안한 니콜라 사르코지 프랑스 대통령이 금융위기 발원인 뉴욕을 제시했지만 받아들여지지 않았다.

페리노 백악관 대변인은 이날 브리핑에서 회동 목적에 관해서만 분명히 정리했다. 지금 세계가 직면한 금융위기 해결을 위한 방안을 논의하고 위기 재발 방지, 그리고 금융 시스템에 대한 규제 개혁 원칙에 대한 실행계획을 마련하기 위해서라는 설명이었다.

나라마다 위기에 대해서는 공감하지만 처방은 다를 수밖에 없다. 정상회의에서 공동성명이 채택되더라도 공조를 위한 구체적인 행동지침이 나올 수 있을지는 미지수다.

페리노 대변인은 이번 정상회의에서 논의하고 합의할 내용을 실행에 옮길 실무조직(워킹그룹)을 설치해 지속적인 점검을 해야 한다고 말했다. 가능하다면 올해에 한 차례 더, 아니면 내년으로 넘어가면서 정상회의가 계속될 것임을 의미한다.

G20 회의가 비록 금융위기 수습을 위해 마련된 자리지만 자본주의 체제의 건전한 발전을 도모하고 국제 무역질서 유지를 위한 논의도 병행될 수 있다는 관측이다.

금융위기 이외 의제로 지난 7월 이후 사실상 교착상태에 빠진 세계무역기구(WTO) 도하개발어젠다(DDA) 협상이 이번에 다뤄질 수 있다는 기대에서다.

글로벌 위상 높여줄
신 브레턴우즈호를 타라(2008. 10. 29)

G20, 금융감독 공조 모색…달러 대체 기축통화 논의

'신 브레턴우즈 체제'로 상징되는 새로운 자본주의 체제는 기존 질서와 시장 규칙에 대한 반성과 점검에서 시작한다.

철저한 시장 지상주의와 정부 개입 최소화를 내세워 확장해온 종래 신자유주의적 금융시장 질서가 위기를 맞았기 때문이다. 각국 정부는 위기 수습을 위해 시장 경제 원리를 접어둔 채 전례 없는 개입에 나섰다. 대규모 공적자금 투입을 주저하지 않았다.

신 브레턴우즈 체제 모색은 어찌 보면 이런 임기응변식 대처 이후 위기 재발을 막기 위한 선제적인 발버둥으로도 비친다. 금융위기 재발 방지를 위한 수습책은 크게 두 가지 측면에서 접근할 수 있다.

하나는 세계 기축통화로서 독야청청하게 유일 지위를 구가하고 있는 달러 주도 체제에 대한 변화 필요성이다. 다른 하나는 걷잡을 수 없이 빠르게 변하고 있는 금융시장에 대한 효율적인 감독과 규제 체제 구축이다.

달러 기축통화 체제에 대한 대안 모색은 쉽지 않다. 미국이 아무리 위기 진앙지였다 해도 '고양이 목에 누가 방울을 달 것인가'를 놓고 누구도 선뜻 나서기를 주저한다. 구체적으로 어떤 카드가 있느냐를 따지면 답을 찾기도 쉽지 않다.

한·중·일을 비롯한 아시아 국가들이 활발하게 논의하고 있는 AMF는 대안 중 하나다. 달러 기축통화 체제를 인정하면서 부분적이지만 변화를 모색해보자는 것이다.

아시아뿐 아니라 유럽도 EMF 창설을 추진할 수 있다. 달러 기축통화 체제 상징인 국제통화기금(IMF)의 독점적인 국제 금융 체제 관리감독 구조를 다양화하자는 것이다. 미국은 주도권을 잃지 않기 위해 안간

신 브레턴우즈 체제 구도

논의 배경	• 국제적 금융위기 후 재발 방지를 위한 다자간 논의
초기 참가 대상	• G20~G7(미국, 영국, 프랑스, 독일, 이탈리아, 일본, 캐나다)+신흥 경제국(러시아, 한국, 중국, 아르헨티나, 호주, 브라질, 인도, 인도네시아, 멕시코, 사우디아라비아, 남아프리카공화국, 터키, EU 집행위원장)+IMF, 세계은행 등 기존 국제기구
논의 내용	• 달러 유입 기축통화 체제 변화 • 국제적인 금융감독기구 협의회 구성 • 국가 간 금융위기 대응 공조방안 등
첫 회동	• 11월 15일 워싱턴 G20 정상회의

힘을 쓸 것이다.

달러의 기축통화 지위가 다소 약화된다면 유로가 1차 대안이 될 수 있다. 금본위제는 실링에서 파운드로, 다시 달러로 이동한 바 있다. 이와 유사하게 유로가 달러 유일 기축통화를 보완하는 기능을 해준다면 과도적인 과정을 거칠 수 있다.

세계 시장이 복수의 기축통화를 수용한다면 엔화나 위안화도 제3, 제4 대안이 될 수 있다. 그러나 정치적 현실을 감안하면 쉽지 않은 얘기다. 과거 달러가 기축통화로 인정받은 것은 석유수출국기구(OPEC) 국가들 힘이었다. 원유대금을 달러로 받고 자국 통화에 대한 고정 환율 기준을 달러로 삼은 덕분이었다.

석유 결제대금과 무역 거래대금을 달러 외에 유로로 함께 쓴다면 기축통화가 또 하나 탄생할 수 있다. 각국 금융시장에 대한 감독기구 공조 체제 구축은 이번 금융위기 후 가장 절실하게 필요하다고 인식한 분야다.

21세기 후기 사회는 제조업보다는 금융서비스업 중심으로 갈 수밖에 없다. 산업의 핵심은 금융 간 거래 활성화다. 거래를 원활하게 촉진하기 위한 국제 간 효율적 시스템을 위해 금융감독기구 협의회 같은 새로운 창구가 필요하다.

새로운 체제를 찾기 위한 단초는 일단 다음달 15일 워싱턴에서 열릴 G20 정상회의에서 찾기로 했다.

이번 금융위기는 선진국들만이 관련된 문제로 국한되지 않았다. 위기는 순식간에 전염됐다. 개도국과 공조 없이는 처방이 통하지 않는다. 금융위기에 있어서는 강약과 좌우 이분법적 구분에서 벗어나야 한다.

선진국과 개도국 간에도 서로 인정해야 한다. 사실상 처음 열리는 G20 정상회의는 '신자본주의 체제 구축'이라는 목표에 '선진국과 신흥국 간 공조'라는 명분이 함께 어우러진 산물이다.

빅뱅 세계경제에
대국들의 서바이벌 게임(2008. 10. 30)
금융위기 시발점 불구 글로벌 지배력 여전해

금융위기 수습을 위한 G20 정상회의를 앞두고 각국은 새로 짜일 국제

금융질서에서 주도권을 쥐기 위해 안간힘을 쓰고 있다.

유럽연합(EU)은 G20 정상회의에 앞서 다음달 7일 벨기에 브뤼셀에서 비공식 정상회담을 열기로 했다. 니콜라 사르코지 프랑스 대통령은 "유럽이 새로운 자본주의를 구축하는 아이디어를 제시해야 한다"고 신브레턴우즈 체제 논의를 주도해 나갈 것임을 분명히 했다.

이번 회의 개최를 사실상 주도한 조지 W. 부시 미국 대통령은 "G20 정상회의에서 자유 기업과 자유 무역의 원칙을 반드시 재확인해야 할 것"이라고 말했다.

정상회의의 의제를 금융에 국한시키지 않고 무역 분야까지 아우르겠다는 의도다. 금융과 무역이라는 현안을 모두 내건 셈이지만 미국 금융위기에서 초래된 자본주의 국제질서 혼란과 동요를 수습할 방안을 찾자는 것이다.

사실 이번 금융위기는 미국의 서브프라임 모기지 부실 사태가 촉발했다. 모기지 자산을 담보로 발전시킨 유동화증권이 투자은행은 물론 대부분의 금융회사 자산 부실을 가져왔고 이는 금융시장 전반의 마비를 초래했다.

미국 정부의 처방은 시장원리를 무시한 채 연일 대규모 공적자금 지원으로 모아졌다. 금융시장이 이미 스스로 자구책을 갖출 능력이 없다는 논리였다. 일주일 뒤 치러질 선거에서 당선이 유력한 민주당 대선후보 버락 오바마 상원의원 역시 이런 논리에 동조하고 있다.

그는 시장 수습을 위한 공적자금 투입에 동의하며 한 발 나아가 1,500억 달러 정도의 추가 경기부양책까지 마련해야 한다는 주장이다. 오바마 캠프의 경제 고문인 자레드 번스타인은 "위기에 몰리면 신을 찾지 않는 사람이 없듯이 금융시장 역시 위기를 맞게 되면 시장주의자가 사라지는 게 아니겠느냐"고 주장했다.

1930년대 대공황을 수습하는데 이론적 뒷받침을 했던 케인스주의가 다시 부상하고 있는 셈이다. 정부의 적절한 시장개입이든, 다른 방식을 찾아서든 국제무대에서는 미국에서 먼저 금융위기 해결의 실마리와 해법을 제공해야 한다고 보고 있다.

아무리 위기의 진원지일지라도 유일의 기축통화로서 달러는 아직 건재하고 미국 경제의 세계 지배력도 약화되지 않고 있기 때문이다. 문제는 위기 해법의 방향을 지금까지의 일방주의에서 벗어나 상호주의에서 찾아야 한다는 점이다.

정치, 군사, 외교 분야에서 부시 행정부가 보여준 일방적 강자의 논리

를 위기 상황에 빠진 경제질서에 또다시 적용한다면 받아들여지기 힘들다. 흑인이라는 약점에도 불구하고 대선에서 유리한 고지를

확보하고 있는 오바마가 당선된다면 미국 사회에 불어 닥칠 인식과 가치 변화는 상상하기 어려울 정도로 클 수 있다.

이번 금융위기 이후 재발 방지와 새로운 국제질서 체제 구축을 향한 해법은 이번 대선 후 새로 등장할 행정부의 색깔과 철학에 따라 세계에 공유되느냐, 거부되느냐가 정해질 것으로 보인다. 이제는 경제 분야에서도 상호주의와 공존의 논리가 필요한 상황이다.

▬ G20

주요 20개국을 지칭한다. G20 출범은 1998년 아시아 외환위기 때문이었다. 태국에서 시작한 외환위기가 도미노식으로 전 세계 금융시장에 영향을 끼치자 선진국과 신흥시장국 사이에 대화 채널 필요성이 제기됐고 1999년 12월 베를린에서 첫 회의가 열렸다.

G20 국가는 전 세계 국내총생산 중 90%를 차지하며 EU 역내 교역을 포함해 세계 교역 가운데 80%를 차지하는 대규모 국제 회의체다. 이 때문에 세계 경제 운용에 상당한 영향력과 정당성을 발휘할 수 있다. 1999년 발족 후 매년 한 차례 회원국 재무장관·중앙은행 총재 회의를 열어왔다. G20에는 G7(영국, 캐나다, 프랑스, 이탈리아, 일본, 독일, 미국)에 한국, 아르헨티나, 호주, 브라질, 중국, 인도, 인도네시아, 멕시코, 러시아, 사우디아라비아, 남아프리카공화국, 터키, EU가 포함된다. 정상회의에는 유럽중앙은행(ECB) 총재와 세계은행 총재, 국제통화기금(IMF) 총재 등도 초청된다. G20는 회원국 경제 규모에 따른 의결권 차별을 두지 않는다.

워싱턴DC
1차 G20 정상회의

미·유럽·신흥국
신 금융질서 삼각경쟁(2008. 11. 15)

G7 중심 탈피…다극화 추진

'세계 금융위기 해법을 모색할 선진국과 신흥경제국 정상 간 공조와 협력.' 15일 미국 수도 워싱턴DC에서 열리는 G20 정상회의 외형상 의제는 이런 방향이다.

금융위기 재발을 막고 새로운 국제 금융 질서를 찾기 위한 노력을 기울이자는 것이다.

내면을 보면 선진국 간 주도권을 둘러싼 줄다리기와 선진국과 신흥경제국 간 이해 다툼이 얽혀 성과 도출이 결코 쉽지 않다는 관측이다.

더욱이 회의 일정이 급하게 결정된 데다 미국 정권교체기라는 상황 때문에 한계가 뚜렷하다는 지적이다.

물러나는 조지 W. 부시 대통령 리더십을 기대하기 힘든 데다 버락 오바마 대통령 당선인은 내년 1월 20일 취임 전까지는 국정 운영과 관련해 전면에 나서지 않겠다고 선언했기 때문이다.

조지 W. 부시 미국 대통령은 "이번 회의에서는 금융 개혁을 위한 토대를 반드시 만들어 내야 한다"고 의욕을 보였다. 하지만 2개월 후 물러날 그에게 책임 있는 리더십을 기대하기는 어렵다.

오바마 당선인은 내년 1월 20일 취임 전까지는 국제회의에서 목소리를 내지 않겠다고 선을 그었다.

이번 정상회의에서 니콜라 사르코지 프랑스 대통령이 어떤 역할을 할지 관심이다. 그는 국제 금융위기 해결을 위해 다자간 협력 체제 구축을 역설하면서 이번 정상회의를 처음부터 주창했기 때문이다.

사르코지 대통령은 워싱턴으로 출발하기에 앞서 달러화 패권을 더 이상 인정할 수 없다고 언급해 어떤 식으로든 역할을 할 것임을 보여줬다.

금융위기 수습 과정에서 단호하고 적절한 조치로 위기 대응 능력을 보여 국제사회에서 높은 평가를 받은 고든 브라운 영국 총리도 주도적 역할을 할 것으로 보인다.

신흥경제국 가운데는 세계 최대 외환보유국인 중국 후진타오 주석 행

G20회의 참가국 간 '동상이몽'

미국	유럽	신흥경제국
•글로벌 금융위기 타개 해법 모색 •금융개혁 위한 과도한 시장규제 신중해야 •글로벌 유동성 확보를 위한 IMF 재원 확충 문제 •글로벌 금융감독체제 구축	•달러를 기축통화로 정한 브레던우즈 체제 대개편 •과도한 금융시장 규제 철폐 •미국 달러화 중심인 세계 기축통화 체제 반대, 국제통화 다양화 •미국 이해관계를 대변하는 국제신용평가기관 투명성 제고 •국제투기자본과 조세피난처로 이용되는 국가 규제	•선진국 투자자본 규제 필요성 강조 •G7 주도 세계 경제질서 탈피. 신흥경제국 포함된 다자간 협력체제 구축 •달러화 기축통화 거부, 국제통화 다양화 •IMF·세계은행 개발도상국 지원 기능 강화, IMF 출연금 규모에 걸맞은 기능 요구

보가 핵심이다. 후 주석은 이번 금융위기에서 비켜서 있었던 중국 위상을 강조하면서 선진국이 개발도상국에 대한 지원을 확충해야 한다고 역설할 것으로 관측된다.

입사(IBSA) 3개국으로 불리는 인도, 브라질, 남아공 등도 이번 회의에 앞서 뉴델리에서 정상들이 미리 모여 공동 대응 방안을 모색한 바 있다.

이번 회의에서는 기존 금융 질서를 대체할 새로운 국제 금융 체제를 만들 것이냐가 핵심이 된다.

이 과정에서 신흥경제국들은 선진7개국(G7)이 주도하는 기존 글로벌 경제 질서에서 탈피해 신흥경제국이 포함된 다자간 협력 체제를 구축함으로써 금융위기에 대처해야 한다는 점을 내세울 것으로 전망된다.

선진국 간에도 의견은 맞서고 있다. 프랑스와 독일 등은 미국 달러화 중심인 기축통화 체제에 반기를 들고 나섰다. 여기에는 중국과 러시아 등도 동조하고 있다.

신흥시장국들은 선진국 투기자본에 대한 규제 필요성을 주장하고 있다. 룰라 다 시우바 브라질 대통령이 특히 이런 목소리를 내는 데 앞장서는 쪽이다. 국제통화기금(IMF)이 글로벌 금융위기 대응 능력에 한계를 드러내고 있다는 지적에 따라 이를 대체할 새로운 국제시스템 구축에 대한 논의도 이뤄질 것으로 보인다.

신흥경제국들은 미국 등 G7 국가들이 IMF를 비롯한 국제금융기구에서 출연금 비율 이상으로 지분을 확보해 국제기구를 사실상 장악해온 점에 문제를 제기하면서 신흥시장국들도 합당한 역할을 할 수 있도록 요구할 가능성도 점쳐지고 있다.

IMF 재편과 함께 초국가적인 글로벌 금융감독기구 창설을 주장하고 있다. 나아가 투기자본 국제이동에 따른 폐해를 예방하는 방안도 역설한다.

한편 아소 다로 일본 총리는 이번 G20 회의에서 금융회사에 대한 자본 투입 등 단기적 시장안정책, IMF 개혁 등 중장기 위기 방지책, 달러 기축통화제 지지 및 동아시아 통합 등 3개 분야를 중점 제기할 방침이라고 일본 교도통신이 14일 보도했다.

이 가운데 특히 아소 총리는 세계경제 견인차 역할을 하고 있는 신흥국에 대해 IMF가 지원할 수 있도록 증자가 필요한 만큼 우선 일본이 1,000억 달러를 출자하겠다고 밝힐 계획이다.

이는 중국, 브라질 등 신흥국 입장을 적극 반영해 선진국과 신흥국 간 가교 역할을 통해 국제적 위상을 높이겠다는 일본 정부의 전략을 반영하는 것이다. 아소 총리는 또 IMF 개혁의 필요성을 강조하는 한편 유럽이나 신흥국에서 개편을 요구하는 달러 기축통화제는 현 체제를 유지하는 게 필요하다는 의견도 밝힐 예정이다.

G20 공동성명,
금융규제 조이고 돈 푼다(2008. 11. 17)

이명박 대통령 '보호주의 확산 경계' 공감대 얻어

선진국과 신흥시장국으로 이뤄진 G20 정상들은 글로벌 금융위기를 타개하기 위해 금융시장에 대한 규제·감독을 강화하고 각국 금융감독당국 간 공조와 협력에 주력키로 했다.

또 세계 경제의 하강을 막기 위해 통화정책과 재정지출 확대 등을 통한 내수경기 부양책을 추진한다는 원칙에도 합의했다.

G20 금융시장 개혁 로드맵

합의 사항

- 금융시장 규제 감독 강화
- 금융당국 간 공조 협력
- 각국 내수경기 부양책 추진
- 금융안정포럼에 신흥시장국 참여 확대

과제

- 초국가적 금융감독기구 창설
- 국게적으로 단일 회계기준 채택
- 다국적 대형 금융회사 감시 강화
- 국별 액션플랜 수립 후 이행

각국 정상들과 재무장관들은 15일(현지시간) 워싱턴DC에서 5시간에 걸쳐 진행된 본회담 후 채택한 공동 선언문을 통해 이렇게 밝혔다.

각국 정상들은 공동선언에서 '개방된 세계경제를 위한 공약'이라는 조항을 통해 "불안정한 금융시장 상황에서도 각국이 보호주의와 내국 지향적인 조치를 취하지 않도록 하는 것이 중요하다"는 점을 강조했다.

이명박 대통령은 이날 G20 정상회의 선도발언에 나서 "무역 및 투자와 관련한 새로운 장벽을 더 만들지 않는 '동결(Stand-Still) 선언'에 동참할 것을 제안한다"고 말했다.

이는 국제 금융위기를 빌미로 각국이 보호무역에 나서면 신흥경제국을 포함한 세계 각국의 경제위기가 더욱 심화될 수 있음을 경고한 것이다. 이 대통령은 특히 1997년 외환위기를 겪은 대한민국의 경험에 비춰볼 때 이런 필요한 조치들은 매우 선제적이고, 과감하며, 충분할 때 그 효력이 최대화될 수 있다"며 "외화유동성 부족으로 어려움을 겪고 있는 신흥경제국에 대한 지원이 더욱 확대돼야 한다"고 말했다.

유동성 확대 방안에 대해서는 "미국 외에 다른 주요 경제국가들도 통화스왑을 통해 신흥경제국에 대한 외화유동성 공급 확대에 참여할 것을 제안한다"면서 "신흥경제국뿐 아니라 이 회의에 참석하지 못한 다른 많은 나라들에 혜택이 돌아갈 수 있도록 국제통화기금(IMF) 재원을 확충해야 한다"고 강조했다.

한편 G20 회의 참가국들은 내년 3월 말까지 액션플랜의 구체적 시행 방안 가운데 이행가능한 구체적인 조치들을 이행하고 중기과제의 이행 상황을 점검하기 위해 4월 말 이전에 다시 G20 정상회의를 개최키로 합의했다.

G20 정상 적극적인
통화·재정정책 공감(2008. 11. 17)

글로벌 금융위기 타개를 위해 모인 G20 정상들의 첫 회동은 반쪽 성공

에 그쳤다. 금융시장 규
제와 감독 강화에 대해
서는 이견 없이 합의를
이뤄냈다. 주요 선진국
들이 경기 침체 국면에
접어들고 있는 점을 감
안해 G20 정상들은 긴
밀한 경제정책의 공조

를 통해 경기부양에 나서야 한다는 원칙을 천명했다. 통화정책과 적극적인 재정정책의 필요성에 대해서도 공감했다.

그러나 금융감독체계 개혁에 관해서는 성과를 이뤄내지 못했다. 이번 회의에 앞서 최대 관심을 모았던 초국가적 금융감독기구 창설은 합의하지 못했다.

금융감독 협력 강화

G20 정상들을 한자리에 모이도록 만든 미국발 금융위기는 고위험 금융상품에 대한 리스크 관리가 부실했고, 감독당국이 위험을 사전에 충분히 인식하지 못한 데서 비롯됐다는 인식에서 출발했다.

따라서 파생금융상품과 같은 신종 상품에 대해 국제회계표준기구들이 가치평가 기준을 개선하고 장부 외 금융상품에 대한 회계·공시기준

미국 워싱턴에서 열린 G20 세계금융정상회의에 참석한 각국 정상들이 한국 시간으로 15일 밤 전체회의에
앞서 기념촬영을 하고 있다.

취약점을 개선토록 했다. 장기적으로는 국가 간에 모두 통할 수 있는 단
일 회계기준을 수립해보자고 합의했다.

회계기준에 뒤이은 과제는 리스크에 대한 공시와 손실을 투명하게 공
개토록 하는 것이다. 이와 함께 이번 미국발 금융위기가 전 세계 시장으
로 급속히 확산된 데서 교훈을 활용했다.

특정 금융회사의 부실이 금융시장 전체를 망치지 않도록 안전장치를
만들기로 했다. 국제통화기금(IMF)이나 금융안정화포럼(FSF) 외에 여타
규제 감독기관들에 대해 자산평가나 자기자본비율 등을 경기 변동에 따
라 지나치게 반응하지 않도록 권고사항을 도출토록 한 것이다.

아울러 복잡한 금융상품에 대한 차별화된 신용평가기준을 도입하도
록 했다. 금융회사 경영과 관련한 세부 사항도 다룬 점은 이례적이다. 금
융회사들에 대해 과도한 단기이익을 추구하지 못하도록 내부 규제를 강
화토록 하는 것이나 보수체계를 재검토하도록 하는 권고안을 각국 재무

442

G20 정상회담 공동선언문 요지

- 재정의 지속가능성을 고려한 재정정책을 통한 내수 활성화
- IMF등을 통한 신흥시장국 유동성 지원 필요성
- IMF·세계은행 등 국제금융기구 재원확충 노력

- 투명성과 책임성 강화: 복잡한 금융상품·금융회사 공시 강화
- 금융규제와 감독개선: 모든 금융시장·금융상품과 금융회사 규제 대상 포함해 금융시장의 건전성과 리스크 관리기능 제고
- 금융시장의 신뢰성 제고: 투자자와 소비자보호, 이해상충과 시장조작 행위 방지 및 정보공유 강화
- 국제협력 강화: 규제당국의 금융시장별 협력과 국경간 자본거래에 대한 협력 기능 강화
- 국제금융기구 개혁: IMF·세계은행 등은 신흥개도국의 경제적 여건 변화에 맞춰 지배구조 개선
- IMF는 회원국이 확대된 FSF 및 다른 기구들과 협조해 취기 대응에 핵심적 역할 수행

- 시장경제주의의 기본원칙을 준수하면서 보호주의 확산을 경계할 필요, 참석 국가들은 무역과 투자에 대한 새로운 장벽을 만들거나 새오운 수출제한 조치를 취하거나 WTO에 위배되는 수출촉진 정책 시행 자제

장관들이 마련토록 한 대목이다.

IMF와 FSB 위상 강화

초국가적 금융감독기구 창설 합의는 이끌어내지 못했지만 각국 금융 감독당국 간의 협력을 강화하자는 데는 의견을 같이했다. 주요 다국적 금융회사에 대한 감시를 체계적으로 하자는 필요성도 공감했다. 현재 12개 주요 선진국의 재무장관과 중앙은행 총재, 금융감독기구 대표, IMF, 세계은행 등만 참여하고 있는 FSB(금융안정위원회)에 신흥경제국들을 끌어들이기로 했다.

이번 정상회의에서는 기존 기구인 IMF의 권한과 위상을 더 강화하는 방안도 논의했다. IMF에 국제 금융시장의 조기경보 기능을 구축토록 한 점과 IMF에 신흥경제국과 개도국들의 경제력을 반영해 이들 국가의 대표성이 확대돼야 한다는 원칙에 합의한 점이다.

한편 경제성장과 자본이동을 방해하는 과도한 규제를 피해야 하며 무역·투자장벽과 수출제한을 자제해야 한다는 점도 못 박았다.

보호무역주의 배제 원칙도 선언문에 담았다. 정상회의에서 합의한 사항은 각국별로 내년 3월 말까지 구체적 시행 방안 가운데 이행 가능한 조치를 실행하기로 했다. 이어 중기과제 이행 상황을 점검하기 위해 4월 말 이전에 다시 정상회의를 개최하기로 합의했다.

내년 G20 순번 의장국이기 때문에 차기 정상회의 개최국으로 영국이 유력하게 거론되고 있다. 그러나 이날 회의에서는 차기 회의 개최지에 대한 결정은 이뤄지지 않았다.

글로벌 금융위기가 가져온
국가별 명암

공적자금 관리

비상 세계 각국(2009. 2. 16)

유럽…금융회사 임원 연봉제한

중국…횡령 등 비리 감시 강화

일본…주요사업 원점서 검토

대공황 이래 사상 초유의 경기 침체를 막기 위해 전 세계 정부들이 재정지출·구제금융 등으로 수천조 원에 달하는 금액을 쏟아 붓고 있다. 이런 경기 부양 과정에서 기업·가계 부문 도덕적 해이도 확산될 수 있다는 지적에 각국이 대책 마련에 부심하고 있다.

　실제 최근에도 정부 지원을 받는 일부 금융사 경영진이 천문학적인 보너스와 연봉을 챙겨가 여론의 비난을 받았다. 이 같은 도덕적 해이 현상은 대규모 경기 부양 과정에서 훨씬 다양하게 발생할 수 있다는 것이 전문가들의 지적이다.

　미국 정부와 의회는 먼저 금융사 임원진의 연봉에 칼을 대기 시작했다. 재무부의 지원 자금을 받는 기업 고위 간부에게 연봉 3분의 1을 초과하는 보너스를 지급하지 못하도록 하는 내용을 금융구제안에 포함시켜 통과시켰다.

　이 법안에서는 금융사 고위 간부들의 보너스를 제한부 주식처럼 장기적 인센티브 형태로 지급하되 부실자산구제계획(TARP) 지원 자금이 전액 상환될 때까지 현금화할 수 없도록 했다. 7870억 달러 규모로 확정된 미국 경기부양책 심의 과정에서는 야당인 공화당이 도덕적 해이를 불

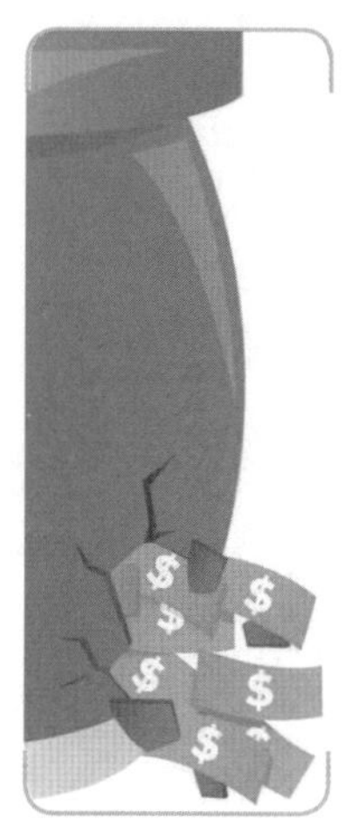

러일으킬 수 있는 여러 문제를 지적하고 나왔다. 공화당은 무분별하게 돈만 쏟아 붓는 재정 지출을 너무 늘린다는 것과 정작 필요한 감세는 오히려 확대하지 않는 점을 집요하게 물고 늘어졌다.

　미국발 금융위기에 몸살을 앓고 있는 유럽에서도 대규모 경기 부양책에 뒤따라올 도덕적 해이 문제를 막기 위해 고심하고 있다. 특히 경제 위기를 일으킨 주범들이 고액 연봉만을 챙긴다

는 비판과 서민 경제 지원을 위해서는 돈을 아낀다는 비난을 피하기 위해 유럽 정부들이 해결책 마련에 안간힘을 쓰는 분위기다. 독일은 이미 지난해 10월 5,000억 유로 규모의 은행 구제펀드 조성을 구상하면서 정부 자금을 지원받는 은행을 대상으로 연봉 상한제 규정을 두겠다고 밝힌 바 있다.

파이낸셜타임스(FT)는 5일(현지시간) 니콜라 사르코지 프랑스 대통령이 조만간 은행 경영진의 임금을 제한하는 새로운 규제조치에 서명할 계획이며 피터 맨덜슨 영국 산업장관도 은행의 과도한 보너스 지급에 대해 경고했다고 보도했다.

앨리스테어 달링 영국 재무장관은 "은행 경영진에 성과에 대한 보상을

각국 도덕적 해이 방지책

국가	방안
미국	・금융사 경영진 보너스를 연봉의 3분의1로 제한
중국	・4조위안 부양책 자금집행 부정 막기 위한 감시조직 가동 ・지방정부 오피스빌딩 신축 등 무분별한 투자행위 규제 ・하부 행정단위 회의, 접대, 해외출장 등 비용 집중 점검 ・정부 투자시 횡령 등 불법해위 감시 강화
일본	・정액기부금(1인당 1만 2,000엔) 국회에서 타당성 심의 ・중앙은행 CP 매입, 금융회사 주식 매입 심사기준 강화 ・실업급여, 도로재원 등 타당성 심사
영국	・금융사 경영과 보수 관련 조사
프랑스	・급여 제한 대상을 정부 지원 제조업체로 확대 시사
독일	・정부 지원 은행 CEO 연봉 50만 유로로 제한

해주는 것 자체는 잘못된 게 아니다"면서도 "은행의 경영과 보수에 대한 조사를 시작하겠다"고 밝혔다. 10일(현지시간) 유럽연합(EU) 27개 회원국 재무장관들은 브뤼셀에서 공적 지원을 받은 은행들은 도덕적 해이를 방지하기 위해 위험자산 일부분을 보유하고 경영진의 보수도 일정한 제약을 둬야 한다고 한목소리를 내기도 했다.

도덕적 해이 문제를 방지하는 데는 중국과 일본도 예외가 아니다. 대규모 자금이 들어가는 만큼 새는 돈을 최대한 막아보겠다는 심산이다.

중국은 지난해 11월 4조 위안(800조 원)에 달하는 대규모 경기 부양책을 내놓은 뒤 자금 집행 때 발생할 수 있는 부정부패를 막기 위해 고심하고 있다. 지방과 여러 부문에 만연한 부정부패로 인해 경기 부양을 위해 쏟아 붓는 자금을 집행하는 과정에서 실효성이 의문시되고 있어서다.

1998년 아시아 금융위기 당시에도 정부가 1조 위안 투자계획을 내놓은 뒤 부패사건이 끊이지 않았다.

중국 재정부는 이 같은 부정을 막기 위해 부양안 자금 집행을 점검하는 조직을 가동해 지방정부와 국유·공기업 등을 관리해 나간다는 방침이다. 또 중앙·지방정부에 대해 행정경비를 지난해보다 늘어나지 않도록 요구한 상태다. 하부 행정 단위들의 차량 구입을 비롯해 회의, 접대, 해외출장 등 각종 비용도 집중적으로 점검해 불필요한 경비를 최대한 낮춘다는 방침이다. 중국의 경기 부양 투자금 4조 위안은 아직 구체적인 활용 방안이 확정되지 않았다. 이 때문에 예산이 부족한 지방정부는 중앙

448

을 상대로 치열한 로비전을 펼치고 있는 것으로 전해졌다. 한 중국인 변호사가 중국 정부에 대해 "4조 위안 투자계획을 투명하게 공개하라"고 요구하면서 파문이 일기도 했다. 일본 정부는 현재 경기상황이 제2차 세계대전 이후 최악이라는 판단 아래 일단 '급한 불을 끄고 보자'는 인식이 팽배해 있다. 하지만 일본 정부는 도덕적 해이를 차단하기 위해 재무성과 지자체 등이 공동으로 자금 지원을 받는 기업에 대해 엄격한 자격심사를 실시하는 등 부작용을 막는 데도 최선을 다할 것이라고 밝혔다.

국가별 부양책 미묘한 '온도차'(2009. 2. 16)

중국 내수 진작, 미국 부동산 주력

경제위기를 돌파하기 위해 세계 각국이 재정지출을 총동원해 부양책들을 쏟아내고 있지만 국가별 정치환경과 위기인식 정도, 정책 최우선 분야 등에 따라 부양대책 내용들이 미묘하게 '온도차이'를 보이고 있다.

사회주의 시스템을 유지 중인 중국이나 1990년대 말 장기불황을 경험한 일본 등은 비교적 신속하게 실물기업 지원, 금융시장 안정대책을 내놓은 반면 사상 첫 금융·실물 복합위기를 경험 중인 미국은 의회에서 법안 조정기간이 지연된 데다 정권교체까지 맞물리면서 일사불란한 대

주요국 경기부양책 특징 및 평가

국가	부양책 특징	시장 평가
미국	•환경·의료·과학 육성 •자국산업 보호주의	•의회 조정에 시간 지연 •금융시장 안정대책 미흡
중국	•인프라 스트럭처 투자집중 •10대 산업별 맞춤 지원	•속도 중시·효과 높아 •상부층의 일방 정책
일본	•금융시장 안정에 무게 •현금지급 통한 소비부양	•금융위기 재발 차단효과 •현금배포 부작용 초래
유럽연합	•성장동력산업 집중투자 •공적자금 투입확대	•금융시장 안정대책 미흡 •재정건전성 악화 우려

응방안을 내놓지 못했다는 평가가 지배적이다.

유럽연합(EU)도 친환경, 정보기술(IT) 투자로 경기회복 견인에 나섰지만 제조·금융 분야 침체가 워낙 심각해 얼마나 효력을 낼지 불투명하다는 분석이 우세한 편이다.

철강, 자동차, 조선 등 주요 10개 산업을 대상으로 총 4조 위안 규모 부양책을 내놓은 중국은 정책집행 상층부의 일방적인 의사결정을 통해 가장 신속하고 조직적으로 부양대책을 조성했다는 평가를 받는다.

부양정책을 내놓은 시점과 발효되는 시점 간의 시간차이를 최대한 줄인 점도 사회주의 체제를 유지 중인 중국만의 장점으로 분류됐다. 예를 들어 부동산부양정책의 경우 대책발표부터 발효시점까지 불과 한 달밖에 걸리지 않았다. 중국 전체 고용인구 중 20%를 감당하는 부동산시장이 위기에 빠지게 되면 심각한 고용위기가 발생할 수 있다는 판단이 작용했기 때문이다. 그 덕분에 중국 부동산시장은 최근 침체를 다소 벗어나 베이징, 상하이 등 대도시 신규주택 판매가 최대 30~60% 늘어나는 등 효과를 내기도 했다.

중국이 내놓은 부양책을 세부적으로 들여다보면 3년간 저가임대주택과 농림업 개간주택 등 정책 부동산사업에 9,000억 위안, 배전망과 국가송전망에 1조 1,000억 위안, 2010년까지 신공항 건설과 이전에 4,000억 위안 등 사회 인프라스트럭처 투자에 대규모 정책지원이 몰려 있다는 점을 어렵지 않게 발견할 수 있다.

아소 다로 정권의 낮은 국민적 지지에도 불구하고 일본 정부도 경기부양책만큼은 비교적 신속하게 추진하고 있다는 평가가 나온다. 다만 일본의 경우 실물경기 부양대책과는 별도로 금융시장 안정대책에 무게를 더 싣고 있는 점이 차별화된 포인트다. 부실화된 금융회사를 지원하기 위한 공적자금 투입한도도 2조 엔에서 12조 엔으로 대폭 늘렸고 금융회사들이 보유한 주식을 매입하기 위해 별도로 1조 엔을 투입하기로 결정한 것도 이 같은 맥락으로 풀이된다.

다케모리 슌페이 게이오대 교수는 "1990년대 부실채권 누적에 따른 금융위기로 10년 이상 장기침체에 시달렸던 경험 때문"이라고 설명했다. 민주당 등 일본 야당들도 정액기부금(1인당 1만 2,000엔 지급) 등 일부 대책을 제외하면 대체로 집권 여당·정부가 마련한 경기부양대책에 찬성하는 입장을 보이고 있다.

반면 미국의 경우 이번 부양책을 마련하기까지 의회의 동의를 얻어야 한다는 점 때문에 지나칠 정도로 시간이 소비됐다. 미국 하원이 8,190억 달러 규모 경기부양법안을 처리한 것은 1월 말이었다. 상원은 공화당의 반대로 시간을 보내다가 2월 10일에야 8,380억 달러 규모의 법안을 처리해줬다. 최종 확정된 규모는 7,870억 달러였고 구체적으로 재정 지출이 5,750억 달러(65%), 세금 감면이 2,120억 달러(35%) 포함돼 있다.

상·하원의 동의를 거쳐야만 하는 미국식 의회주의가 경제위기 대책 수립에는 비효율적이었다는 비판을 피할 수 없게 됐다. 미국은 인프라스트럭처 투자가 900억 달러에 그친 반면, 건강의료 개혁(1,530억 달러)이나 에너지 효율화(540억 달러), 과학기술 연구지원(160억 달러) 등은 집중적인 투자대상으로 분류됐다.

유럽연합(EU)도 초고속 인터넷 보급이나 그린 자동차 개발 등 차세대 성장동력 위주로 산업별 지원대책이 가동될 것으로 보인다. 그러나 정책 실행 과정에서 재정수지 적자의 심화, 회원국 간 정책공조 결여, 국채발행 급증에 따른 부작용 등이 맞물리면서 이 같은 정책이 얼마나 효과를 낼지는 불투명하다. 출범 10년째를 맞은 유로화가 사상 최저 수준까지 폭락한 점도 유럽의 조기 경기회복에 대해 부정적인 전망이 더 우세하다는 점을 방증하고 있다. 유럽연합 통계기관인 유로스타트에 따르면 유로존의 작년 4분기 성장률은 직전 분기 대비 1.5% 감소해 작년 3분기(마이너스 0.2%)에 이어 이미 2분기 연속 마이너스 성장을 기록했다.

미국 국채 2조 달러 발행 추진…
중·일·EU "우리도"(2009. 3. 2)

선진국만 4조 달러… 금융시장 심각한 불균형

세계 경제위기가 벌어지고 있는 현장의 막후에서는 '글로벌 쩐의 전쟁'이 진행 중이다.

미국과 중국, 그리고 EU와 일본 등 주요 선진국 간 보이지 않는 '돈 당기기' 전쟁이 가속되고 있는 것이다.

막대한 무역적자를 내는 미국은 적자를 메우고 경제위기를 극복하기 위해 무한정 돈을 조달해야 할 입장이다. 중앙은행에서 돈을 계속 찍어 내든지 아니면 국채를 팔아야 한다. 하지만 세계 국채시장의 경우 미국 국채 주요 수요국이었던 중국, 일본, 러시아, 영국 등에서는 회의적인 시각이 많이 나오고 있다. 이들 수요국의 경우 당장 자기 발등에 불이 떨어졌기 때문이다.

게다가 이미 너무 많은 미국 국채 물량 때문에 무한정 미국 국채를 사들일 수 없는 상황이다. 다시 말해 미국이 내는 적자를 다른 나라들이 메워주어야 하는 '글로벌 임밸런스'가 언젠가는 터질 것이라는 불안감이 팽배한 것이다.

미국 정부는 금융시장을 안정시킬 8,500억 달러와 2차 경기부양을 위해 7,870억 달러를 마련해야 한다. 미국의 2009년 재정 적자는 제2차 세계대전 후 최대 규모인 1조 7,500억 달러까지 늘어날 것으로 추산됐다.

미국 재무부가 2008년 발행한 국채는 8,860억 달러였다. 올해에는 이 규모가 2조 달러에 달할 것으로 보고 있다. 미국의 국채 발행은 부족한 재원을 메워주는 역할을 하지만 다른 한편에서는 국가 부채로 연결된다. 미국의 국가 부채는 금융위기가 고조에 달하던 2008년 9월 30일 10조 달러를 넘어섰다.

뉴욕 맨해튼 타임스스퀘어 부근 한 빌딩에 자리 잡은 '국가부채시계'의 숫자는 이미 14자리(10조 달러)까지 늘어났다. 미국 재무부 국채는 세계 주요 투자자들이 고스란히 소화하고 있다.

2008년 말 기준 미국 국채 보유 현황을 보면 중국 일본 영국 3개국에서만 1조 7,000억 달러어치에 달하는 미국 국채를 사들여 보유하고 있다. 미국 국채 7,000억 달러가량을 보유한 중국은 요즘 시름이 깊어지고 있다.

글로벌 금융위기가 1차에 그치지 않고 더 큰 2차 파도가 밀려들면서 미국 국채 수익률이 하락세를 보이고 있기 때문이다. 중국은 외환보유액 중 36%를 미국 국채를 매입하는 데 사용하고 있다. 지난해 미국 국채 수익률이 하락하는 상황에서도 중국은 2,186억 달러어치를 추가로 사들였다.

미국 국채 외에 다른 자산투자까지 합하면 중국은 지난해에만 국내총생산(GDP)의 10%인 4,000억 달러에 달하는 자금을 미국에 투자했다. 그렇게 해서 중국이 보유한 미국 국채, 공공기관 채권, 은행 예금 등을 모

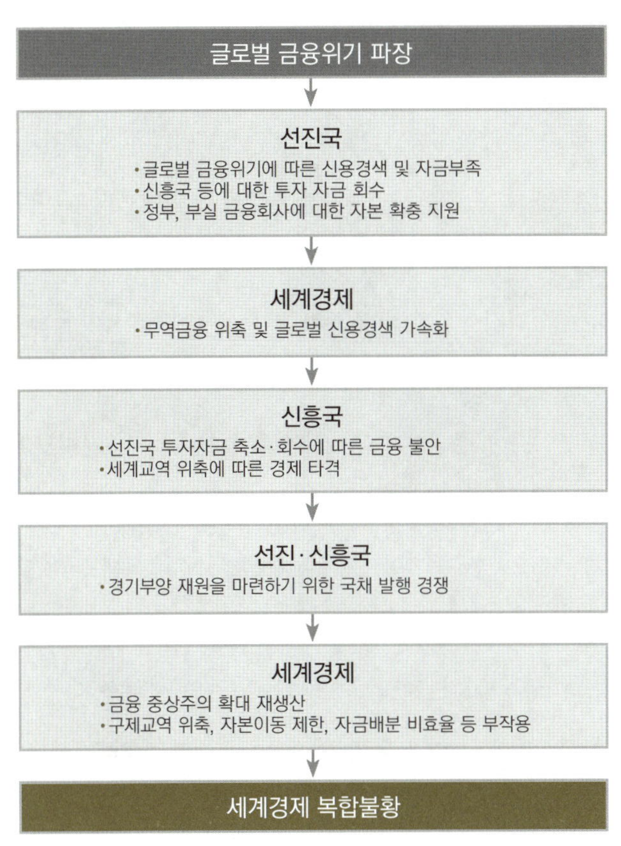

두 합하면 1조 7,000억 달러에 이른다.

미국 내 자산이나 달러표시 자산가치가 떨어진다고 갖고 있는 미국 국채를 시장에 내놓는 순간 스스로 가격 폭락을 유도하는 꼴이라 진퇴양난이다. 중국이 미국 국채를 내놓으면 미국과 무역·환율 분쟁도 가열될 가능성이 높다.

지난달 하순 중국을 방문한 힐러리 클린턴 미국 국무장관이 "미국과 중국은 한 배에 탔다"고 한 표현은 이런 상황을 의미한다. 클린턴 장관은 "다행히 미국과 중국이 같은 방향을 향해 가고 있다"며 중국의 미국 국채 매각 유보를 기정사실화했다. 문제는 중국 내 국채, 지방채 발행도 올해 급격히 늘어날 것이란 점이다.

쑹리(宋立) 인민대 중국개혁과발전연구원 교수는 "중앙정부가 지난해 발표한 4조 위안 재정투자 가운데 중앙정부 부담은 1조 1,800억 위안이고 나머지는 지방정부, 공기업 등이 투자를 통해 메우게 된다"고 전했다. 특히 재정이 불안한 지방정부를 대신해서 중앙정부가 채권을 발행해 분배하는 방식이 유력하다. 지난해 1,100억 위안의 재정 적자를 냈던 중국은 올해엔 그 9배에 가까운 9,500억 위안의 재정 적자를 감수하겠다는 계획이다.

영국 런던
2차 G20 정상회의

의제 우선순위 놓고

기싸움(2009. 3. 14)

미국은 추가 경기부양, 유럽은 금융규제 강화에 관심

일본·중국은 보호무역주의 차단에 무게감 둬

4월 2일 전 세계 이목은 영국 런던에 집중된다. 세계 각국이 겪고 있는 심각한 경제위기를 헤쳐나가기 위해 한국은 물론 미국 중국 일본 등 주요 20개국(G20) 정상들이 한자리에 모이기 때문이다.

G20 정상들은 이미 사전 조율을 통해 경기부양 공조, 금융규제 강화, 보호무역주의 저지, 조세회피지역 규제, 국제통화기금(IMF)을 포함한 국

제 금융기구 개편 등 주요 의제를 설정해둔 상태며 앞으로 남은 기간 자국 입장을 정리해 이날 머리를 맞댄 자리에서 합의를 이끌어낼 예정이다.

전 세계가 힘을 합쳐 대공황 이후 최대 경제위기를 이겨내는 아름다운 모습이 상상된다.

G20 정상회담 이면에는 각국의 치열한 물밑 경쟁이 자리하고 있다. 이번 경제위기를 통해 전 세계 '파워게임' 지형도가 확 바뀔 것이 자명하기 때문에 주도권 잡기 싸움이 벌어지고 있다.

G20을 구성하고 있는 G7(미국, 일본, 프랑스, 독일, 영국, 이탈리아, 캐나다)과 한국, 중국, 호주, 러시아, 인도, 아르헨티나, 브라질, 인도네시아, 멕시코, 터키, 사우디아라비아, 남아프리카공화국, 유럽연합(EU)이 이날 어떤 결과물을 도출할지 관심이 집중되고 있다.

미국과 유럽은 벌써 신경전을 시작했다. 화두는 G20 정상회담에 논의될 핵심 의제에 대한 우선순위다.

미국은 각국 정부의 재정 부양 확대를 주문하기 위해 추가 경기부양책 마련에 무게중심을 두고 싶어한다. 반면 독일 프랑스 등 유럽은 국제금융시장 규제 강화가 더 시급하다는 입장이다. 최근 래리 서머스 미국 백악관 국가경제위원장이 "G20 정상회담에서 각국 정부는 소비 진작을 위해 지출을 늘리는 방안에 초점을 맞춰야 한다"는 의견을 밝히자 유럽은 즉각 "안 된다"고 반발했다.

유럽 주요국들이 내년까지 경기부양에 쏟기로 한 예산이 EU 국내총생산(GDP)의 3~4%에 이를 것으로 예상되는 등 이미 엄청난 규모의 부양책을 마련한 상태기 때문에 당장 추가 자금 투입을 생각할 이유가 없다는 주장이다.

앙겔라 메르켈 독일 총리측은 "독일 정부는 경기부양책 확대 계획을 갖고 있지 않다"며 "이번 정상회담에선 규제와 시장 감시의 역할이 집중 논의돼야 한다"고 밝혔다.

니콜라 사르코지 프랑스 대통령도 "미국발 금융위기에 맞설 강력한 방어벽이 필요하다"며 먼저 금융규제 강화를 위해 각국이 협력해야 한다는 점을 강조했다.

미국은 글로벌 금융위기를 촉발한 주범이기 때문인지 국제 금융규제 강화에 다소 소극적인 태도를 바꾸지 않고 있다.

버락 오바마 미국 대통령은 11일 "우리는 G20 정상회담에 두 가지 목표를 가지고 있다"며 "첫 번째는 경제 엔진이 다시 살아날 수 있도록 전 세계가 경기부양책을 함께 추진하는 것이고, 두 번째는 규제개혁 문제에 진전을 보는 것"이라고 말해 우선순위에 대한 입장을 다시 한 번 확인했다.

일본은 유럽에 가까운 입장이다. 이번 회담에서 일본은 금융시장 규제 강화와 보호무역주의 차단 등 2개 의제를 집중 강조할 방침이다. 아울러 1990년대 공적자금 투입, 제로금리 정책을 통해 장기 불황을 돌파했던 경험을 국제사회에 적극 전달하기로 했다.

특히 파생상품과 헤지펀드 등 시장 교란 요인에 대한 감시 강화는 글

G20 주요 의제와 국가별 의견

경기부양 공조	•미국: 세계 각국에 추가 경기부양책 마련 촉구 •유럽: 부양책은 현재까지 나온 것으로 충분 •중국: 주변국 수요 확대책 촉구
금융규제 강화	•유럽: 최우선 주안점, 금융위기에 맞설 강력한 방여벽 필요 •미국: 금융규제보다 경기부양에 초점 •일본: 금융위기 재발 막기 위한 차단책 마련 시급
보호무역주의 저지	•미국·영국: 수천억 달러 규모 무역금융 지원 방안 발표 예정 •중국: 미국에 시장 개발 요구 •일본: 보호무역주의 방지가 최우선 주안점
조세회피지역 규제	•대부분 국가 세금 탈루 방지 위한 국제 공조에 •공감대 형성 다만, 조세회피지역으로 꼽히는 •유럽 일부 국가 등은 부작용 우려
국제금융기구 개편	•유럽: IMF 기금을 5,000억 달러로 2배 확대 주장 •미국: IMF 기금을 7,500억 달러로 3배 확대 주장 •일본: 이미 IMF에 1,000억 달러 빌려주기로 합의

로벌 금융위기 재발을 차단하기 위해 가장 시급한 과제라는 게 일본 측 시각이다. 미국발 금융위기 직후였던 작년 11월 워싱턴 G20 회담 때도 금융규제 강화 방안이 논의됐지만 회원국 간 이해관계가 달라 구체적인 합의점을 끌어내지 못한 바 있다.

보호무역주의 저지가 필요하다는 데에는 대부분 국가가 공감을 표시하고 있다. 자국 산업을 먼저 살려야 한다는 속내를 가진 곳이 꽤 있겠지만 겉으로는 명분을 따르는 모습이다. 특히 미국은 영국과 함께 이번 회담에서 수천억 달러 규모의 무역금융 지원방안을 내놔 '바이 아메리칸'

조항 등에 따른 다른 국가들의 보호무역주의 거부감을 줄이겠다는 구상을 가진 것으로 알려졌다.

중국은 세계 각국이 상대적으로 재정적 여유가 있는 중국에 팽창적 재정·금융정책을 주문하는 상황인 만큼 이에 부응하는 자세를 보여주면서 선진국들의 협력·공동 대응을 촉구할 것으로 전망된다. 중국의 전략은 크게 수요 확대, 보호주의 배격, 금융체계 개선 등 세 가지 줄기로 요약해볼 수 있다.

우선은 각국이 적극적으로 수요 확대책을 펼쳐 위축되는 경기를 가능한 한 빨리 회복시켜야 한다는 것을 강조할 것으로 예상된다.

중국은 이미 4조 위안에 달하는 대규모 내수부양책을 내놓고 역대 최고 수준인 9,500억 위안 재정적자를 올해 감당하기로 한 상태다. 여기에 추가 부양책도 만지작거리면서 다른 나라에 수요확대책을 촉구한다는 계산이다.

또 미국과 유럽을 염두에 두고 보호주의 배격을 강하게 주장할 것으로 보인다. 각국이 시장을 걸어 닫으면 그동안 미국, 유럽 등에 대한 수출 위주로 성장한 중국으로선 충격이 더 지속될 가능성이 높기 때문이다.

금융체계 개선도 중국이 건드리고 싶어하는 부분이다. 특히 미국에서 촉발된 금융위기가 파생상품과 투기자본 등을 통해 일파만파로 확대 재생산됐다고 보는 중국으로선 금융규제를 강화해야 한다는 주장을 펼칠 것으로 보인다.

최근 보호무역주의 주요 사례

은행에 구제금융지원 대가로 국내 대출 확대 요구

- 미국은 구제금융 수혜 금융회사에 기업·가계대출 실적 및 MBS 구입 내용 공개를 의무화함으로써 사실상 국내 대출 장려
- 영국은 은행에 자본금 확충을 지원하면서 향수 3년간 주택 모기지 및 중소기업 대출 잔액을 2007년 수준으로 유지하도록 함
- 프랑스는 6대 대형 은행의 국내 대출을 연 3~4% 확대 요구

기업에 국내 생산 유지, 고용 우대 요구

- 프랑스는 르노와 푸조자동차에 60억 유로를 지원하면서 국내 생산 및 국외 아웃소싱 금지를 조건으로 제시. 자국산 차량에는 신차 구입시 보조금(1,000유로) 지급
- EU는 2010년까지 국가보조금 관련 EU 규정을 완화해 회원국 정부가 기업에 2년간 저리의 보조금을 지원하는 것을 허용
- 미국은 경기부양법에 구제금융을 지원받는 국내 기업에 대해 외국인 고용을 제한하는 조항 포함
- 프랑스는 푸조에 대해 재정지원 조건으로 자국 근로자를 해고하지 못하도록 지시

금융위기 해결에 한계를 노출한 IMF 등 국제 금융기구 개편에 대한 각국 영향력 확대 경쟁도 이번 회담의 관전 포인트다.

미국과 유럽은 경쟁적으로 IMF 기금을 2~3배 확충해야 한다는 의견을 제시하며 기싸움을 벌이고 있다. 또 일본은 이미 IMF에 1,000억 달러를 빌려주기로 합의했다.

이처럼 각종 이슈를 두고 각국의 주도권 확보 경쟁이 심화되면서 G20

정상회담에서 실효성 있는 결과물이 도출되기 어려울 것이라는 지적도 나오고 있다. 20개국이 얽혀 서로 자국 이익에 우선하는 주장을 굽히지 않는다면 결국 인사만 나누고 헤어지는 자리로 전락할 수 있다는 우려다.

이와 함께 각국이 조금씩 양보해 합의안을 마련하더라도 실제 이행을 담보할 수 있는 장치가 강구되지 않는다면 무용지물에 그칠 수 있다는 염려가 함께 제기되고 있다.

미·중 기축통화 주도권 경쟁 가열(2009. 3. 26)

가이트너 미 재무 "SDR를 슈퍼통화 채택 주장 용납 못해"

브라질, 인도 등 신흥국은 중국 입장 동조

미국이 중국의 '달러 흔들기'에 정면으로 반박하고 나서면서 양국 간 '기축통화'를 둘러싼 갈등이 커지고 있다.

미국에서는 25일 버락 오바마 대통령에서부터 티머시 가이트너 재무장관, 벤 버냉키 연방준비제도이사회(FRB) 의장에 이르기까지 강도 높은 언급을 쏟아냈다.

저우샤오촨 중국 인민은행장이 24일(현지시간) 인민은행 웹사이트에 게재한 글에서 "국제통화기금(IMF) 특별인출권(SDR)이 지금 제 기능을 발휘할 때”라며 “SDR를 국가를 초월하는 슈퍼 통화로 업그레이드시키자”
고 제안하자 불거진 반응이다.

미국 고위급 인사들의 잇단 발언은 당장 실현 가능성이 높진 않지만
국제 금융시장의 역학 관계에 심각한 균열과 혼란을 가져올 수 있는 핵
폭탄급 발언이기 때문에 미리 강도 높게 누르겠다는 의지로 읽힌다.

오바마 미국 대통령은 특히 직설적으로 대응했다. 오바마 대통령은 24
일 저녁 가진 경제 현안 관련 TV회견에서 달러를 대체할 새로운 기축통
화가 필요하다는 중국 측 발언에 대한 견해를 묻자 “새로운 기축통화의
필요성을 느끼지 못한다”고 잘라 말했다. 오바마 대통령은 “지금 달러화
가 아주 강하다는 점을 강조하고 싶다”며 “투자자들은 미국이 글로벌 경
제 회복과 미래의 발전을 선도할 능력이 있다고 확신한다”고 강조했다.

가이트너 재무장관도 이날 열린 하원 금융위원회 청문회에서 “절대 용
납할 수 없다”는 강한 입장을 표명했다. 가이트너 재무장관은 중국 측 제
의에 어떻게 대응할 것이냐는 질의에 “완강하게 거부할 것”이라고 대답했
다. 버냉키 FRB 의장도 같은 질문에 “본인도 그렇다”고 답변했다.

FRB 의장을 지낸 폴 볼커 백악관 경제회복자문위원장은 더욱 강한
목소리로 비판했다. 볼커는 24일자 월스트리트저널 대담에서 중국을 향
해 “자기들이 필요해 달러를 사놓고 이제 와서 딴소리를 하는 것은 나쁘
다”고 말했다.

중국은 새 슈퍼통화론을 제기한 하루 뒤인 25일엔 미국의 저축률이 너

달러 기축통화 놓고 격돌하는 미국과 중국

	미국		중국
오바마 (대통령)	"새로운 기축통화 필요성 느끼지 못한다. 미국은 글로벌 경제 회복과 미래 발전 이끌 능력 있기 때문에 달러화는 매우 강하다."	원자바오 (총리)	"달러화 중심의 세계 기축통화 체제를 다양화해야 한다." (스위스 다보스 세계경제포럼(WEF)에서)
가이트너 (재무장관)	"IMF의 SDR를 기축통화로 쓰자는 중국의 제의를 완강하게 거부하겠다."	저우사오촨 (인민은행 총재)	"특정국 통화(미국 달러)가 다른 통화의 기준이 되면 특정 통화 발권국이 자국의 경제적 불균형을 해소하기 우한 노력에도 부정적 영향을 미친다."

무 낮다며 저축과 소비의 균형을 맞춰야 한다고 또다시 맹공을 퍼부었다. 기축통화 교체론에 이은 추가적인 미국 흔들기인 셈이다.

저우 은행장은 24일에 이어 25일에도 한 가지 통화(달러)로 해외자산이 집중되면 바람직하지 않은 결과가 초래된다며 국제통화시스템 개혁 추진을 다시 강조하고 나섰다.

사실 중국이 나서긴 했지만 '달러 흔들기'는 '고양이 목에 방울 달기'와 비슷한 일이었다. 어느 나라든 필요성에서는 공감하지만 마땅한 대안이 없어 주장을 펴기 힘들었다.

중국에 앞서 러시아도 다음달 2일 런던에서 소집되는 G20 정상회의에서 슈퍼통화 창설을 논의하자고 제의는 해둔 상태여서 이슈가 더욱 뜨겁게 달궈질 가능성이 작지 않다.

이번 G20 정상회의에서 새로운 기축통화 모색을 위한 논의가 공식 의제로 채택될 수 있느냐가 관건이다. 이번 회의의 의장국인 영국은 미국과 같은 입장일 뿐 아니라 기축통화로서 달러화 위상에 관해서는 중국 손을 들어줄 리 없다. 선진 경제국들인 G7 소속 나머지 나라들 역시 미국에 기운 상태다.

다만 이번 회의는 주요 20개국(G20)으로 범위가 넓어진 만큼 신흥 강대국 입장이 중요하다. 중국 측은 인도, 브라질, 러시아 등이 동조하고 있다고 보고 있다. 신흥국 가운데 얼마나 더 가세할까는 미지수다.

중국 측 제안대로 IMF의 SDR를 대안으로 삼을 때엔 여러 가지가 함께 풀려야 한다.

기축통화로 통용하기 위해 SDR 규모를 대폭 늘려야 하는데 이때 IMF 출자금 비율로 나타나는 기존 구도에 영향이 있기 때문이다. 출자금인 쿼터 비율을 둘러싼 국가별 불균형은 심각하다. 미국이 17.09%로 절대 다수를 차지하고 이어 일본 6.13%, 독일 5.99%, 프랑스 4.94%, 영국 4.94% 등이다. 반면 신흥경제국 중에는 중국 3.72%, 러시아 2.74%, 인도 1.91%, 브라질 1.40% 에 그친다.

IMF 재원을 5,000억 달러로 늘리기 위한 논의에서도 일본, EU, 미국이 각각 1,000억 달러씩을 빌려주기로 의견을 모아가고 있어 미국 주도의 구도는 갈수록 공고화하는 추세다.

이에 대해 중국은 IMF의 기존 구도 타파 작업에 나설 것으로 예상된다. 중국은 4월 2일 영국 런던에서 열리는 G20 금융정상회의에서 IMF 출연금으로 1,000억 달러를 내놓을 것으로 전망된다. 위안강밍 중국 사회과학원 거시경제연구실 주임은 25일 차이나데일리와 인터뷰에서 "중국은 IMF가 금융위기와 싸울 수 있도록 재원을 지원할 것"이라고 말했다.

중국의 SDR
새 기축통화 제안 논쟁(2009. 3. 27)

IMF 총재 "논의 적절"…미국 재무 "열린 자세로"

중국 인민은행장 제안으로 촉발된 새로운 기축통화 논의가 가열되고 있다. 저우샤오촨 인민은행장 주장에 대해 일부 신흥경제국들은 동조한 반면에 달러 발행국인 미국은 강하게 이를 일축하며 확산을 경계했다.

하지만 국제통화기금(IMF) 총재가 중국 측 제안을 옹호하고 나서면서 미국 측도 전날 강경했던 기류에서 한발 빼 다소 열린 자세를 보이기 시작했다. 버락 오바마 미국 대통령이 경제 회복을 위해 전 세계 국가에 동참을 호소하고 각국 간 조율된 정책 공조를 요청하는 마당에 무조건적인 '팍스 달러리엄(달러에 의한 세계 지배)' 옹호가 '팍스 아메리카나(미국의 세계 지배)'로 비쳐지는 것을 경계하려는 심려일 수도 있다.

도미니크 스트로스칸 IMF 총재는 25일(현지시간) 프랑스 의회 재무위 소속 의원들과 회동한 후 기자들과 만난 자리에서 "새 통화에 대한 논의가 극히 적절하다고 생각한다"며 "몇 달 내에 이런 논의가 이뤄질 수 있을 것"이라고 말했다고 AFP통신이 보도했다. 저우 은행장이 달러 대신 새 기축통화로 IMF SDR(특별인출권)를 거론한 만큼 스트로스칸 총재로서는 반기지 않을 수 없는 일이다.

특히 금융위기에 빠진 회원국을 지원하기 위해 새로운 대출 제도를 도입하고 이를 위한 재원 확충을 모색하고 있는 스트로스칸 총재는 IMF 기존 구도 타파에 적극적인 모습이다.

이 같은 스트로스칸 총재 발언은 단순한 중국 동조 차원만은 아니다. 달러를 대체할 새 기축통화 필요성에 인도 브라질 러시아 등 선진7개국(G7) 외에 신흥경제국들이 지지 의견을 보이고 있다는 점에서 양측 간 힘 겨루기를 감안한 정치적 제스처다.

전날 '한마디로 거부하겠다'는 식으로 일축했던 티머시 가이트너 미국 재무장관은 25일에는 다소 열린 자세를 보였다.

그는 이날 미국외교협회(CFR) 연설에서 "중국 인민은행장 제의에 열린 자세를 갖고 있다"고 말했다. 미국이 기존 통화 시스템을 혁신하려는 노력에 결코 수세적이거나 닫혀 있지 않음을 강조했다. 가이트너 장관은 저우 은행장에 대해 '매우 용의주도하며 탁월한 중앙은행장'이라고 치켜세우기도 했다. 그렇지만 가이트너 장관은 "달러가 갖고 있는 기축

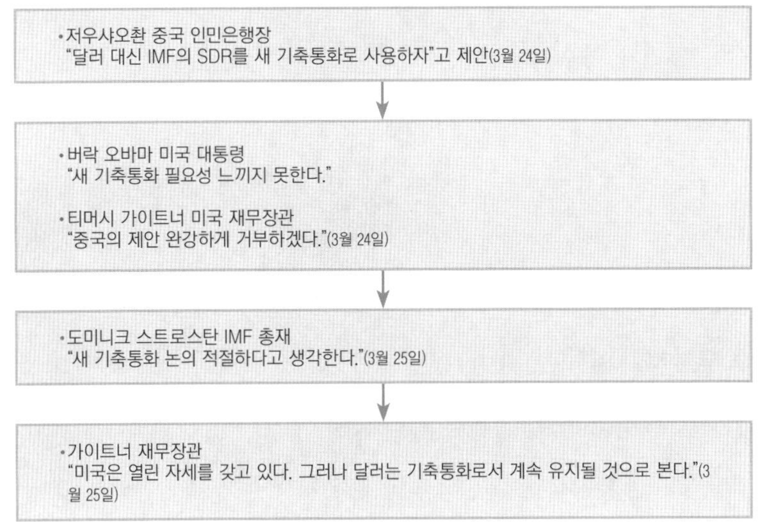

통화로서 지위는 새로운 통화에 의해 쉽게 배제되지 않을 것"이라고 분명히 주장했다.

그는 "달러가 계속 기축통화로 쓰일지는 미국 경제가 얼마나 효율적으로 유지될 것인지와 미국 재정 시스템이 이전처럼 지탱 가능한 국면으로 회복될지에 달려 있다"고 지적했다. 그는 "달러는 주도적인 지불준비 통화로 남아 오랫동안 앞으로 이런 지위를 유지할 가능성이 높다고 본다"고 정리했다.

오스턴 굴즈비 백악관 경제보좌관은 이날 CNN과 인터뷰하면서 저우 은행장 주장에 대해 "과거에도 새로운 기축통화에 대한 얘기들이 있었다"며 "달러가 향후 몇 년간은 핵심 통화로 계속 남을 것으로 본다"고 주장했다.

G20,
치열한 기싸움(2009. 3. 31)

중국 새 기축통화구상에 호주 지지

미국 과도한 부양책 독일·영국 잇단 경고

4월 2일 런던에서 열리는 주요 20개국(G20) 정상회의는 글로벌 금융위기 해소 방안 마련을 떠나 세계 경제의 새로운 시스템 구축이라는 과제를 요구받고 있다.

국제통화기금(IMF) 개혁방안이 핵심 의제로 떠오르고 있는가 하면, 중국 측 제안으로 뜨거워진 달러를 대체할 기축통화 필요성 문제도 관심 사항으로 주목을 받고 있다.

일련의 사안을 놓고 미국을 중심으로 한 G7(경제선진 7개국) 주도의 기존 국제 경제 질서에 대해 중국과 신흥경제권 국가들이 맞서는 형국이다.

뉴욕타임스는 이번 금융위기를 계기로 IMF의 역할이 다시 주목받으면서 IMF 운영 시스템을 자국에 유리한 방향으로 개혁하려는 주요 국가들의 기 싸움이 치열하다고 보도했다.

미국은 IMF 기능 강화를 이번 G20 회담의 주요 목표로 설정했다. 미국의 입김이 강하게 작용하는 IMF의 금융 지원 능력을 강화함으로써 미국 주도의 국제 금융질서를 유지하면서도 세계 금융위기 해결을 위한 자국의 금전적 부담은 줄이겠다는 포석이다.

IMF의 재원을 5,000억 달러로 늘리려는 움직임은 이런 배경에서 나왔다. 일본과 유럽연합(EU)은 최근 각각 1,000억 달러, 750억 유로를 내놓겠다고 밝혔다. 미국도 비슷한 규모를 내놓겠다는 입장이다. 중국도 IMF의 재원 조달을 지원할 준비가 돼 있다고 밝힌 바 있다.

문제는 재원 확충과 함께 IMF의 서방 국가 위주의 기존 의사 결정 구조도 개혁해야 한다는 주장을 어떻게 수용하느냐다. 투표권에서 EU 회

G20 주요 의제별 각국 입장

IMF 역할	•미국: IMF 기능 강화와 재원 확대 •중국·인도: 서방 편향적 의사결정 구조 개혁
신 기축통화 논의	•미국·일본: 달러 이외의 기축통화 필요 없다 •중국·러시아·브라질: 새로운 기축통화 논의돼야 •EU·브라질: 규제 강화 집중 논의돼야
금융 및 시장규제개혁	•미국: 지나친 규제는 시장 건전성 해친다 •EU·브라질: 규제 강화 집중 논의돼야
주가 경기 부양	•미국: 강력한 경기 부양책 촉구 •EU: 과도한 재정적자 위험 경고

원국 32%, 미국 17%, 일본 6%, 독일 5.9%, 프랑스 4.9%, 영국 4.9% 등에 비해 중국 3.7%, 인도 1.9%의 불균형 때문이다. 중국은 이미 IMF의 특별인출권(SDR)을 새로운 기축통화로 활용하자는 제안으로 세계 금융가를 흔들어놓았다.

신 기축통화 구상 논의에 대해 그동안 잠잠하던 호주가 중국을 지지하고 나선 점도 주목된다. 지난 27일 스티븐 스미스 호주 외무장관은 "달러가 계속 기축통화로 사용돼야 한다는 기본 입장에는 변함이 없다"면서도 "중국이 G20 회담에서 새로운 기축통화 문제를 제기하면 그 뜻을 존중해 검토할 것"이라고 밝혔다.

G20 정상회의를 앞두고 저우샤오촨 중국 인민은행장의 발언 수위가 점차 높아지면서 '저우가 말하면 세계가 듣는다'는 신드롬까지 일으키고 있다. '새로운 기축통화론'으로 '미국·달러 저격수'로 나선 저우 행장이 이번에는 미국 중심 세계 금융시스템을 뜯어고쳐야 한다는 메시지를 던졌다.

지난 28일(현지시간) 남미 콜롬비아에서 개최된 미주개발은행(IADB) 총회에서 저우 행장은 "글로벌 경제위기를 극복하기 위해 금융개혁에 박차를 가해야 한다"며 "국제금융기구 규제조치 등을 보다 강화해야 한다"고 주장했다. 국제통화기금(IMF), 세계은행(WB) 등을 개혁대상 국제금융기구로 꼽았다.

저우 행장은 "지금까지 금융위기의 부정적 영향을 극복하기 위해 글로벌 공조에 초점을 맞췄다"며 "두 번째 작업은 규제개혁을 포함한 금융개혁이 돼야 할 것"이라고 강조했다.

영국 일간지 가디언은 이번 G20 정상회의에서 각국이 무역장벽을 추가하지 못하도록 하는 조치만 마련해도 성공이라고 지적했다.

세계무역기구(WTO)는 최근 보고서에서 올해 글로벌 무역량이 9% 감소할 것이라는 전망과 함께 무역의 양대 축인 미국과 EU에서 겉으로는 자유무역을 외치면서 실제로는 보호무역 장벽을 높이고 있다고 지적했다.

경제위기 탈출 해법에서의 이견은 여전하다. 버락 오바마 미국 대통령은 7,870억 달러의 경기부양책을 마련한 뒤 다른 나라에 보다 강력한 경기부양책을 주문한 반면, 앙겔라 메르켈 독일 총리는 과도한 재정 확대에 부정적인 입장이다.

인터내셔널헤럴드트리뷴(IHT)은 메르켈 총리가 오바마 대통령과 일전도 불사하겠다는 각오를 내비쳤다고 30일 보도했다.

메르켈 총리는 "외교는 각국 우호 증진과 함께 국익을 추구하는 것"이라며 미국 행보에 따라 경기부양책을 이행하지는 않을 것이라는 뜻을 밝혔다. 이와 함께 미국 경기부양책이 초래할 수 있는 재정 불균형에 대한 적절한 대응이 요구된다는 점도 분명히 했다.

고든 브라운 영국 총리는 미국과 같은 생각이지만 머빈 킹 영국 중앙은행(BOE) 총재는 최근 과도한 재정 적자의 위험을 경고하기도 했다.

영국 파이낸셜타임스는 "미국과 EU 간에 쟁점이 되고 있는 추가 경기 부양책은 G20 회의 공동성명서 초안에서 제외됐다"고 보도했다.

G20, 영국 "의견대립 많지만…
첫술에 배부를 수 있나"(2009. 4. 1)
"20개국 모두 마이웨이…말잔치로 끝날 것"

4월 2일 열릴 G20(주요 20개국) 정상회의에 참석하는 각국이 현안마다 각기 다른 입장을 보이고 있어 어느 수준의 합의에 이를 수 있을지 주목된다.

경제위기 극복을 위한 해법 마련은 물론이고 국제통화기금(IMF) 재원 확충을 놓고 선진국 간에 또는 신흥경제국과 선진국 사이에 이견이 노출되고 있다. 미국은 주요 국가들이 재정 지출을 통한 추가 경기부양에 나서야 한다는 입장을 고수하고 있으나 독일 등 유럽 국가를 중심으로 한 다른 참가국들은 금융 규제 강화가 선행돼야 한다며 미국에 맞서고 있다.

중국은 IMF의 재원을 늘리자는 데는 적극 동참할 뜻을 밝히면서 이번 기회에 서방국가 편향으로 이뤄져 있는 IMF의 지배구조를 개혁하

려 나서고 있다. 중국은 이
번 G20 정상회의를 국제금
융질서를 개편하는 계기로
삼으려는 듯 인민은행장 등
이 앞장서서 신기축통화론

등 G7 국가들이 껄끄러워하는 이슈들을 거침없이 주장하고 있다.

파이낸셜타임스(FT)는 아예 "일부 G20 참가국들은 처음부터 제한적
인 합의안만을 도출할 것으로 보고 있다"며 "한국, 이탈리아, 프랑스, 일
본 등은 G20에서 각자의 어젠다를 추진하려 애쓰고 있다"고 보도했다.

런던 회의를 주관하는 고든 브라운 영국 총리는 지난달 30일 호주의
케빈 러드 총리와 회담한 후 기자들에게 "세계 경제가 필요한 성장을 이
룰 수 있도록 하기 위해 모든 조치를 취할 준비가 돼 있다"면서도 대변인

을 통해 "이번 런던 회
동이 끝이 아니라(경기
회복을 향한) 과정의 일
부"라고 말했다.

FT는 이를 두고 브라
운 총리가 지난주 이번
G20을 '새 브레턴우즈
체제', '글로벌 뉴딜' 등

대담한 표현으로 지칭하며 강한 의욕을 보인 것에 비하면 몇 발짝 뒤로 물러선 것이라고 지적했다.

영국의 일간 더 타임스는 버락 오바마 미국 행정부가 미국식 모델을 따르라고 설교조로 요구하면 G20 참가국들은 강한 거부감을 느낄 것이라고 우려하기도 했다.

니콜라 사르코지 프랑스 대통령은 이번 G20 금융정상회의가 구체적인 실행계획은 빠진 채 거창한 선언만 할 것으로 우려하며 회의장 퇴장까지 불사한다는 방침인 것으로 전해졌다.

더 타임스에 따르면 사르코지의 측근들은 이번 G20에서 프랑스의 금융규제 강화에 대한 요구가 충족되지 않고 구체적인 약속 없이 허황된 언어만이 양산될 경우 프랑스가 앞으로 G20에 참여하지 않을 수도 있다고 말했다.

앨리스터 달링 영국 재무장관은 런던 회동에서 "추가 경기 부양책이 마련되지 않을 것"이라면서 "세계의 문제가 하루 만에 해결될 수 있는 것이 아니다"고 말했다.

이번 런던 G20 회의에서 IMF의 재원 확충 방안은 중심의제로 논의될 예정이다. 작년 하반기 월가발 금융위기 이후 IMF가 우크라이나(165억 달러), 헝가리(155억 달러), 파키스탄(75억 달러) 등에 잇달아 구제금융을 지원하면서 앞으로 위기가 발생하는 국가들을 지원하기 위한 '실탄'을 최대한 많이 확보해야 한다는 지적에 따른 것이다.

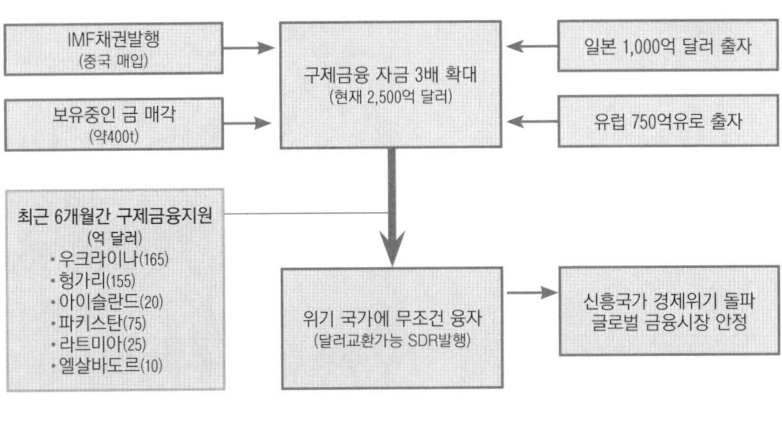

일단 현재의 재원 2,500억 달러를 최대 3배 이상 늘리는 방안이다. 이를 위해 일본과 유럽 등 개별 국가 출자와는 별도로 IMF가 채권을 발행하거나 보유 중인 금(약 400t)을 매각하는 등 자체적으로 자본 확충 노력도 기울인다.

특히 IMF가 자체적으로 채권을 발행하게 되면 이는 1946년 설립된 이후 사상 처음 있는 증자여서 국제 금융계의 관심을 끌 것으로 보인다. IMF의 발행 채권을 중국이나 일본 등 이번 금융위기에서 비교적 자유로운 국가들이 매입해 주도적인 역할을 할 것이라는 점에서다.

재원 확충 방안을 놓고는 이미 돈을 내기로 밝힌 일본(1,000억 달러)

EU(750억 유로) 외에 비슷한 규모를 낼 것으로 알려진 미국(1,000억 달러) 등 서방 선진국에 맞서 중국이 적극적인 증액 참여 의사를 밝히면서 갈등이 예상된다.

월스트리트저널은 지난달 31일자에서 "중국이 재원 확충에 나서는 대가로 IMF 의결권 지분 확대는 물론 금융위기의 진원지인 미국의 경제 및 금융정책에 대한 감시기능 강화를 요구하고 있다"고 보도했다. 현재 3.72%에 그치는 중국의 IMF 지분 확대가 추진될 경우 이는 32%에 달하는 유럽연합(EU) 회원국의 지분 축소로 이어질 수 있기 때문에 갈등이 불가피하다는 것이다.

미·EU 추가경기부양
힘겨루기(2009. 4. 2)

G20 런던 정상회의 개막…한·일 정상 "북한 로켓발사 공동대응"

세계 금융위기 해법을 찾기 위한 주요 20개국(G20) 정상회의가 2일(현지시간) 영국 런던에서 개막됐다. 지난해 12월 위기의 진앙 미국 워싱턴 DC에서의 1차 회의 후 보다 구체적인 금융위기 해소책과 경기 회복 방안을 찾기 위한 각국의 공조 노력이다.

G20 정상들은 세계 경제 침체에 대처하기 위한 경기부양책 마련, 금융

위기 재발 방지를 위한 감독 규제 강화, 보호무역주의 배제를 위한 대처 방안 등을 놓고 공감대를 찾아야 한다.

하지만 이번 회의는 시작 전부터 미국과 유럽연합(EU) 등 선진국 간에, 또 선진국과 신흥경제국 간에 여러 현안을 놓고 치열한 힘겨루기를 벌여와 견해차를 얼마나 좁힐 수 있을지 주목된다.

선진국 간에는 재정 지출 확대를 통한 추가 경기부양책 마련에 대해 이를 강력히 주창하는 미국에 EU 소속 국가들이 시큰둥하게 대응하면서 논란이 불가피하다.

국제통화기금(IMF)의 재원 확충을 놓고는 기존의 주도권을 유지하려는 선진국에 맞서 중국 등 신흥경제국들이 서방 위주의 지배구조 개혁을 요구하고 있다.

정상회의가 열리는 동안 G20 노조대표들은 지도자회의를 열어 강력한 금융자본 통제, 일자리 창출, 사회적 약자를 위한 사회안전망 확충 등을 요구할 예정이다.

한편 G20 회의 참석을 위해 런던을 방문 중인 이명박 대통령은 미국은 물론 일본 영국 등 우방들에 북한의 미사일 발사 문제에 대한 긴밀한 협력을 촉구했다.

이 대통령은 1일 오전 아소 다로 일본 총리와 런던 현지에서 정상회담을 했다.

이 대통령과 아소 총리는 특히 북한이 장거리 로켓을 발사하는 것은 유엔 안전보장이사회 결의 1718호 위반이라는 데 뜻을 같이하고 국제사회의 단합된 대응이 이뤄질 수 있도록 협력해 나가기로 약속했다.

또 두 정상은 실제로 로켓이 발사될 경우 사후 대책도 다각도로 검토하기로 했다.

한·일 양국 정상은 경제·통상 분야 협력을 확대하기 위해 오는 15일부터 17일까지 열리는 한·일 부품소재 조달공급 전시회와 한·일 경제인회의의 성공적인 개최를 적극 지원하기로 했다.

이 대통령은 이에 앞서 미국 최대 경제 케이블TV인 CNBC와 인터뷰를 하고 "이번 G20 정상회의에서 재정지출, 부실자산 처리 그리고 신흥국 개발도상국들에 무역금융과 금융 유동성을 지원하는 문제, 신용평가사와 조세회피지역에 대한 관리 등 금융감독 기능에 대한 보다 분명한 합의가 이뤄져야 한다고 본다"고 밝혔다.

이어 "이 같은 합의를 확인하고 점검하기 위해 다음 G20 3차 정상회의에서 평가가 이뤄질 것으로 생각한다"고 덧붙였다.

이 대통령은 2일 한·미 정상회담을 한 후 G20 정상회의에 참석해 재정지출 확대와 보호무역 저지 중요성을 역설할 계획이다. 이어 반기문 유엔 사무총장을 접견하고 3일에는 한·중 정상회담에 나선다.

실탄 두둑해진 IMF(2009. 4. 4)

칸 총재 "위기 대처 충분한 재원 확보"

국제통화기금(IMF)이 런던 G20 정상회의 결과 최대 전리품 확보자라는 평가를 받고 있다.

20개국 정상들은 세계 경제 번영을 이끌기 위한 여러 조치 가운데 '강력한 국제금융기구' 구축에 합의했다. IMF와 세계은행 등 국제금융기구 기능을 강화하기로 한 것이다. 글로벌 경제위기에 신속하게 대응할 수 있도록 IMF 위상과 기능을 대폭 강화하는 것이 절실하다는 데 각국 정상들이 인식을 같이

한 데 따른 것이다. 국제금융기구 기능 강화를 위해 재원을 대폭 확충하면서 신흥국과 개도국 참여를 확대하도록 개혁하는 방안에도 뜻을 같이했다.

우선 IMF 재원을 현재 2,500억 달러에서 7,500억 달러로 늘리기로 했다. 여기에 특별인출권(SDR) 2,500억 달러 증액과 무역금융 2,500억 달러 확대를 통해 IMF는 기능 강화 차원에서 양 날개를 달았다. SDR은 회원국끼리 대여가 가능할 뿐만 아니라 각국 외환보유액도 증가시키는 기능을 한다.

IMF는 필요한 재원 확충을 위해 보유 중인 금을 팔아 충당하기로 했

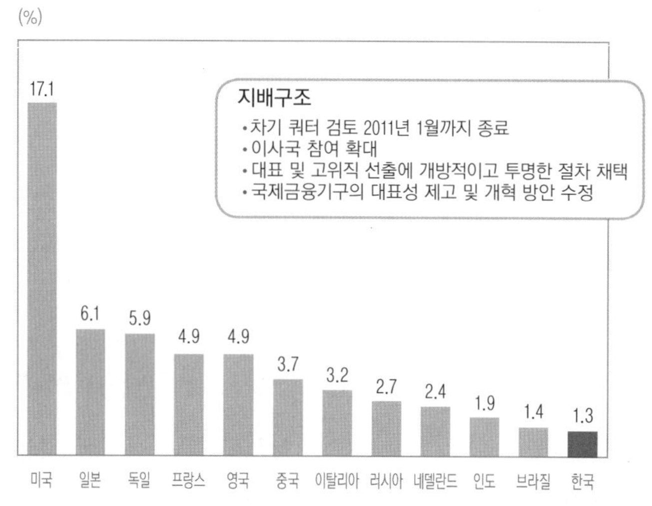

고 G20 정상들은 이를 지지했다. IMF는 회원국 출연(엄밀한 의미에서는 대여) 외에 금 매각 그리고 자체 채권 발행 등 방법도 활용할 것으로 보인다.

도미니크 스트로스칸 IMF 총재는 이번 결정에 대해 흡족하다는 반응을 보였다. 그는 2일 G20 정상회의 후 기자회견에서 "IMF가 국제 경제위기에 대처할 수 있는 충분한 재원을 확보하게 됐다"고 말했다.

그는 "IMF가 정책 자문과 회원국 경제 상황을 점검하는 기능으로 다시 돌아오게 됐다"며 "이번 G20 정상회의 결정은 IMF가 국제 금융 시스템 안정을 위한 후견인으로서 더 큰 역할을 하는 동력을 얻은 것"이라고 평가했다.

이제 확충하기로 한 재원을 어떻게 배분해 확보할 것이냐와 기존 지배구조를 어떻게 개혁해 나갈 것이냐를 놓고 구체적인 방안을 마련해야 한다.

재원 확충에서는 일본이 이미 1,000억 달러, EU가 750억 유로를 내놓기로 확약해 놓았다. 미국도 비슷한 규모를 내놓겠다는 의사를 밝혔다.

재원 확충 작업에서 기존 선진국들이 주도권을 행사한다면 신흥경제국이나 개발도상국들과 조화에는 실패하게 된다. 신흥국들은 강력하게 반발할 수도 있다.

중국은 신흥경제국 대표 주자로서 적극적으로 참여하겠다고 이미 밝혔다. 후진타오 주석은 G20 회의에서 이미 IMF 재원 확충에 400억 달러를 내놓겠다고 밝혔다. 또 국제금융공사(IFC) 무역융자에 15억 달러를 지원하기로 했고 다자개발은행을 비롯한 국제금융기구에 대한 지원에 적극적으로 동참하겠다고 선언했다.

중국을 위시한 신흥국과 개도국 요구를 수용해 G20 공동선언에도 국제금융기구 개혁이 명시적으로 포함됐다.

IMF는 쿼터(일종의 지분 비율) 개혁과 관련해 2008년 4월 이미 합의한 방안을 일단 이행하고 차기 쿼터 검토를 2011년 1월까지 종료하기로 일정을 정했다. 신흥국이나 개도국 지분이 올라가려면 EU, 미국, 일본 등 선진국이 갖고 있는 지분을 줄여야 하는 '제로섬' 방식이어야 한다는 점에서 적지 않은 줄다리기가 불가피하다. IMF 쿼터는 투표권에 비례한다.

G20 공동선언에는 또 IMF의 전략적 방향 등을 검토하기 위해 이사국 참여 확대를 명문화했다. 개도국과 신흥국 목소리를 반영하기 위한 방안이다. 이와 함께 국제금융기구 대표와 고위직을 개방적이고 투명하며 능력에 기반한 선출 절차에 의거해 임명하자는 규정도 G20 정상 공동선언문에 포함시켰다.

3차 G20 정상회담 9월에
미국 피츠버그서 열기로(2009. 5. 30)

변신 성공한 산업 중심지…뉴욕·워싱턴·시카고 제쳐

글로벌 금융위기 극복 해법을 찾기 위한 유일한 국가 간, 정상 간 회동 창구로 자리 잡은 주요 20개국(G2O) 정상회담 세 번째 회의가 미국 펜실베이니아주 피츠버그에서 열린다.

로버트 기브스 백악관 대변인은 28일(현지시간) 오는 9월 24~25일 G20 정상회담을 피츠버그에서 열기로 최종 결론냈다고 밝혔다.

기브스 대변인은 "버락 오바마 대통령이 지난 4월 초 런던에서 열린 2차 G20 정상회담을 마치면서 차기 회의 장소로 피츠버그를 제안했다"

고 전했다.

피츠버그가 G20 정상 회동 장소로 결정되기까지는 반전에 반전을 거듭한 줄다리기가 있었다는 전언이다.

3차 회담 장소 발표 시기도 몇 번 미뤄졌다. 당초 지난주 백악관 발표가 있을 것으로 알려졌다가 미뤄졌다. 그만큼 내부에서 막판 저울질과 힘겨루기가 만만치 않았다는 의미다.

기브스 대변인은 "피츠버그가 어려운 경제 상황을 경험하고 변신에 성공한 산업 중심지라는 점에서 개최 장소로 선택됐다"고 배경을 설명했다.

피츠버그는 과거 철강산업 중심지였지만 중후장대형 산업이 힘을 잃으면서 사양길로 접어들었다. 그러나 피츠버그는 철강산업이라는 과거를 벗어 던지고 정보통신(IT)과 의료 산업 등 21세기형 첨단 분야 육성으로 변신하고 있다. 카네기멜런대와 피츠버그대라는 두 명문 대학이 피츠버그 변신을 이끌고 있다.

3차 회의는 당초 9월 유엔 총회 참석 때문에 각국 정상들이 모이는 점을 감안해 뉴욕으로 가자는 견해가 우세했다. 경호 문제나 숙소 확보 등 어려움을 감안해 워싱턴DC로 다시 가자는 주장도 제기됐다. 오바마 대통령의 정치적 고향인 시카고를 대안으로 제시하는 쪽도 있었으나 결론은 피츠버그로 났다.

관심은 내년 상반기에 열릴 4차 회의 장소다. 한국은 내년 G20 재무장관회의 의장국으로서 서울 개최를 강력히 제안하고 있다. 4차 회의에

는 일본도 관심을 보이고 있어 한국과 일본 간에 유치 경쟁이 벌어질 수
도 있는 상황이다.

필자가 3년의 워싱턴특파원 임무를 마치고 귀국한 시점은 2009년 7월 31일이었다. 책에 담겨 있는 현장 취재 글들은 2006년 7월부터 이 시점 전까지 작성된 내용이다.

필자가 워싱턴특파원 일을 그만둔 뒤 그해 하반기에도 금융위기와 그로 인한 세계 경제 침체는 여전히 이어졌다. 9월로 리먼브러더스 파산 1년을 맞았지만 시장의 불확실성은 '상황 끝'을 외칠 만큼 해소되지 않았다. 자본주의의 틀이 바뀌었다고 지적할 뿐 구체적인 뾰족한 수를 찾지는 못했다.

그렇다고 경제가 우려했던 만큼의 깊은 골로 처박힌 건 아닌 듯했다. 각국의 대규모 재정 지출과 저금리 정책으로 경제는 그렇게 많은 시간을 보내지 않고도 완연한 회복 조짐을 보이고 있다.

미국 경제는 2009년 3분기 3.5%, 4분기에는 5.6%의 성장률을 기록했다. 10%를 넘어선 실업률로 불안에 떨지만 경기 회복을 자신했다.

국제통화기금(IMF)은 2010년 4월 내놓은 보고서에서 2010년 세계경제 성장률을 전망치를 4.2%로 올려 잡았다. 세계 경제가 확장적 재정정책과 금융시장 개선 등에 힘입어 아시아 신흥국을 중심으로 예상보다 빠르게 회복되고 있다고 판단했기 때문이라는 설명이었다. 금융위기의 여파로 2009년 마이너스 0.6%를 기록했던 데 비하면 한 해만의 놀라운 회복이다.

경제 전반의 회복세와는 별개로 금융위기 후 새로운 질서 정착을 위한 각국의 노력은 아직도 진행형이다. 위기의 진원이었던 미국이 가장 적극적이다.

버락 오바마 대통령은 월가 개혁을 위해 팔을 걷어붙이고 나섰다. 그래서 내놓은 게 '볼커 룰'과 '오바마세'다.

볼커 룰이란 2010년 1월 21일 오바마 대통령이 발표한 금융규제 개혁 방안의 하나로 은행규제를 강화하려는 것이다. 상업은행(CB)과 투자은행(IB)의 분리를 강력하게 주장한 폴 볼커 미 백악관 경제회복자문위원회 의장의 이름을 붙여 볼커 룰이라고 했다. 은행 및 은행지주회사의 과도한 위험 요인 투자를 막고 대마불사를 차단하기 위해 금융회사의 '업무 범위'와 '규모'를 제한하는 것이었다.

예를 들어 은행 및 은행지주회사가 헤지펀드나 사모펀드를 보유하거나 그에 투자하지 못하도록 했다. 또 자기계정 거래(Proprietary Trading)를 금지했다. 자기계정 거래란 고객의 자금이 아닌 자체적으로 조달한 자금으로 자기의 이익을 위해 주식, 채권, 옵션, 원자재, 파생상품 등을 거래하는 행위를 말한다. 세계를 위기로 몰아넣은 금융업계가 무분별한 투자로 수익을 올린 뒤 거액의 보너스를 자기들끼리 나눠 갖는 도덕적 해이현상을 바로잡겠다는 것이었다.

볼커 룰은 미국의 금융 규제 역사에서 볼 때 당연히 나올 것으로 예견됐던 조치다. 미국에서는 1932년 글라스-스티걸법(Glass-Steagall Act)이나 1956년 은행지주회사법 등 은행에 대한 규제를 꾸준히 가해왔다. 1980년대 이후 20여 년간 진행해온 규제 완화로 대 혼란을 빚은 뒤 다시 이에 대한 반성과 바로잡기를 진행하는 셈이다.

'오바마세'는 은행들에게 세금이나 준조세 형태로 일정액을 거두겠다는 것이다. 자산 규모 500억 달러 이상 대형 금융회사의 비예금성 부채에 대해 0.15% 세금을 물려 향후 10년간 900억 달러를 조성할 계획이다. 이 돈으로 부실채권 구제금융기금에 투입된 재정을 메운다는 복안이다. 은행들의 방만한 자산 운용을 막고 위기 재발에 선제적으로 대응하겠다는 취지다. 금융위기 때 구제금융으로 살아난 대형 금융사에 정부가 재정으로 돈을 넣어 발생한 손실의 책임을 묻는 '금융위기 책임세' 성격도 있다. 오바마 대통령의 강한 의지가 반영돼 있다.

4월 23일 워싱턴DC에서 열린 주요 20개국(G20) 재무장관 및 중앙은행 총재 회의에서 오바마세 도입 여부에 각국이 공조를 취할 것인지 논의했지만 결론을 도출하지는 못했다. 그러나 11월 서울에서 열리는 G20 정상회의와 그에 앞선 재무장관·중앙은행 총재회의에서 추가 논의가 이어진다.

IMF는 '금융권 분담방안 관련 중간보고서'라는 의견서를 통해 은행세의 형태로 비예금성 부채에 세금을 부과하는 방안, 일정 수준을 넘어서는 이익과 보너스에 세금을 부과하는 방안 등 두 가지를 제시했다.

비예금성 부채에 대한 부과 방안은 금융안정분담금(FSC, Financial Stability Contribution) 개념으로 오바마세와 같은 내용이다.

이익과 보너스에 세금을 부과하자는 것은 '금융활동세(FAT, Financial Activities Tax)'다. 금융회사가 일정 수준 이상 이익을 올리거나 임직원들에게 과도한 보너스를 지급한 것에 세금을 물리는 방식이다.

미국발 금융위기가 전 세계 금융시장을 흔들었듯이 한국도 위기 전개 상황과 그 극복 과정에서도 홀로 떨어져 있을 수 없다.

미국에서 제기된 오바마세에 대해서 한국은 어떤 식으로든 입장을 표명해야 한다.

개별 은행들로서는 새로 신설되는 세금이나 마찬가지이기 때문에 우호적일 수 없다. 하지만 정부 측의 생각은 다르다. 오바마세와 같은 내용이 아니라도 유사한 형태의 규제를 도입한다면 이를 통해 단기 외화차입 문제를 해소할 카드를 가질 수 있다. 비예금성 부채에 속하는 외화차입금에 세금을 매기면 과다한 차입에 다소 제동을 걸 수도 있다.

하지만 우리로서는 어떤 형태로 이를 채택할지 심사숙고해야 한다. 은행에 대한 규제 방식과 강도가 미국과 같아야 할 이유도 없다. 그렇다고 오바마 미국 대통령이 공을 들이는 새로운 규제 카드를 아예 외면하기도 힘들다.

당국이 우리 방식의 '은행세'를 어떤 내용으로 채워 내놓을지 관심이다.

한국에서는 은행 및 보험을 제외한 자본시장에서의 금융업 겸영 허용을 내용으로 하는 '자본시장과 금융시장에 관한 법률' 즉, '자본시장 통합법'을 마련해 지난 2009년 2월부터 시행에 들어갔다. 그러나 업계에서 새로운 법에 익숙해지기도 전에 리먼브러더스 파산으로 인한 글로벌 금융위기를 맞으면서 혼란에 빠져버렸다. M&A를 통한 대형화는 엄두도 못 내고 생존에 급급했다.

은행들에게도 제2의 대오정비가 불가피하게 될 상황이다. 정부가 지분을 갖고 있는 우리은행 매각이 예정돼 있다. 외국계자본인 론스타가 매각하려는 외환은행도 있다. 국민·신한·하나은행 등이 이들을 인수하기 위한 M&A 싸움에 나설 것인지 지켜봐야 한다.

1990년대 말 외환위기후 불어 닥친 한국에서의 금융계 구조조정은 글로벌 금융위기를 헤쳐가면서 다시 재연되고 있는 셈이다.

더 중요한 건 경제 전반의 성장 지속 여부다.

2009년 마이너스 성장까지 걱정했던 한국 경제는 우려와 달리 선방했다. 2010년 들어서는 1분기에 경제 성장률, 수출액, 제조업생산 등 주요 경제지표들이 역대 또는 수년 내 최고치를 기록하며 호조를 보였다.

1분기 실질 국내총생산(GDP)은 전년 동기 대비 8.1%로, 2002년 4분기 8.1% 이후 7년여 만에 가장 높았다. 전기 대비로도 2.1% 성장했다.

제조업 생산은 작년 동기 대비 20.0% 늘어나 2000년 3분기의 20.6% 이후 거의 10년 만에 최고의 증가율을 보였다. 내수도 작년 동기 대비 9.5% 증가해 2000년 2분기 이후 10년 만에 최고치를 나타냈다.

물론 2009년 1분기가 세계 경제 위기 이후의 나락에 떨어져 있던 시기여서 전년 대비의 '기저 효과'나 과도한 회복을 착각하게 만드는 '착시효과'도 있다는 점을 감안해야 한다.

특히 최악으로 치닫고 있는 고용 관련 지표는 우선적으로 풀어야 할 가장 큰 과제다. 1분기 실업자 수는 113만 명, 고용률은 57%로 2001년 1분기 이후 9년 만에 최악이다.

2010년 한국 경제는 '상고하저' 현상을 보일 가능성이 큰 것으로 많은 경제연구소들은 전망한다. 하반기로 갈수록 성장률이나 수출 등에서 둔화 조짐을 보일 가능성에서다.

그렇지만 금융위기 후 이어온 저금리 체제와 확장적 재정 정책 그리고 풍부한 유동성 공급 등은 한국 경제에 미칠 후폭풍과 후유증을 걱정하게 만든다. 정부쪽은 아직도 금리 인상 같은 구체적인 출구전략을 펼치는데 신중해야 한다는 논리를 견지하고 있다.

2010년 4월 워싱턴DC에서 열린 G20 재무장관·중앙은행 총재회의에서는 그동안 이어왔던 출구전략 국제 공조를 더 이상 끌고 가지 않아도 된다는 의견을 내놓았다.

이제 위기 후 출구전략은 각국의 상황과 사정에 맞춰 탄력적으로 선택하라는 권고인 셈이다. 세계 경제는 위기 후 회복 단계로 접어들었다고 인정되고 있다. 하지만 곳곳에 복병이 숨어있다. 지난 2009년 말 두바이발 위기로 가슴을 졸였고, 2010년 초에는 PIIGS(포르투갈, 아일랜드, 이탈리아, 그리스, 스페인) 등 유럽 국가들의 재정 위기에 다시 휘청했다. 최악의 재정 위기에 빠진 그리스에는 IMF와 EU가 나서 1,200억 유로의 구제 금융을 투입하기로 하면서 일단 잠재웠다.

세계 경제에 이 같은 복병이 불거질 때마다 소위 '더블딥' 우려가 커진다. 더블딥이란 경제가 위기를 겪은 뒤 반짝 회복하다가 다시 하강 국면으로 곤두박질치는 현상을 말한다.

위기 후 1년 만에 회복 국면으로 접어든 세계 경제가 2010년에도 추세를 이어갈 것인지, 더블딥으로 빠질 것인지 지켜봐야 한다.

워싱턴 특파원으로 발령을 받고난 뒤 미국을 알아보려 꽤나 애쓴 적이 있었다.

새삼스럽게 미국 역사를 훑어봤다. 문화를 이해하겠다며 영화를 볼 때나 노래를 들을 때도 주의를 기울였다. 그 나라 특징을 정리한 책도 몇 권 섭렵했다.

어느 평론가는 자유주의와 개인주의가 미국 사회를 대표하는 개념이라고 주장했다. 개인 권리와 의무를 바탕으로 상대를 존중하고 인정하는 행동 양식에 힘입어 미국 사회가 이뤄졌다는 얘기였다.

다른 작가는 자신의 미국 생활을 바탕으로 경찰 힘이 왜 그렇게 세고 공권력 집행이 엄격한지를 이민 사회라는 특수성에서 찾았다. 백인, 흑인, 아시안, 히스패닉, 아메리카 원주민 등 다양한 인종 구성도 그렇지만 신세계를 찾아 끊임없이 이방인들이 모여 드는 사회에서 공권력은 어떤 상황에서도 침해되지 않아야 한다는 원칙이 있다는 얘기였다.

평소에는 그냥 넘겼던 책들이지만 미국에서 일해야 하는 특파원이라는 임무를 앞두고 있던 그 시점에는 달리 받아들여졌다. 그런 주장과 논리가 상당히 그럴듯해 보였다. 정작 워싱턴 특파원으로 일하면서 필자도 미국을 이해하겠다며 많이 노력했지만 손에 잡지 못했다. 미국에 대해 정확히 알아야겠다며 눈을 크게 떴으나 역부족이었다.

글로벌 금융위기는 분명 미국 사람들 생활을 바꿔 놓고 있었다. 이미 지적했지만 이미 그 전부터 서브프라임 모기지 부실 문제로 미국 경제는 달라지고 있었다. 경제가 불황 단계로 진입했는지 여부를 판정하는 전미경제조사국(NBER)에서는 이미 2007년 12월부터 경기 침체가 시작됐다고 공식 선언했다. 미국 경제는 글로벌 금융위기가 가시화되기 1년 전부터 침체 터널에 들어가 있었다는 얘기다.

서브프라임 모기지 부실이나 금융위기는 빙산의 한 꼭지씩에 해당하는지도 모른다. 월스트리트저널은 리먼브러더스 파산 후 금융시장이 얼어붙자 '대공황 이후 가장 혹독하고 긴 경기 침체를 겪을 것'이라고 한 분석가의 입을 빌어 전했다.

미국 경제는 2008년 3분기부터 2009년 2분기까지 4분기 연속 마이너스 성장으로 치달았다. 2008년 4분기에는 -5.4%, 2009년 1분기에는 -6.4%

를 각각 기록했다. 4분기 연속 마이너스 성장은 제2차 세계대전 이래 처음이다. 대공황 외에는 첫 경험이다.

마이너스 성장 여파는 고용 상황에서 피부로 느껴진다. 2009년 12월말 실업률은 10.0%까지 치솟았다. 10명 가운데 1명이 실업자라는 의미지만 체감 지수는 훨씬 심각하다. 전국 주택 10채 가운데 1채는 집 주인이 주택대출 원리금을 갚지 못해 은행에 압류돼 있다. 세계 최대 경제대국 미국이 겪고 있는 지표상 현실이다.

여기까지만 보면 미국 미래는 암담해진다. 그런데 미국만 안고 있는 이면이 분명히 있다. 그들만의 특성인지 저력인지 알 수 없다. 미국을 당장 부도날 나라로 봤다가는 큰 코 다친다는 얘기다.

네덜란드의 한해 GDP(국내총생산)에 해당하는 규모의 경기부양책을 마련해 돈을 쏟아 붓고, 자본주의의 원조라는 자존심도 버린 채 은행을 국유화하고, 헬리콥터에서 달러를 뿌려대는 식으로 금융시장에 무제한으로 유동성을 공급하더니 불과 한해 만에 경제를 플러스 성장으로 되돌려놓았다.

2009년 3분기 미국 경제는 3.5%의 성장률을 기록하고 이어 2009년 4분기 5.6%라는 놀라운 수치를 달성해냈다. 100여 년 만에 온 불황이라는 걱정이 무색해질 정도다. 4분기 5.6%의 성장률은 지난 6년 내 최고치다. 미국 경제가 갖는 잠재적 파워를 여실히 보여주는 지표다.

사실 미국 땅에 살아보면 미국의 힘과 강점을 여러 곳에서 느낄 수 있다. 250년도 안 되는 짧은 역사에도 불구하고 무엇이 미국을 세계 최강의 국가로 만들었을까에 많은 이들이 궁금해하고 답을 제시한다. 필자도 3년간의 특파원 생활 기록을 마무리하면서 미국 사회의 강점 한 가지를 꼽으려 한다. 남들이 배워갈 만한 한 가지다.

바로 '네거티브 시스템'이다. 네거티브 시스템은 원래 무역 규제에 관련된 경제 용어다. 원래 의미는 이렇다. 수출입 자유화가 원칙적으로 인정된 무역제도에서 예외적으로 특수한 품목에 대해 수출입을 제한 또는 금지하는 방식을 취하는 제도다.

쉽게 말하자면 이런 것이다. 하지 말아야 하는 행위나 대상을 구체적으로 적시해 놓고 이건 금지하지만 쓰여 있지 않은 나머지는 모두 허용하는 것이다.

미국에서는 사회 각 분야에 이 같은 네거티브 시스템이 적용된다. 예를 들어 도로에는 곳곳에 좌회전 금지나 유턴 금지 표시가 반드시 있다. 그게 없는 곳에서는 어디서든 할 수 있다. 하지 말라는 표시만 없으면 어떤 일이든 거리낌 없이 한다. 남들 눈치를 볼 필요도 없다. 대신 철저하게 스스로가 책임을 져야 한다. 네거티브 시스템에 익숙해지면 남에 대한 간섭이나 서로 간 갈등도 줄어들 수 있다.

법을 위반한 행동이라면 가차 없는 벌을 감수해야 한다. 대신 법이나 관련 규정에도 빈틈이 없다. 무리한 법 적용이라는 반발을 초래해서는 안 되기 때문이다. 금지 대상을 자칫 잘못 올려놓으면 부작용이 수반된다. 오랜 기간 여러 시행착오를 거치면서 다듬어지고 정리돼 체계를 잡았다.

'네거티브 시스템' 방식은 분명 선진국 스타일이다. 사회 구성원 각각과 개인의 약속 준수와 책임을 전제로 유지될 수 있기 때문이다. 한국도 이제는 정치 경제 사회 각 분야에서 '네거티브 시스템'을 확산시켜나가자고 제안한다.

美 주요 인사와의
인터뷰 장면

빌 로즈 시티은행 회장과 인터뷰

2006년 12월 19일 뉴욕 맨해튼 파크 애비뉴 399의 시티그룹 본부 3층에 있는 집무실에서 윌리엄 로즈 시티뱅크 회장과 인터뷰를 하고 있는 필자. 이날 로즈 회장을 만나기 위해 필자는 새벽 4시 기차를 타고 워싱턴DC에서 뉴욕으로 갔다. 로즈 회장은 시티그룹의 부회장을 겸하고 있으며 한미재계회의 미국 측 회장으로 한·미 양국 간 FTA(자유무역협정) 성사를 위해 팔을 걷어붙인 친한파 인사다.

한·미 FTA 서명식

2007년 6월30일 워싱턴DC 의사당 하원 부속건물인 캐논빌딩에서 한미 양국 행정부 간의 FTA(자유무역협정) 서명식이 열리고 있다. 양국 통상장관인 수전 슈왑 USTR대표(왼쪽)와 김현종 통상교섭본부장이 각각 서명하는 모습을 협상대표였던 미국 측 웬디 커틀러 차관보(왼쪽 서 있는 이)와 한국 측 김종훈 대사가 지켜보고 있다. 필자는 당시 취재기자로 현장에 함께 있었다.

제프리 삭스 미 컬럼비아대 교수와 인터뷰

2007년 5월 워싱턴DC에 있는 브루킹스연구소의 한 세미나에 토론자로 참석한 제프리 삭스 컬럼비아대 지구환경연구소장과 따로 만나 얘기를 나눴다. 하버드대 경제학 교수로 일하던 그는 콜럼비아대로 옮긴 뒤 반기문 유엔사무총장 자문역을 겸하며 환경 운동에 더 적극 나서고 있다.

카를로스 구티에레즈 미국 상무장관과 인터뷰

2007년 12월 29일 워싱턴DC 14가 미국 상무부 빌딩 6층 상무장관 집무실에서 카를로스 구티에레즈 미국 상무장관과 인터뷰를 하고 있다. 구티에레즈 장관은 쿠바 이민 2세로 기업 최고경영자(CEO) 출신이다.

콜린 파월 전 국무장관과 함께

2009년 1월 7일 워싱턴DC 인근 버지니아주 앨링턴에 있는 사무실에서 콜린 파월 전 국무장관과 만나 인터뷰를 했다. 파월 전 장관은 퇴임 후에도 세계 각국을 돌아다니며 강연을 하는 등 왕성한 활동을 이어가고 있다.

조지 W. 부시 전 대통령과의 만남

필자는 2009년 10월 15일 매일경제신문 주최의 제10회 세계지식포럼에 기조연설자로 참석한 조지 W, 부시 전 미국 대통령의 도착과 출발 때 영접과 배웅을 전담했다. 부시 대통령은 퇴임 후 대외 활동을 거의 하지 않다가 그해 가을부터 조심스럽게 대외 강연 등을 시작했다.

워싱턴 특파원 1200일의 기록

초판 1쇄 2010년 8월 20일
   2쇄 2011년 5월 16일

지은이 윤경호
펴낸이 윤영걸   **담당PD** 이경주   **펴낸곳** 매경출판㈜
등 록 2003년 4월 24일(No. 2-3759)
주 소 우)100-728 서울 중구 필동1가 30번지 매경미디어센터 9층
전 화 02)2000-2610(편집팀) 02)2000-2636(영업팀)
팩 스 02)2000-2609   **이메일** publish@mk.co.kr
인쇄·제본 ㈜M-print 031)8071-0961

ISBN 978-89-7442-679-8
값 15,000원